国家社科基金项目"城市化制度选择与我国产业结构优化升级研究"（13BJY048）成果

# 城市化制度与
# 产业结构优化升级研究

Research on Urbanization Institution and
the Upgrading of Industrial Structure

赵 祥　殷宁宇◎著

人民出版社

# 目　　录

# 导　论

改革开放以来,随着市场化改革的逐步推进,我国经济实现了连续 30 多年的高速增长,在 2010 年一跃而成为仅次于美国的世界第二大经济体。2018 年我国经济总量超过 90 万亿元,人均国内生产总值(Gross Domestic Product,简称 GDP)64644 元,按当期汇率计算接近 10000 美元,已成功跻身全球中上等收入国家的行列,并处于跨越高收入门槛的关键期。但是,在经济高速增长的同时,我国经济发展的内外环境发生了深刻变化,要素成本快速上升,市场需求环境恶化,我国经济发展方式存在的不协调和不可持续等问题也日益暴露,形成了巨大的产业结构调整的内部压力。

第一,生产要素成本快速上升。近年来,我国生产要素禀赋结构发生了巨大的变化,过去相对丰裕的土地、劳动力、能源和矿产资源等多种生产要素变得日益稀缺,价格进入快速上升阶段,导致成本上升成为我国产业发展面临的新情况。首先,在人工成本方面,虽然我国制造业工人工资与发达国家相比仍然存在较大差异,但快速上涨的工资成本已经极大地削弱了我国实体经济的竞争优势。2004—2018 年,中国年均工资增长率达到 10%—20%,导致企业的用工成本快速升高,这使得依赖中西部劳动力输入支撑的东部沿海地区传统制造业受到严重冲击,各地均不同程度地遇到"民工荒"和"招工难"的问题。以广东省为例,自 2005 年开始出现的"民工荒"以及劳动力工资上涨,促使广东企业用工成本迅速上升。2008 年,广东城镇单位职工平均工资为 33110 元,到 2018 年上升为 89826 元,年均增长 10.5%,劳动力工资的快速上升已经对广东传统产业竞争优势造成了较大的冲击。

其次,在土地成本方面,实体经济发展的另一项重要生产要素土地的价格近年来也迅速上升。表 0-1 显示了我国经济最为发达的 3 个沿海地区 2012—2018 年不同用途土地的地价水平。从中可以看出,珠三角地区在所有用途上的地价水平都是三大区域中最高的。2018 年,珠三角地区综合地价为 8170 元/平方米,分别比长三角和环渤海地区高出 2180 元/平方米和 3490 元/平方米;商服地价为 22895 元/平方米,分别比长三角和环渤海地区高出 13462 元/平方米和 14627 元/平方米;工业地价为 1482 元/平方米,分别比长三角和环渤海地区高出 455 元/平方米和 655 元/平方米。此外,从动态的视角来看,近年来这三大区域的地价均有不同程度的上升,2012—2018 年间,珠三角、长三角和环渤海地区综合地价分别上涨了 89.38%、28.51%、37.85%,商业服务业地价分别上涨了 51.18%、12.53%、34.77%,工业地价分别上涨了 78.34%、19.70%、21.26%。地价上涨除了直接导致企业的用地成本偏高以外,地价水平偏高还会引发房价上涨,导致劳动力的生活成本上升,从而提高劳动力的市场工资水平预期,这又会进一步提高企业的用工成本。

表 0-1 全国重点区域地价水平(元/平方米)

| 年度 | 综合 | | | 商服 | | | 工业 | | |
|------|------|------|--------|------|------|--------|------|------|--------|
| | 珠三角 | 长三角 | 环渤海 | 珠三角 | 长三角 | 环渤海 | 珠三角 | 长三角 | 环渤海 |
| 2018 | 8170 | 5990 | 4680 | 22895 | 9433 | 8268 | 1482 | 1027 | 827 |
| 2017 | 7386 | 5829 | 4380 | 21924 | 9299 | 7913 | 1341 | 1002 | 790 |
| 2016 | 6640 | 5563 | 4091 | 20874 | 9112 | 7470 | 1234 | 979 | 764 |
| 2015 | 6023 | 5209 | 3823 | 19576 | 9007 | 7078 | 1141 | 948 | 737 |
| 2014 | 5548 | 5042 | 3703 | 18311 | 8879 | 6865 | 1060 | 928 | 721 |
| 2013 | 4864 | 4901 | 3553 | 17214 | 8817 | 6582 | 906 | 884 | 699 |
| 2012 | 4314 | 4661 | 3395 | 15144 | 8383 | 6135 | 831 | 858 | 682 |

注:本表数据取自中国城市地价监测网。

第二,市场需求发生了重要变化。2018 年,我国人均 GDP 近 10000 美元,已成功地由一个低收入国家转变为上中等收入国家,并正稳步地向高收入经济体过渡,其内部需求结构也正在发生明显的变化,对我国产业结构的调整形成巨大的内在牵引力。首先,以衣食住行等实物消费为主的消费需求结构向服务与实物消费并重的消费结构转变。随着收入水平的提高,我国居民的消费观念、偏好和能力均发生了明显的改变。除了满足基本的物质需要之外,人们越来越多地追求高质量的服务产品,包括优质的教育、医疗、娱乐和文体服务等。2018 年,中国城镇居民的消费支出中,食品、衣着及家庭设备用品支出的占比约为 40.89%,比 2013 年降低了 3.76 个百分点;居住和交通通信支出的占比为 37.26%,医疗保健、教育、文化娱乐以及其他商品与服务支出的占比为 21.86%,分别比 2013 年提高了 1.45 和 2.30 个百分点。这一消费结构变化预示着中国居民的消费正逐步地从过去排浪式、从众型的实物消费占主导的模式走向个性化、多元化的服务消费占主导的模式。

其次,即使在实物性消费方面,人们对产品品质、花色品种、规格和安全性的要求也越来越高。以往人们在购物时多将价格便宜作为一个重要的选择依据,但是近年来人们则越来越多地根据产品质量的好坏、安全性和适用性等标准做出购买决策。以往我国居民出境购物多以奢侈品为主,现在则逐渐蔓延到日常用品,从奶粉、马桶盖到电饭煲都是我国居民出境"海淘"的重要对象。这些消费者购买行为的变化意味着随着收入水平的提高,国内居民的需求偏好已向发达国家的普通居民趋近,产品品质要求在消费者购买决策中的权重日益提升。

第三,供给体系结构性失衡问题突出。随着经济增长和居民收入水平的提高,我国居民的消费需求结构已发生了显著的变化,但我国已有的产品供给体系却没能及时因应需求结构的变化而做出调整,从而导致当前中国经济出现部分实物产品产能过剩与高端产品和现代服务产品有效供给不足并存的结构性失衡现象。这种产业发展结构性失衡问题只有得到有效解决,才能保证我国经济持续平稳快速地增长。与上述市场需求结构变化相对应的是,我国现有的产品供给体系仍然停留在低层次的实物消费阶段。我国当前的产品供给体系主要由三个部分组成:一是与交通能源等基本建设以及房地产行业高度相关的投资品供给,具体包括水泥、钢铁、煤炭、有色金属、化工、机械、电缆等行业产品;二是面向低收入群体为主的低质低价产品供给体系,包括服装、食品、电子产品、塑料制品、金属制品等日用消费品;三是以出口加工劳动密集型产品为主的外向型产品供给体系。这样的产品供给体系显然与市场消费需求之间存在很大程度的脱节，导致工业产品库存高企、产能过剩严重，产业结构出现结构性失衡问题。

与工业实物供给过剩形成明显对比的是，与我国居民消费结构转型相匹配的医疗、教育、文体、健康、休闲等现代服务产品供给却严重不足。到2018年，全国实际人均GDP已比1978年提高了24.15倍；而同期全国中小学在校师生比、每万人拥有医院数和病床数分别仅比1978年扩大1.64、1.45和3.09倍。现代医疗卫生、教育服务的供给远远落后于经济增长的步伐。更加值得注意的是，在各地着眼于短期经济增长目标的政策作用下，我国对上述现代服务产品供给的投资比重也在持续下降。2017年在全部固定资产投资中，对房地产业的投资比重为22.80%，对制造业的投资比重为30.21%。而在现代服务业中，对教育行业的投资占比却由2004年的2.87%下降为2017年的1.73%，2017年全国对卫生、文化体育和娱乐业的投资占比也仅分别为1.14%、1.36%，均远远落后于对房地产业、制造业的投资比重。

第四，产业发展的资源和环境约束趋紧。长期以来，我国产业结构的名义高度化水平较高，而实际高度化水平较低[①]，经济增长过度依赖资本、土地和劳动力等有形生产要素投入的增长来维持，技术进步的贡献率较低，导致我国产业效率总体不高，经济发展的资源和环境消耗巨大，未来我国经济发展的资源与环境约束趋紧。首先，从全球价值链视角来看，我国基本上集中在价值链中低端的加工制造环节，关键设备、关键技术、品牌、营销和供应链管理等关键环节滞后或缺失，导致我国产业结构的名义高度化较高，而实际高度化不足。通过持续不断的技术创新，提高产业竞争力和产业结构水平是全球工业化国家的基本经验。尽管我国企业设备更新很快，新产品也不断涌现，但总体来说，我国自主技术创新能力不足，技术来源主要依靠引进，技术进步对经济增

---

① 我国现行统计指标是在传统分工模式之下建立起来的，尚没有与当今全球行业内分工和产品内分工相适应的衡量产业结构升级的指标和统计数据，因此，传统的衡量产业结构升级的指标更多地体现在产业之间或行业之间名义上的升级。为此，本研究把名义高度化定义为产业结构的比例关系变化，如第一、第二、第三产业之间比例关系，以及其他中类和小类产业比例关系。而上述比例关系并不能真实体现产业的资源配置效率以及技术水平的变化。本研究把能够有效提升生产率，实现技术进步的结构变化定义为实际高度化。

长的贡献不大，仅约为 30%，产业发展的粗放特征明显。我国 200 多万家大中型企业中拥有自己研发机构的只占 1/4，绝大部分企业没有专门的研发人员和业务，60% 以上的企业没有自主品牌，95% 的企业没有申请专利，只有极少数企业拥有核心知识产权。正是由于在核心技术、关键零部件、供应链管理和品牌等环节上的弱势，使得我国产业结构实际高度化不足。

其次，我国资源消耗增长的压力较大。我国是一个人均资源贫乏的国家，除了煤炭等少数矿种外，多数大宗矿物对国际市场的依赖度比较高。如铁矿石自给率只有 40% 左右，原油不到 50%。近年来，我国能源资源对外依存度不断提高，而国际市场供给却由少数几家公司垄断，再加上国际炒家大肆炒作，使得能源、矿石价格飞涨，给我国能源、原材料行业发展带来很大风险。除个别年份外，我国能源消费弹性系数一直在高位徘徊，特别是进入 21 世纪以后，数值已大于 1，这反映了近年来我国能源消耗增长的速度超过了 GDP 的增长，具体到电力消费上更是如此。能源消耗如此快速的增长，对我国今后的能源供给安全造成了巨大压力。

最后，我国经济发展中的资源利用效率偏低。从主要工业产品的能耗来看，我国主要产品能耗显著高于国际水平，火电供电煤耗和大中型钢铁企业吨钢能耗高 20%，水泥综合能耗高 40%，乙烯综合能耗高 30%。在现行汇率下，我国创造每万美元 GDP 消耗的钢、铅、锌为世界平均水平的 5 倍左右，工业万元产值用水量是国外先进水平的 10 倍左右，工业用水重复利用率要比发达国家低 15—20 个百分点。另外，高投入和高消耗换来的高增长导致高排放和高污染。由于土地、森林、水资源等的过度开发，我国的生态环境已经遭受极其严重的破坏，导致水土流失、土地荒漠化、江河污染的程度加深，致使气候变化，水旱灾害频发，环境不堪承受。改革开放以来的高速增长对资源、环境的过度消耗，导致未来发展的土地、资源和环境约束日益严峻，未来的增长潜力遭到透支，极大地影响了我国经济发展的可持续性。

## 二

近年来，在落实科学发展观和转变经济发展方式的大背景下，我国中央和地方政府投入了大量资源，制定了大量促进产业结构优化升级的政策措施来解决这一问题,但产业发展的结构性矛盾问题依然没有得到有效解决。从发达国家的经验来看,推进产业结构优化升级是保持宏观经济和居民收入水平可持续增长的必然要求。这促使我们必须重新思考产业结构优化升级的理论、实践和政策问题。现有文献在看待这一问题时,往往遵循传统的产业经济学分析思路,单纯从部门的角度分析产业结构优化升级问题,并提供相应的政策供给。这种思路一方面从供给的角度认为,一个国家或地区的要素禀赋结构决定了其产业结构,当要素禀赋结构发生变化时,产业结构就会发生相应的变动;另一方面认为,产业结构的优化和高级化,也是人均收入的提高带来需求结构的变化和技术进步同时引致的。这些分析虽然在很大程度上揭示了产业结构变化的动力与机制,但缺乏空间与制度维度的分析,从而其理论解释力和政策应用性受到了较大的限制。如果要素结构和需求变化会促使产业结构优化升级,那么这些变化首先会在哪里发生?产业结构调整的源头在哪里?产业结构调整又是如何从源头向其他地区扩散的?制度因素在其中扮演了什么样的角色?

城市是产业结构优化升级的重要载体,产业结构的动态变化总是伴随着城市化的动态演进过程,而在实现产业结构优化升级的过程中,不同类型的城市扮演了不同的角色。大城市通常是一个国家或地区产业结构调整的源头,是新技术、新产业的诞生地和多元化的服务业中心;而中小城市则是成熟技术、成熟产业的集聚区,承接大城市的产业与技术扩散,大小城市之间这种分工构成了产业结构递进优化的格局,进而带动整个国家和地区产业结构的优化升级。国际经验表明,城市在产业结构调整中所扮演的重要角色源自经济集中所带来的外部性优势(Marshall, 1920; Hoover, 1948; Jacobs, 1969; Henderson, 1974; Lucas, 1988; Duranton and Puga, 2004)。大城市的经济集中会带来多样化外部经济(Jacobs, 1969),而中小城市的经济集中则会带来专业化的外部经济(Marshall, 1920; Arrow, 1962; Romer, 1986),外部经济的存在吸引创新和生产活动向城市集中。从经济集中度(5% 的经济最密集的城市其 GDP 占整个经济体产出的比重)来看,法国在 1801—1999 年期间,由 3% 提高到 9%;日本在 1900—2000 年期间,从 3% 左右提高到接近 9%;加拿大在 1980—2006 年期间,由 3% 上升到 5%(蔡昉,2012)。在经济实现集中的同时,大小城市之间的分工就会出现,多样化的核心城市主要从事服务业和新兴产业,而专业化的中小城市则以加工制造业为主。这种经济活动集中带来的城市形态的调整和新城市体系的形成,会带动服务业发展和创新产业的出现,推动产业结构的优化升级,从而在整体上产业结构也会发生动态的调整。

资源配置是经济学研究的最基本问题,国家或区域经济发展过程就是实现资源配置优化的动态过程。资源在不同产业部门间的流动与优化配置是产业结构调整的过程,而资源在不同空间位置的流动与优化配置便是城市化的过程,因此,产业结构变动和空间结构的变化相伴进行,相互促进,任何影响城市化进程的制度因素都可能对产业结构的调整产生重要影响。从发达国家的实践来看,产业结构变动与城市化是高度相关的,且二者的关系在不同的经济发展阶段具有不同的特点。在工业化的初期,产业结构的变动导致人口和经济活动向城市集中,带动了城市化的发展;而在工业化的中后期,城市化质量的提高改善了要素供给和需求条件,又会反过来影响产业结构的变动。

近年来,我国经济规模迅速扩张。自2010年以来,我国已稳居世界第二大经济体位置,并保持持续上升的势头。但我国经济发展依然存在产业结构层次不高,技术创新能力不强,高附加值产业发展不充分等结构性问题,这促使我们必须重新思考产业结构优化升级的理论和政策依据。理论研究和国际经验都表明,加快城市化进程不仅有助于推动工业化,同时也有利于提升自主创新能力和服务业部门的发展(Henderson,2003,2007;《中国经济增长与宏观稳定》课题组,2009;蔡昉,2012)。但是现有研究较多地单纯从部门的角度分析产业结构优化升级问题,忽视了城市化进程对产业结构优化升级的影响。当前我国不少地区已经跨越了工业化早期阶段,城市化及相关制度安排已在很大程度上影响了我国产业结构优化升级过程。户籍管理、城市公共服务、城市土地与住房政策和财政分权等制度安排,都在不同程度上影响了城市集聚稀缺生产要素、推进技术创新和扩大消费需求的能力,进而可能影响我国产业结构优化升级过程,导致我国"低端工业化与低效城市化"并存的局面。可见,当前我国产业结构性问题的解决之道更多地处于单纯的产业政策之外,未来的政策靶向应更多地瞄准有关城市化制度安排,通过制度变革促进城市化与产业结构变迁的良性互动。正是在上述研究背景下,本书聚焦于我国城市化制度安排与产业结构优化升级问题研究,在总结提炼城市产业结构演化一般性理论框架的基础上,着重探讨当前我国有关城市化制度安排影响产业结构优化升级的逻辑与机制,并在此基础上提出相关政策建议。为此,本书设置了以下三个方面的研究目标:

第一,为新时期制定产业结构优化升级政策提供新的依据。目前,我国经济的空间结构和部门结构正在发生剧烈的变化,各地区出台了大量相关政策与发展规划。例如,在区域发展战略上,我国国民经济"十二五"发展规划纲要提出了"二横三纵"的城市群发展战略,尤其提出要在长三角、珠三角、环渤海地区,发展以特大型城市为中心的现代都市圈。"十三五"发展规划纲要则提出坚持以人的城镇化为核心、以城市群为主体形态、以城市综合承载能力为支撑、以体制机制创新为保障,加快新型城镇化步伐,提高社会主义新农村建设水平,努力缩小城乡发展差距,推进城乡发展一体化。在产业结构优化升级方面,我国提出了要优化现代产业体系,加快自主创新能力的培育,加快现代服务业、装备制造业和战略性新兴产业的发展。在次一级层面的各种区域性发展规划中,也都包含了以城市群一体化发展和产业结构优化升级为目标的产业政策。本研究最重要的现实意义在于,打通了区域发展政策与产业结构优化升级政策之间的理论联系,明确指出了城市化制度变革对产业优化升级政策的重要推动作用。这对于合理优化城市规模结构,加快大都市圈的发展,促进空间发展战略与产业优化政策有机衔接,具有重要的决策参考价值。

第二,进一步揭示导致我国产业发展结构性问题的深层次原因,为推动产业结构优化升级提供了新的理论视角。本书把城市化的最新研究成果与产业结构的优化升级结合起来,认为中国已经进入追求城市化质量的新型城市化阶段,在这一阶段城市化制度变革尤为重要。户籍制度、城乡土地制度、城市化投融资制度和城市群发展制度四项主要城市化制度安排,不仅对我国新型城镇化进程具有重要影响,也对我国城市体系产业结构优化升级具有重要作用。本书聚焦这四项制度安排对城市体系产业结构的影响,阐明"低效城市化"与"低端工业化"的伴生关系,致力于打通城市化制度安排与产业结构升级之间的理论联系。这将有助于推动我国城市化制度变革与产业结构升级政策的有机衔接,并从制度分析的角度为我国下一步新型城市化和新型工业化战略的具体实施提供理论支撑。

第三，本研究从要素流动和大小城市互动的角度来研究产业的空间配置效率和结构优化升级的关系。这跳出了单纯的部门视角来分析产业结构优化升级问题，把部门转换与空间结构功能转换结合起来，在一定程度上拓展了产业升级研究的路径，有利于培育新的理论生长点。受限于自身的发展历史，到目前为止，空间经济理论致力于分析经济活动的空间分布的原因和结果，往往忽视了要素流动和空间的异质性对结构转换的影响，从而在一定程度上忽视了经济发展的问题。经济发展既是部门间的转换，同时也是空间上的转换，空间上的集中为部门之间的转换提供了载体。本书的研究就是要把空间上的转换和部门间的转换结合起来分析，从而在部门的研究中加入空间因素。

## 三

总体而言，本书主要包括以下三大部分研究内容。第一部分是理论分析，主要包括：城市化的内涵与特征，产业结构演变的一般规律，城市化制度安排与产业结构变迁三个方面的内容，主要是从理论逻辑上对制度、城市化以及产业结构优化升级三个问题进行关联分析，把城市化制度安排影响产业结构优化升级的微观机理讲清楚，从而为本研究提供一个统一的分析框架。第二部分是实证分析，主要包括我国城市化进程的经验分析，我国产业结构优化升级进展的实证分析，户籍制度对城市产业结构影响的实证分析，城乡土地制度对城市产业结构影响的实证分析，城市化投融资制度对城市产业结构影响的实证分析，以及城市群协调发展制度对产业结构影响的实证分析六部分内容，主要是通过我国产业结构演变的实践分析来验证第一部分提出的理论框架。第三部分是政策研究，主要在前两部分的基础上，对本课题研究成果进行理论概括，提出在新型城镇化背景下推进产业结构优化升级的政策设计和改革对策，主要包括人口户籍制度、城乡土地制度、城市化投融资制度以及城市群协调发展制度四方面改革对策建议。需要指出的是，这部分研究内容并未单独地以专门的章节来呈现，而是分散于各有关实证研究中，我们通常在完成相关实证研究之后就提出相应的政策分析和建议。这样做的好处是，可以更清楚地展示有关政策建议的事实依据和问题指向。

```
┌──────────┐  ┌──────────┐  ┌──────────┐                    ┌────┐
│ 城市化的内涵 │  │ 产业结构演变的 │  │ 城市化制度 │              ⇨  │ 理 │
│ 与特征    │  │ 一般规律    │  │ 安排的内涵 │                    │ 论 │
└──────────┘  └──────────┘  └──────────┘                    │ 分 │
                                                              │ 析 │
            ┌────────────────────┐                            └────┘
            │ 城市化制度安排影响产 │
            │ 业结构变动的分析框架 │
            └────────────────────┘

┌──────┐  ┌──────┐  ┌──────┐  ┌──────┐  ┌──────┐            ┌────┐
│我国城市化│  │户籍制度与│  │土地制度与│  │城市化投融│  │城市群发│         ⇨  │ 实 │
│与产业结构│  │城市产业结│  │城市产业结│  │资制度与产│  │展制度与│            │ 证 │
│变动的经验│  │构变迁   │  │构变迁   │  │业结构变迁│  │产业结构│            │ 分 │
│      │  │      │  │      │  │      │  │变迁   │            │ 析 │
└──────┘  └──────┘  └──────┘  └──────┘  └──────┘            └────┘

            ┌────────────────────┐                            ┌────┐
            │ 新型城市化视角下产业结构优 │                      ⇨  │ 理论│
            │ 化升级的改革对政策建议   │                         │ 概括│
            └────────────────────┘                            │ 与政│
                                                              │ 策研│
┌──────┐  ┌──────┐  ┌──────┐  ┌──────┐                       │ 究 │
│ 户籍制度 │  │ 城乡土地 │  │ 城市化投融│  │ 城市群发 │              └────┘
│      │  │ 制度   │  │ 资制度  │  │ 展制度  │
└──────┘  └──────┘  └──────┘  └──────┘
```

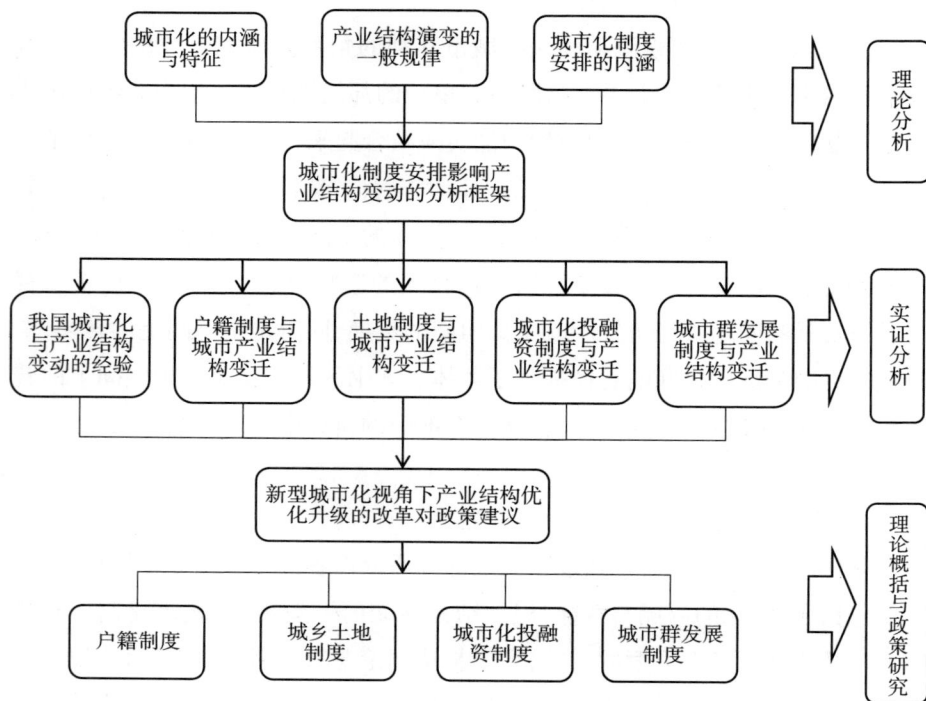

图 0-1　本研究的基本框架

　　根据图 0-1 的总体研究框架,本书共包括七章内容。第一章在综合城市经济学、产业经济学、新制度经济学和新经济地理学等理论最新研究进展的基础上,阐明本研究的技术路线,分析了城市化制度安排影响产业结构优化升级的逻辑机理,构建了本研究的总体理论框架,以统领整个研究。第二章分别对产业结构演变的规律、产业升级理论以及我国产业结构演变的经验的相关文献进行了梳理,并作了简要的评述,阐明了本研究的文献背景、理论来源和推进之处。第三章主要从产业和地区层面对我国近年来产业结构优化升级的实际进展进行了统计描述,运用"规模—效率"分析框架对我国第二、三产业结构优化升级的特征性事实进行了深入分析,从而在总体上阐明了我国产业结构高度化水平的演变轨迹。第四章对我国户籍制度变迁进行了实证分析,阐明了户籍制度、劳动力流动与城市产业结构之间的关系,深入探讨了户籍制度对我国城市集聚经济效应和产业发展效率提升的影响,并提出了相关政策建议。第五章分析了我国城乡土地制度对城市产业结构的影响,揭示了地方政府对土地政策工具运用的经济后果,阐明了地方政府供地的两手策略的内涵、形成机制及其对城市产业结构优化升级的影响。同时,本章还以广东省佛山市南海区为例,对我国城乡土地制度试点改革的最新进展进行了案例研究,深入分析了集体土地直接入市改革对城市产业结构的影响。第六章分析了城市化投融资制度对城市产业结构的影响,主要内容有三:一是对我国城市化融资模式的内涵和形成原因进行分析;二是基于我国地级以上城市数据,实证检验了地方政府土地融资行为对城市工业部门的效率改进的影响;三是利用35个大中城市经验数据实证检验了我国各级地方政府土地财政对大中城市产业结构的影响。第七章分析了城市群发展制度与城市产业结构之间的关系,具体内容包括以下方面:一是对城市体系内城市产业分工和经济互动的理论逻辑进行了文献分析,揭示了城市群产业协调发展的内在机制;二是利用我国105个重点城市的数据,对地价扭曲、城市分工与城市产业发展效率之间的关系进行实证检验;三是以珠江三角洲城市群为例,对我国城市群产业结构优化升级的现状进行统计分析,并在此基础上提出了我国城市群协调发展的制度变革对策建议。

# 第一章　城市化制度与产业结构优化升级

## 第一节　城市化与城市化制度

### 一、传统城市化的内涵与特征

城市化是农业社会向工业社会转变过程中重要的经济和社会现象,它揭示了乡村向城市转变的多维度复杂过程。1867 年,西班牙工程师塞达(A.Serda)首先使用了 urbanization(城市化)一词。到 20 世纪 50 年代,随着世界范围内工业化加速和城市的迅速崛起,urbanization(城市化)这一术语开始广泛地为人们所使用。那么,城市化的内涵究竟是什么呢? 从理论上看,各个学科都基于各自的视角对城市化给出了定义,导致现实中人们对城市化概念的不同理解。从经济学的视野来看,城市是人类从事非农业生产活动的中心,没有产业结构的转换,即农业活动向非农业活动的转换,并由此产生的大量新的就业机会,就不会有农村人口大规模地向城市流动。因此,经济学视角下城市化的核心内容就是伴随着经济增长的产业结构变化过程,在这一过程中资本、劳动力等要素资源呈现出向城市集中的趋势。地理学从地域空间与人类活动之间的关系出发,强调城市化是一个伴随着经济、社会和文化等人类活动而发生的地域空间变化过程,包括城市数量的增加、城市地域的扩大以及国土空间利用格局的转变等内容。社会学以社会规范为中心,认为城市化意味着人类生活方式的转变,即由传统的乡村生活方式转变为现代化城市生活方式。由于我国城市中存在着大量转移自农村的流动人口,我国社会学界特别强调城市化过程中流动人口的"市民化",认为完整的城市化应包括城市生活方式全面覆盖到城市的流动人口。人口学主要研究人口在乡村和城市之间的分布情况，重点关注城市人口数量的变化，在人口学看来，城市化意味着人口从乡村向城市集中的过程。由于人口向城市迁移涉及社会、人口、空间和经济转换等多方面内容，再加上用人口指标来衡量城市化水平简单易行，这一城市化定义被很多文献所接受。综合以上各学科的观点，城市化既包括人口和非农经济活动的地域性集中，也涉及土地利用格局和空间景观的转换，还包括城市生活方式、文化和价值观向乡村地域的扩散。可见，城市化进程至少包括以下四个维度：一是产业城市化。具体表现为国民经济结构中农业比重下降，非农产业比重上升，国民经济由农村自然经济转化为城市社会化大生产状态，并最终导致人均收入水平的提高。二是人口城市化。具体表现为农村人口转变为城市人口，农业就业人员转变为非农业就业人员，并最终导致城市建成区人口集中度的上升。三是土地城市化。具体表现为农村居住用地转变为城市建设用地，农业用地转变为二、三产业用地，并最终导致城市经济和景观地域的扩张。四是社会城市化。具体表现为农村生活方式转化为城市生活方式，以及现代城市公共服务体系的建立和扩张，并最终导致公众福利水平的提升。由于城市化是一个从乡村到城市的复杂的多维度转变过程，会受到自然、经济、社会和文化等诸多因素的影响，这导致不同国家和城市所走的城市化道路并不完全一样。具体到我国来说，受到我国特殊的国情和制度安排因素的影响，我国城市化过程中产业、土地、人口和社会四项转变并不同步。多年来，我国的城市化进程所涉及的产业和土地转变明显快于人口和社会转变，我们可以称之为传统的城市化模式，而这种城市化模式具有一系列独特的特征，也引发了一系列问题，具体如下：

第一，在独特的城乡土地制度安排下，我国城市建成区扩张过快，在导致土地资源大量消耗的同时，城市所吸纳的人口并没有同步增加，城市建成区平均人口密度不高。根据统计，2000—2011 年间，我国东部沿海城市平均建成区面积由 214 平方公里增加到 532 平方公里，年均增长了 9%；而平均总人口从 363 万人增加为 496 万人，年均增长率仅为 3%，城区人口规模的增长大大低于城市土地面积的扩张。中部城市平均建成区面积由 221 平方公里增加到 532 平方公里，年均增长率约 8%；而平均总人口从 153 万人增加为 205 万人，年均增长率仅为 2.6%,城区人口规模的增长也明显低于城市空间的扩张。根据住建部所制定的标准,每 1 平方公里城市建成区应容纳 1 万人口,而 2008—2012 年,我国 657 个城市建成区面积增加了 0.97 万平方公里,而人口仅增长了 0.35 亿人,城区人口吸纳能力大大低于建成区面积的扩张。

第二,地区经济竞争导致工业化和城镇开发的投资效率低下。近年来,我国各地政府为了发展经济展开了招商引资的"扑向底层"(race to bottom)的激烈竞争,为了吸引投资,各地政府纷纷为企业提供低价土地、补贴性基础设施投资,并且在工人基本权益保障和环境准入等方面降低监管标准,导致各地大量涌现不同规模的工业开发区。2003 年 7 月,全国开发区清理整顿结果显示,全国各类开发区总数为 6866 个,规划面积 3.86 万平方公里,这些开发区到 2006 年底被中央核减至 1568 个,规划面积压缩至 9949 平方公里。但事实上,这些被核减掉的开发区大多数只是"改头换面"而已,原有开发区的空间规模几乎没有改变,甚至有所扩大。2006 年以后,各地实际运作的工业开发区非但数量没有减少,而且用地规模依然在不断扩大。为了扩大对资本的吸引力,各地政府一方面进行"三通一平"、"七通一平"等配套基础设施投资,另一方面制定各种税收和管理方面的优惠政策来招商引资,包括低价出让工业用地、按投资额度返还部分出让金、各种形式的税费优惠、降低劳动力社保缴费要求和节能减排标准等。近年来,随着国内沿海发达地区部分产业向外转移,工业开发区呈现出向内地欠发达地区大规模蔓延的趋势,很多中西部市、县政府,乃至乡镇政府,都在大搞开发区建设。地方政府在招商引资竞争中获得的好处并不仅限于工业企业投产后产生的税收收入,还包括本地工业发展对服务业部门增长的推动,以及由此带来的相关营业税、商住用地土地出让金等收入的增长。正是基于这一强烈的政绩和财税动机,地方政府才几乎不惜成本地进行大规模招商引资,导致土地开发和招商引资竞争成为推动我国城市经济增长的普遍模式。在这一发展模式下,中国的经济增长越来越依赖于土地与资本的结合,尤其是在 2008 年全球金融危机后,中国采取了大规模投资来拉动经济的刺激政策措施,导致土地资本化趋势愈加明显,土地开发和基础设施投资成为驱动我国经济增长的重要力量。伴随着投资规模的持续扩大,上述粗放的工业和城镇开发导致投资效率日趋低下。2009—2013 年中国的投资占 GDP 的份额接近 50%,2009 年对经济增长的贡献高达 86.5%左右,与此同时,要素资源在不同部门和不同所有制企业之间的配置改善带来的增长红利显著减少。而剔除掉要素配置改善效应后,生产效率提高对经济增长的贡献从 1991—2000 年的 2.5%降至 2001—2010 年的 0.3%(国务院发展研究中心和世界银行联合课题组,2014①)。

第三,在现行户籍制度下,人口市民化水平不足导致流动人口难以融入城市和享受均等的公共服务。在我国城市化过程中,很多转移人口是并没有改变户口性质的农民,与真正的城市居民存在着巨大的身份差异。这种身份差异导致他们虽然在城市中生活和就业,但却享受不到与普通市民同等的权益保障和公共服务。1958 年,我国颁布了《中华人民共和国户口登记条例》,标志着城乡分割的二元户籍制度的诞生。这种户籍制度实质上是体现了一种"以农补工、以乡养城"的城乡差别发展战略。该制度强调户口的不可迁移性,农民被固定在土地上,不能分享城市社会资源。同时,这种户籍制度又是一种不平等的身份制度,不同类型户口所附着的就业、居住、教育、社会参与、社会保障、医疗服务和公共福利等权益存在着巨大的差异。虽然改革开放以来随着农村劳动力流动规模的增加,我国户籍制度先后经历了一些改革,诸如暂住证政策的实施、农转非政策的改变、小城镇户籍制度改革、蓝印户口和积分入户等,但是这些改革是十分有限的,与户籍相联系的绝大部分居民社会福利差别仍然继续存在。由此,虽然流动劳动力的名义身份实现了从农民到农民工再到产业工人的转变,但是他们并未成为真正意义上的城市居民,仍然难以摆脱旧的户籍制度的桎梏,这给他们在城市定居和生活带来了巨大的额外成本。由于对医疗卫生、义务教育和社会保障等基本公共服务的投资激励不足,社会事业发展滞后,我国城市居民享受的公共服务水平较低。特别是,非户籍流动人口在义务教育、医疗卫生和社会保障等公共服务上面临的政策性歧视,他们能够享受的城市公共服务严重不足,需要支付高昂的费用,导致我国劳动力流动的隐性成本较高。例如,在义务教育方面,早在 2001 年国家就

① 参见国务院发展研究中心和世界银行联合课题组:《中国:推进高效、包容、可持续的城镇化》,《管理世界》2014 年第 4 期。

出台了《国务院关于基础教育改革与发展的决定》,禁止城市公办学校对农民工子女的歧视,教育部随后又出台了一些配套文件,要求城市公办学校对农民工子女一视同仁。但是,各地在执行政策的过程中还是通过各种手段限制农民工子女到公办学校就读。根据世界银行 2006 年对上海、西安、大连、成都和深圳的一项调查,公办学校向城镇居民收取的择校费平均为 1100 元人民币,对农民工收取的择校费平均为 3650 元人民币。大部分农民工表示,子女在入读公立学校时面临着歧视、拒收和高额费用要求等障碍,不少农民工子女只好去私立"农民工学校"就读,不仅收费高于公办学校,而且办学条件和教学质量低下,时常因达不到基本的教学标准而被取缔。正是上述政策歧视,使得农民工子女就学费用支出占到家庭总收入的 13%,明显高于城镇户口家庭。此外,在医疗卫生服务方面,虽然《中华人民共和国劳动法》要求各地须使所有劳动者都参加用人单位和个人共同缴费的基本医保,但与城镇居民相比,农民工参加医疗保险的比例较低,只有 21% 的农民工参保(城镇职工参保率为80%)。由于参保率较低,农民工看病的自费比例很高[①],农民工门诊一次的自费开支占农民工人均月收入的 90%,住院一次的自费开支占农民工人均年收入的 90%[②]。人口市民化水平不足所导致的歧视性公共服务供给使得流动人口在子女教育、住房、医疗卫生和社会保障方面需要支付高昂的费用,构成了较高的阻碍劳动力流动的制度性成本,导致流动人口的实际收入水平下降,降低了对劳动力区际流动的激励。

## 二、新型城市化的内涵与特征

新型城市化是一个颇具中国特色的概念,是相对于上述传统城市化模式而言的,它与传统城市化最根本的区别在于一系列制度安排的改变,并通过这种改变规避传统城市化进程所遭遇的问题。

从政策层面来看,党的十六大最早正式提出"新型城镇化"概念,当时是

---

① 农民工门诊和住院治疗的自费比例分别为 91% 和 71%,而城镇居民的自费比例分别为58% 和 44%。

② 参见 2009 年世界银行报告《中国的城镇服务和治理》,http://documents.shihang.org/curated/zh/292211468020081206/China-urban-services-and-governance。

伴随着新型工业化战略提出来的,其主旨是通过产城互动来统筹城乡经济社会发展。然而,"新型城镇化"真正广为人知是在党的十八大召开之后。党的十八大报告明确提出要"坚持走中国特色新型工业化、信息化、城镇化、农业现代化道路,推动信息化和工业化深度融合、工业化和城镇化良性互动、城镇化和农业现代化相互协调",把"促进工业化、信息化、城镇化、农业现代化同步发展"作为加快转变经济发展方式的重要战略抓手之一。2012 年的中央经济工作会议指出,2013 年经济工作的主要任务之一是积极稳妥推进城镇化,着力提高城镇化质量,首次正式提出"把生态文明理念和原则全面融入城镇化全过程,走集约、智能、绿色、低碳的新型城镇化道路";同时将新型城镇化确立为未来拉动中国经济发展的重要力量和扩大内需的重要手段。[①] 党的十八届三中全会进一步提出要"坚持走中国特色新型城镇化道路,推进以人为核心的城镇化,推动大中小城市和小城镇协调发展、产业和城镇融合发展,促进城镇化和新农村建设协调推进。"在上述会议精神的指导下,中共中央、国务院于 2014 年印发了《国家新型城镇化规划(2014—2020 年)》,该规划按照走中国特色新型城镇化道路、全面提高城镇化质量的要求,明确了我国新型城镇化的发展路径、主要目标、战略任务以及相关领域制度与政策创新。2016 年十二届全国人大四次会议通过的《中华人民共和国国民经济和社会发展第十三个五年规划纲要》进一步明确要求"坚持以人的城镇化为核心、以城市群为主体形态、以城市综合承载能力为支撑、以体制机制创新为保障,加快新型城镇化步伐"。党的十九大报告则进一步提出要"以城市群为主体构建大中小城市和小城镇协调发展的城镇格局,加快农业转移人口市民化"。

与国家政策相呼应,学术界对新型城镇化的论述基本上体现了"以人为本、创新发展、统筹发展和绿色发展"的基本意涵。牛文元(2011)将新型城市化的核心内涵表述为"七大坚持":一是坚持城乡统筹发展,在区域的基础上思考大、中、小城市与乡村的协调发展,逐步化解城乡二元结构,实现城乡居民共同富裕;二是坚持创新发展,在转变发展方式的基础上提升城市发展的能

---

① 参见《中央经济会议在北京举行》,《人民日报》2012 年 12 月 17 日。

级,提供更多的就业机会;三是坚持绿色发展,走可持续发展的生态文明之路,达到城乡人口、资源、环境、发展四位一体的互相统筹;四是坚持均衡发展,统筹城市内部、城际之间和城乡之间的和谐发展与包容性增长,大力克服城市病带来的交通拥堵、环境恶劣等问题;五是坚持城市公共服务均质化发展,对教育、医疗、住房、养老保险、社会保障等民生需求实施公平正义的国民待遇;六是坚持实现城市的宜居性和文化多样性,体现城乡居民的幸福感、安全感和有尊严的劳动与生活;七是坚持构建现代化管理体系,对人口、就业、资源保障、产业布局、市政建设、城市安全、政策法规等进行科学的规划、设计与施行。张英洪(2012)结合北京城市化发展的实践,认为新型城镇化包括以下几方面内涵:(1)新型城市化是空间布局合理的城市化,要推进城市群大中小城市合理分布和相应集中,从"摊大饼"式扩张转向多中心城市布局;(2)新型城市化是维护农民权益的城市化,要让农民在自己的土地上富裕起来,实现农民市民化,将土地的增值收益还给农民,有效保障农民带着集体资产进城;(3)新型城市化是善待外来人口的城市化,构建公正的社会制度,实现外来流动人口的市民化,逐步将流动人口纳入就业、教育、医疗、社保和住房等基本公共服务保障体系,使外来流动人口共享城市发展的成果;(4)新型城市化是产业结构优化的城市化,城市化的过程本身也是产业结构不断优化升级的过程,要大力发展民生产业,努力解决城市化中的农民就业问题;(5)新型城市化是生态环境友好的城市化,新型城市化必须坚持全面、协调和可持续的原则,走资源节约型与环境友好型之路,不断提高生态文明水平,确保城市使人们的生活更加美好;(6)新型城市化是发展民主法治的城市化,要以民主法治的方式推进城市化,以城市化来提升民主法治水平,使城市化与民主化相互促进。程必定(2011)认为新型城市化的核心是经济社会结构的城市化转型,具体包括产业结构、就业结构、空间结构以及文化与观念四方面的转型,这四个方面的结构转型既是新型城市化的一般规律,也是走新型城市化道路的基本途径。杨重光(2010)强调新型城市化是全面的、综合的经济社会发展的道路和战略,其本质在于提升农民的经济地位,改善他们的身份和生活状态,使农民享受与城市居民同样的经济权利和生活条件。单卓然、黄亚平(2013)认为新型城镇化是以民生、可持续发展和质量为内涵,以追求平等、幸福、转型、绿色、健康和集约为核心目标,以实现区域统筹与协调一体、产业升级与低碳转型、生态文明和集约高效、制度改革和体制创新为重点内容的城镇化过程。陆铭、高虹、佐藤宏(2012)认为新型城镇化的重要内涵之一是要实现包容性就业,使更多的劳动力实现就业,分享城市化和经济增长带来的好处。张占斌(2014)将我国新型城镇化道路概括为六个"新":一是新核心,要以人为核心,城镇化要围绕为人服务展开;二是新理念,更加注重包容发展,使所有人群共享城镇化发展成果;三是新动力,统筹推动新型工业化、信息化、城镇化、农业现代化,形成促进城镇化发展的合力;四是新方式,融入生态文明,建设人与自然和谐的美丽中国;五是新格局,以主体功能区规划为指导,形成科学的新城镇布局;六是新重点,制度等软件建设的重要性更加凸显,释放改革红利。

综上所述,无论是从国家政策层面,还是从学术研究来看,新型城市化的内涵都很丰富,涉及到产业结构转变、人口市民化、城镇空间格局调整、生态文明建设等诸多方面的内容。在某种程度上讲,国家将新型城市化作为一个政策总抓手,以此来推动我国经济发展方式和发展动力的转换,因此,学术界在讨论新型城市化时倾向于赋予其更多的内涵。但是,理论维度过多固然可以扩大新型城市化概念的应用范围,但也不利于研究问题的聚焦。为此,我们从本课题的研究需要出发,在总结现有文献的基础上认为,新型城市化是对传统城市化制度安排的变革,其核心内涵主要体现为以下三个方面:

第一,新型城市化是包容的城市化。理论上讲,城市化通过促进劳动力流动有助于实现城乡居民收入的趋同,并提高城乡居民所享受的公共服务水平。但我国传统的城市化在缩小城乡居民收入差距和提高公共服务均等化水平方面的积极作用尚未充分显现,其原因在于各地方政府实施的带有城市倾向的身份分割政策。这些政策旨在短期内推动经济增长,达成地方发展政绩目标,并与中国特殊的户籍制度、土地制度和住房制度等一起限制和阻碍了流动人口分享城市化的好处,提高了劳动力的流动成本,不利于劳动力的自由流动。新型城市化的包容性意味着要通过户籍制度改革,为所有人提供平等的就业与积累财富的机会,提供大致同质的基本公共服务,实现了流动人口的市民化。这无疑大大地降低了劳动力流动的制度性成本,促进了劳动力充分自由流动。

第二,新型城市化是高效的城市化。相对于传统城市化,新型城市化意味着经济增长方式的转变——从以往要素驱动的粗放增长方式转向创新驱动的集约增长方式。长期以来,在分权竞争的条件下,我国各城市的城市化进程是由快速的工业化来推动的,而快速的工业化与现行城乡土地制度和城市化投融资制度高度相关,是建立在低廉的土地、劳动力等要素成本,以及税费优惠、放松环境管制等一系列优惠政策基础上的,其结果表现为要素资源的使用效率和产业发展效率低下。快速的工业化,一方面导致土地的非农化利用规模迅猛扩张,另一方面导致劳动力非农就业水平急剧上升,这引发了城市建成区在空间上的快速扩张,以及大量人口从乡村流向城市。但是,资源的稀缺性决定了这种要素驱动的低效的工业化方式不可持续,进而也决定了与其相伴的传统城市化进程不可持续。因此,新型城市化战略的实施首先必须改变相关制度安排,要更优地使用人口、土地和资本等生产要素资源,在控制劳动投入、土地利用和资本积累的条件下实现更高效率的增长。

第三,新型城市化是开放的城市化。由于分权竞争的影响,传统城市化进程受限于行政边界和区域分割,决策当局着眼于单个城市进行经济活动治理,不同城市之间的经济互动受到人为地割裂。各地通过行政干预扭曲要素价格进行区域分割,导致区域之间难以进行高效的基于市场力量的分工,区域间产业同构现象严重,功能分工水平低下,要素资源的空间配置效率降低。而新型城市化强调基于区域一体化的城市群发展战略,通过建立区域协调发展体制机制减少行政干预对要素价格的扭曲,城市间要素相对价格的变化对城市产业分工的作用显著。城市群内广泛存在的双向或多向的人流、物流、资金流、技术流和信息流,构成了城市之间的经济联系,这种经济互动促进了不同类型城市之间的经济分工,对城市体系产业结构优化升级产生了重要的影响。

### 三、城市化制度的内涵与构成

制度本质上是一组可以影响微观主体行为的规则体系,对经济发展效率发挥着至关重要的影响。首先,以科斯(Coase)、威廉姆森(Williamson)为代表的新制度经济学者从交易费用概念出发,将私人部门中一系列治理交易活动的结构看成制度,它包括市场、组织和组织间的契约关系。这个定义最典型的应用就是对私人部门中存在着的企业组织的研究,以及对存在于市场和企业之间的连续治理谱系的研究。第二种制度观将制度定义为社会博弈的规则,诺斯(North,1990)和奥斯特罗姆(Ostrom,1990)是这种制度观的著名代表。诺斯(1981)认为:"制度是一系列被制定出来的规则、守法程序和行为的道德伦理规范,它旨在约束追求主体福利和效用最大化利益的个人行为。"[①]这种约束包括人们有意识设计出来的正式规则约束,如宪法规则、产权规则和契约制度等,以及诸如习俗、惯例、社会规范等非正式规则约束,它们定义和限制了个人的决策集(North,1990)。正如诺斯(1993)自己所言:"制度是人所发明设计的对人们相互交往的约束。它们由正式的规则、非正式的约束(行为规范、惯例和自我限定的行为准则)和它们的强制性所构成。"[②]诺斯的制度定义包含了规则和规则的实施两个层面的内容,规则的实施既可以自我实施,也可以通过第三方强制实施。第三类制度观将制度的定义从有形的组织和规则扩展到文化、思想习惯、社会规范等无形的方面,制度表现为人类社会活动中的秩序,大大丰富了人们对制度的理解。美国的旧制度主义者、奥地利学派和博弈论的新近发展都为这一制度内涵的扩展做出了贡献。如美国旧制度经济学的开创者凡勃仑(Veblen,1899)认为:"制度实质上就是个人或社群在某些关系或某些作用方面的流行思想和习惯。"[③]奥地利学派的哈耶克(Hayek)将制度理解为自发的社会秩序,这一自发的社会秩序是人们在按照一般的行为规则追求各自目标的过程中自发生成的,而影响人们行为选择的一般行为规则是通过特定的习俗、传统和文化传承,在群体竞争的基础上逐渐演化出来的。现代博弈分析通过博弈均衡的概念,在推进人们对制度的认识上向前迈出了重要的一步。例如,重复博弈中的子博弈精炼纳什均衡概念,对理解制度选择的微观机制十分有帮助,它是全部博弈方在整个博弈的每个阶段,即子博

---

① [美]道格拉斯·C.诺斯:《经济史的结构与变迁》,上海三联书店、上海人民出版社2002年版,第225—226页。

② North,D.,"Toward a Theory of Institutional Change", in W. Barnett et al., eds., *Political Economy*,*Competition and Representation*,Cambridge:Cambridge University Press,1993,pp.62.

③ [美]凡勃仑:《有闲阶级论》,蔡受百译,商务印书馆1964年版,第139页。

弈都选择了不愿单独改变的策略结果。根据子博弈精炼均衡的性质,比较制度分析将制度定义为自我实施的对行为的非技术决定的约束(Greif,1993;1994a,b;1997)。与那些依赖第三方强制实施的制度不同,自我实施制度是制度博弈参与者协商谈判后自愿达成一致的结果,是自发产生并自我实施的,不需要依赖任何外部力量保证制度的实施。青木昌颜(Aoki,2001)更将制度定义为参与人的公有信念和均衡概要表征的集合。格雷夫(Greif,1996)则认为:"在博弈论框架中,两个相互联系的制度要素是(关于别人行为的)预期和组织……组织是非技术因素决定的约束,他们通过引入新的参与人(即该组织本身),改变参与人所得的信息,或者改变某些行为的报酬来影响行为。"①博弈者的预期影响着制度选择的均衡结果,而制度博弈参与者的预期又要受到其文化信仰和社会文化传统的影响。

城市化制度就是与城市化进程相关的一系列组织和规则体系,无论是从经济还是社会变迁的视角来看,城市化都是在一定的制度框架内进行的。当制度与城市化的内在规律相适应时,就能够有序地促进城市化与工业化进程,提升城市化和产业发展的效率;反之,就会阻碍城市化进程,降低产业发展效率。根据对城市化作用方式的不同,本研究可将城市化制度分为两大类,一类是直接城市化制度。这类制度设计直接与城市化相关,以推进和控制城市化进程为目标,在实施过程中具有较强的刚性,对城市化进程的影响较为直接。例如,各等级城市、城镇设置制度,不同类型城市发展政策,城市规划政策等。另一类是间接城市化制度。这类制度通过影响资本、人口和土地等生产要素的流动对城市化发挥间接影响,其政策设计并不完全针对城市化议题。例如有关产业政策、户籍制度、土地制度、社会保障制度、投融资制度等。上述直接制度安排与间接制度安排共同构成了城市化的制度体系(参见图1-1)。

图1-1只是从本书的研究目的出发大致勾勒了我国城市化制度体系框架,对此,我们还需要做出如下几点说明:第一,在现实中,还有许多制度安排也会对城市化产生影响,因为超出了本研究的需要,在此未能一一列举。第

①　[日]青木昌彦:《比较制度分析》,周黎安译,上海远东出版社2001年版,第10页。

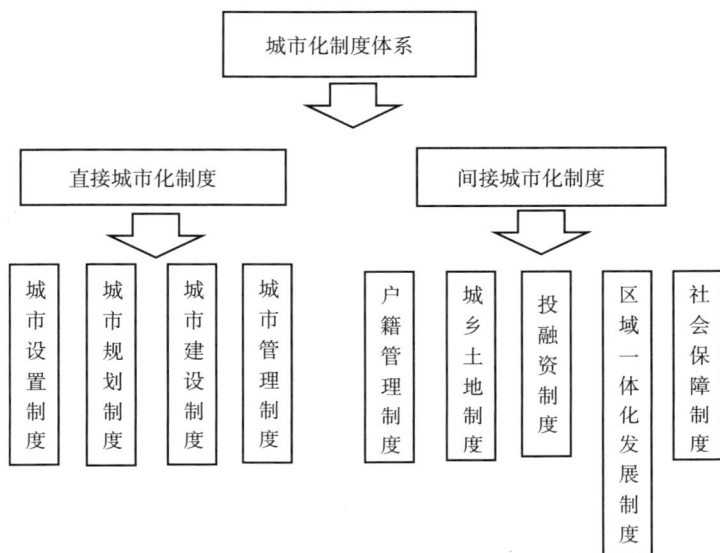

图 1-1 城市化制度体系

二,在图 1-1 中,不同制度安排之间并不是截然分开的,有些制度安排之间可能会有重叠,对城市化进程的影响也可能是相互关联的。第三,图 1-1 所列举的城市化制度是中国特色社会主义市场经济制度的具体组成部分。中国特色社会主义市场经济制度是关乎包括城市化在内的经济社会发展的总体制度体系,它为要素资源的流动提供了制度基础,包括市场价格机制、公平竞争机制以及保护市场正常运行的法律体系等。第四,在影响城市化的制度安排中,户籍管理制度、城乡土地制度、城市化投融资制度以及城市群发展制度(区域一体化发展制度)与产业结构变化的关系最为紧密,这四类城市化制度安排对产业结构优化升级的影响较大,因此,本书将集中研究这四类城市化制度安排对产业结构优化升级的影响。第五,除了正式的制度安排之外,城市化进程还涉及一系列风俗、习惯、价值观和文化等非正式制度,这些非正式制度对我国的城市化发展速度和质量均有重要的影响。但由于本书的研究目标所限,我们对这些非正式城市化制度不作分析。

# 第二节　城市化制度与产业结构优化升级

进入 21 世纪以来,随着加入世贸组织后的国际化、工业化和城市化进程的加速,中国经济进入了一轮黄金增长期,经济连续多年以接近甚至超过 10% 的速度增长。各级地方政府通过大规模招商引资和所谓的"经营城市",开启了一个以"城市化与全民招商"为特色的经济发展阶段。2000 年,中国常住人口城市化率为 36.2%;2018 年,这一比率上升为 59.6%,年均增长超过 1%。这意味着截至目前,我国有超过 8.3 亿人居住在城市。从城市体系的结构来看,中国城市体系的结构也发生了重要变化。2000 年以来不同规模的城市呈现出不同的发展轨迹:其一,小城市的数量、人口比重和平均规模均有所下降,表明随着城市化进程的加速,我国城市集聚的人口规模越来越大;其二,大城市的数量、人口比重和平均规模均有明显的增加,表明大城市是近年来人口迁移的主要目的地,人口流动的增长导致新的大城市不断形成;其三,超大城市的数量、人口比重和平均规模的增长明显,表明超大城市也是近年来城市化进程中人口迁移的主要目的地。上述三种变化预示着,城市的经济和人口集中度进一步上升,城市在我国产业结构优化升级过程中所扮演的角色愈加重要。

2009 年的世界银行报告表明,当一个国家人均收入超过 3500 美元时,城市化的"重头戏"已经结束,城市化的速度会趋缓,如何提高城市化的质量则是后续城市化的重要内容,这时候城市化制度的变革就变得尤为重要。制度在经济发展中发挥着至关重要的作用,好的制度安排有助于经济效率的提升,促进经济持续增长;而坏的制度安排则会抑制经济效率,阻碍经济增长。作为一种与工业化伴生的经济社会转型过程,城市化的质量高低同样与制度安排密切相关。从经济学的视角来看,城市化是劳动力、土地和资本三种最基本要素的非农化利用的过程。在我国,与这三种要素利用相关的户籍管理制度、城乡土地制度、城市化投融资制度以及城市群发展制度,是影响我国城市化进程质量的最重要的四项基本制度安排。

　　理论上讲,城市化进程影响产业结构变化的作用路径有二:一是城市化进程导致资本、劳动力和土地等生产要素在不同部门和空间上的重新配置,改变了产业发展所面临的要素供给结构;二是城市化进程改变了居民收入水平与结构,引发了市场需求结构的变动,进而引起产品和服务供给结构的变化。在这两个作用路径中,户籍管理制度、城乡土地制度、城市化投融资制度以及城市群发展制度扮演了极为重要的角色,具体如下:

　　第一,户籍管理制度以及与之紧密相关的公共服务供给制度。在城市化过程中,随着人口从农村地区低生产率的农业部门向城镇高效率的工业与服务业部门流动,流动人口的收入水平得到提高;与此同时,人口的流出使得农村地区农业部门劳动力的边际生产率上升,劳动力工资水平也上升。一方面,城市化促进了居民收入水平提高,缩小了城乡之间的收入差距;另一方面,城市化引起了大规模人口的集中居住,这创造了公共服务产品供给上的规模经济,为低成本的公共服务供给提供了可能,从而有助于城市全体居民获得更高水平的公共服务。为了追求更高的收入和更好的公共服务,人口就会进一步向城市集中,城市经济密度和人口密度上升,这强化了城市的外部经济效应,有助于城市产业结构的优化与产业效率提升。但在我国传统的城市化过程中,城市化进程的上述积极作用尚未充分显现,其原因在于各地政府所实施的歧视性户籍管理和公共服务供给制度。在这种制度框架内,流动人口在获得城市户籍方面存在一定程度的困难,进而难以享受与城市户籍居民同等的公共服务待遇。这在现实中提高了人口流动的隐性制度成本,降低了转移劳动力的实际工资水平,会在一定程度上阻碍劳动力的流动,不利于城市集聚经济效应的充分发挥,降低了资源的配置效率,从而不利于产业结构的优化升级。因此,对这种户籍制度进行必要的改革,消除对流动人口的歧视性待遇,有助于提高城市化进程的包容性,意味着城市可以为所有人提供平等的就业与积累财富的机会,并在区域范围内提供大致均等化的基本公共服务。特别是通过综合的户籍制度配套改革促进流动人口的市民化,使他们能够享受与城市居民同等的公共服务。这样,持续的收入增加机会、平等的收入分配以及均等化的公共服务配给有利于提高城市的实际工资水平,降低了人口流动的成本,促进了人口跨区域自由迁移,进一步强化了城市外部经济效应,从而形成了推动产业结构优化升级的力量。

第二,城乡土地制度。城市化最直接的表现就是城市建成区的空间扩张和土地的非农化利用。当城市经济密度达到一定水平之后,城市环境对企业不仅意味着外部性收益的分享,还意味着要面对越来越高的拥挤成本。这种拥挤成本主要来源于本地非贸易品价格的上升,特别是城市土地价格上涨。在城市空间有限的条件下,由于土地的不可再生性与不可流动性,当大量资源为了追求外部性收益涌入城市,整个城市的土地价格会持续上升。地价上升将对那些难以通过加成定价方式转移土地成本压力的竞争性部门形成挤出效应,迫使低效率的厂商从城市撤出,向外转移到土地价格相对低廉的地区,而继续留下来的厂商将不得不加强创新,提高效率,以对抗日益上涨的成本压力。城市化进程中上述作用机制意味着,随着城市经济集中度的提高,地价一方面将会推动资本进行跨区域流动,另一方面会形成产业技术升级的压力,推动城市体系产业结构优化升级。但是,我国土地价格的形成不完全取决于市场力量的作用,相反土地价格的高低在很大程度上取决于城乡土地利用制度安排。在我国,城镇土地属于国家所有,农村土地归集体所有。农村农业用地要想转为城市建设用地,必须首先经过国家征用环节转为国有土地,政府垄断了城市建设用地一级市场上的土地供给。这就为各地政府利用土地政策工具达到自身的政绩目标和扩大财政利益创造了条件,而政府对土地政策工具的使用方式会对城市建设用地价格产生较大的影响。各地政府一方面积极推高城市商住地价扩大财政收入,另一方面压低工业地价进行招商引资,导致建设用地市场价格扭曲,从而影响到前述城市产业结构调整的方向和力度。

第三,城市化投融资制度。我国近年来快速的城市化在很大程度上是政府推动的结果,各级政府在推动城市化的过程中也扮演了城市化主要建设者的角色。城市化所涉及的基础设施建设、公用事业发展及公共服务的提供等均成为地方政府的重要职责,我国地方政府承担了越来越大的投资支出责任。诸如就业、养老、住房保障、科教文卫等基本公共服务的提供,城市道路、公交、管网、桥梁、隧道等基础设施的建设,自来水、电力、煤气、热力的生产、分配和供应,以及污水、雨水排放与治理等公用事业的发展,都需要地方政府进行大量的投入,所需的资金规模巨大。与不断扩大的投资支出责任相比,我国地方政府的财政收入权力配置则相对不足,导致城市化进程中地方政府面临着越来越大的财力缺口,各地在推进城市化进程中普遍面临着较大的融资压力。在一般预算内财政收入普遍不足的情况下,各地政府均将目光投向了扩大预算外收入来源,"以地生财"的土地融资模式便应运而生。这种以土地为主要标的的城市化投融资安排对城市产业结构也具有重要的影响:一方面,土地融资在实践中推高了城市土地价格,导致城市地价过快上涨,对以制造业为主体的实体经济造成了较大的冲击,企业的用地成本快速上升;另一方面,在社会融资规模既定的条件下,土地融资规模的扩大使得以制造业为主体的实体经济面临着严重的金融抑制环境,企业的外源融资受限,影响了企业的长期投资与技术创新活动,从而对产业结构的优化升级造成了不利的影响。

第四,城市群发展制度。改革开放以来,随着中国社会经济的发展,尤其是20世纪90年代以后市场化改革的不断深化,中国区域经济的联系越来越紧密,区域合作的范围和领域不断拓展,合作规模不断增大,形成了像长三角、珠三角、环渤海地区等重要的经济区域,在我国经济社会发展中扮演着越来越重要的角色。与此同时,计划经济时代形成的"行政区经济"使得行政体制分割,各自为政,行政区划关系始终高于市场区际关系,以及近年来愈演愈烈的地方保护主义,地方行政主体利益导致城市群内资源难以优化配置,这种现象严重地阻碍了城市群经济一体化的进程,从而增加了地方之间贸易的交易成本,阻碍了我国经济空间结构和部门结构的转换进程:一是很多地区存在严重的不合理重复建设,不仅在产业领域重复投资,而且在机场、港口等基础设施方面也是如此;二是在招商引资上竞相出台优惠政策,使区域间招商引资竞争变成了低水平的"让利竞赛",在外贸出口上竞相压价,盲目压价,恶性竞争,导致出口商品价格急剧下跌,造成"自相残杀"的局面;三是城市群内仍然存在一定程度的贸易壁垒、资源大战,以及各种形式或花样翻新的地方保护。

国家内部城市群发展的关键在于实现区域一体化发展,具体包含以下几种形式:一是产业布局一体化。产业布局一体化宏观上要达成地区之间、城市群之间产业错位发展;中观上要达到各城市群内部成员城市之间产业的协调配套发展;微观上要达到城市之间产业链内部专业化分工协作、企业集聚发展的格局。这是区域经济一体化的主要内容,在不同发展阶段,涉及的产业领域范围从一个部门向多个部门逐步扩大。二是基础设施建设一体化,这是目前我国区域一体化的主要协作内容。基础设施建设一体化就是要把交通、能源、水资源和信息等方面的基础设施,按照统一规划、统一建设、统一经营和统一管理的要求,从城市群整体上进行统筹规划,努力实现互联互通、共建共享,以提高资源使用效率与投资效率。三是市场一体化,这是城市群区域经济一体化的较高级阶段。由于地区分割,生产要素的流动仍受行政区划的限制。市场一体化的核心是通过深化行政管理体制改革,突破行政区划的体制障碍,建立共同的生产要素市场,构建一体化的区域市场体系,破除地方保护和地区封锁,消除各种行政和市场壁垒,促进要素与商品在区域间自由合理流动,达到资源优化配置的目的。四是基本公共服务一体化。其核心是要让城市群区域内所有公民享受到的基本公共服务能够突破行政区划的界限,逐步实现对接共享并最终达到同一标准,做到基本公共服务业的资源共享、制度对接、流转顺畅、差距缩小、待遇互认。通过实现基本公共服务一体化提高公共服务供给效率,促进公共服务消费。

近年来,为了推进区域一体化发展,国家制定了《国家新型城镇化规划(2014—2020年)》,明确提出要以城市群为主体形态,推动大中小城市和小城镇协调发展,并先后编制了长三角城市群、粤港澳大湾区、长江中游城市群、中原城市群、成渝城市群、哈长城市群、关中平原城市群、呼包鄂榆城市群、兰州—西宁城市群等一批城市群发展规划。新型城镇化战略要求通过制度变革消除地区市场分割和地方保护,实现区域一体化发展。在区域一体化发展条件下,城市群内广泛存在的双向或多向的人流、物流、资金流、技术流和信息流构成了城市之间的经济联系。这种经济互动有力地促进了城市群内部分工和空间经济结构转换,从而推动了城市群整体产业结构的优化升级。

基于上述理论分析,我们可以构建城市化制度安排与产业结构优化升级的基本分析框架,具体参见表1-1,本课题将按照这一理论框架进行相应的理论与实证分析。

表 1-1 城市化制度安排对产业结构优化升级的影响

| | 制度安排要点 | 具体影响 |
|---|---|---|
| 户籍管理制度 | 身份差别<br>公共服务歧视 | 阻碍了劳动力充分流动和城市产业集聚,不利于产业结构优化升级 |
| 城乡土地制度 | 农民土地权能不足<br>政府垄断土地一级市场供给,推高商住用地价格,压低工业用地价格 | 分散城市化和本地工业化,城市集聚经济效应不足<br>城市低端产业集聚,结构转换受阻 |
| | 集体土地直接入市 | 降低企业用地成本,促进了产业结构优化升级 |
| 投融资制度 | 地方政府预算内财政收入不足与支出责任扩大并存,导致地方财力缺口<br>土地资本化 | 地价上涨,不利于以制造业为主的实体经济发展<br>以制造业为主的实体经济面临严重的金融抑制,转型升级缺乏足够的金融支撑 |
| 区域一体化制度 | 产业布局一体化<br>基础设施网络一体化<br>区域市场一体化 | 城市产业分工深化,大城市向高附加值服务和高端制造集聚中心转变,小城市则从过去的初级产品区向制造加工基地转变,促进了区域总体产业结构优化升级 |

# 第二章 产业结构优化升级的一般规律:基于文献的评论

## 第一节 产业结构演变的规律

### 一、三次产业结构演变的规律

威廉·配第(William Petty,1672)发现了产业结构与国民收入水平之间差异的联系,他注意到大部分从事制造业和商业的荷兰人口的人均收入比欧洲其他国家更高,从而得出结论:工业比农业的收入多,商业又比工业的收入多,即工业比农业、商业比工业附加价值高。科林·克拉克(Colin Clark)在其1940年出版的《经济进步的条件》一书中,根据费雪尔(Fisher)提出的三次产业分类法,通过对40多个国家历史数据的分析,得出了被人们称为"配第—克拉克"定理的结论性认识:随着人均收入水平的提高,劳动力首先从第一产业向第二产业转移;当人均收入进一步提高时,劳动力便向第三产业转移。库兹涅茨(Kuznets,1971)在克拉克的基础上扩大了研究对象,改进了研究方法,从三次产业占国民收入比重和就业比重变化的角度说明上述产业结构变化的经验规律。库兹涅茨对各国国民收入和劳动在产业间分布结构演变所作分析的结论是:第一,农业部门实现的国民收入在国民收入中的比重和农业劳动力在全部劳动力中的比重不断下降;第二,工业部门实现的国民收入在国民收入中的比重大体上是上升的,然而工业部门中劳动力的相对比重,综合各国的情况看,是大体不变或略有上升的;第三,服务业劳动力的相对比重呈现出上升的趋势,但实现的国民收入在国民收入中的比重大体不变或略有上升。

钱纳里等（Chenery,et al.,1986）把库兹涅茨的研究更推进了一步,运用多国数据模拟,发现不存在一个在比重变化方面有意义的单一模式,只能把世界上的国家分成三组:大国、侧重于初级产品出口的小国、侧重于工业品出口的小国,并通过回归模型测算了这三类国家产业结构与人均收入水平变动的"一般模式",但它们表现出的一般趋势大体是一致的。即不同经济体产业结构的变动既有趋势上的共性,又有水平上的明显差异性。综合库兹涅茨和钱纳里的研究,产业结构变动的一般趋势是:在工业化的起点,第一产业的比重较高,二、三产业的比重较低;在工业化的过程中,第一产业的比重持续下降,第二产业的比重持续提高,而第三产业的比重仅有小幅度的上升,表现出相对的稳定性;在工业化的后期,第三产业的比重持续上升,第二产业的比重趋于下降。

### 二、工业内部结构演变的规律

工业内部结构的演变包括以下三个方面的趋势。第一是重工业化的趋势,即以轻工业为中心向以重工业为中心发展的趋势。霍夫曼（Hoffmann,1931）对工业化过程中的重工业化问题进行了统计分析,根据消费资料工业净产值和资本资料工业净产值的比重（霍夫曼系数）,把工业化的过程分为四个阶段。在第一阶段,消费资料工业的生产占据主要地位,资本资料工业的生产不发达,霍夫曼系数在 5 左右;在第二阶段,资本资料工业开始获得更快的增长,但消费资料工业的生产规模仍明显大于资本资料工业,此时霍夫曼系数在 2.5 左右;在第三阶段,资本资料工业达到了与消费资料工业基本相等的规模,霍夫曼系数在 1 左右;在第四阶段,资本资料工业的规模开始超过消费资料工业,霍夫曼系数降到 1 以下。

第二是高加工度化趋势,即在重工业化的过程中,工业结构又表现为以原材料工业为中心的发展向以加工组装工业为中心的发展。这意味着在原材料工业发展到一定水平后,加工组装工业的发展要大大快于原材料工业的发展,工业增长对原材料的依赖性到了一定程度后会呈现相对下降的趋势,同时表明工业的产业链在经济进入发达阶段后会拉长,中间产品在总产出中的比重会上升,产业的附加值率不断提高（刘志彪等,2015;臧旭恒等,2015）。

第三是工业的资源结构(劳动力、资本、技术三方面的组合关系)重心的优化变动。在工业化初期,工业资源结构倾斜于劳动力,因为这时期在工业结构中占主导地位的轻工业需要占用和消耗大量劳动力,这时工业中的主导产业是劳动密集型产业。在工业结构趋向重工业化时,由于钢铁、石油、有色金属、煤炭及原材料工业需要投入大量的资金,因此工业资源结构中资本因素占据突出的地位,工业中的主导产业是资本密集型产业。随着工业结构的高加工度化,技术(知识)又成为工业资源结构中的最重要因素,工业结构进一步表现出"技术(知识)密集化"趋势,这不仅表现为工业采用越来越高级的技术、工艺和实现自动化,而且表现为以技术密集为特征的高技术工业兴起。因此,从工业资源结构的变动看,工业化可以概括为劳动密集型为主、资本密集型为主、技术密集型为主的结构深化轨迹(刘志彪等,2015;臧旭恒等,2015)。

### 三、服务业内部结构演变的规律

服务业总体上可以分为消费性服务业和生产性服务业两大类,在工业化和城市化进程中,这两大类服务业部门的相对结构也会发生显著的变化。随着收入水平的提高,消费者越来越追求多样化的物质与精神享受,市场对于购物、住房、文化教育、医疗保健、体育娱乐、休闲度假和社会福利等方面需求快速增加,这会引发消费性服务业的扩张(Kuznets,1989)。特别是城镇化进程改变了市场需求结构,大量人口在城市的集中引致对于运输、零售等服务业的需求,城镇化刺激了各类消费性服务业产出与就业的增长,而服务业在城市中的集聚反过来又吸引越来越多的人口向城市流动(Daniels,1993;Miura,et al.,1997)。在生产性服务业方面,丹尼斯(Daniels,1986)、科菲(Coffey,1991)、巴斯拉(Bathla,2003)等的研究发现,制造业部门的发展会扩张对生产性服务业的需求,而生产性服务业的发展将提高制造业部门效率。因此,随着经济发展,生产性服务业与制造业之间彼此相互促进,生产性服务业的产出和就业比重上升。

进一步地,黄少军(2000)认为流通服务业、交通通讯服务业和金融服务业可归为"经济网络型服务业",会计、法律、企业管理服务、政府部门可归为"交易成本型服务业",工程与建筑服务和大部分的经营服务可归为"为生产者服务业",其余的服务业可归为"最终需求服务业",在"最终需求服务业"中,个人服务业可归为"传统服务业",社会服务业可归为"新兴服务业"。按照对服务业的这种分类,对于发达国家(OECD 国家)而言,在增加值比重方面,传统经济网络型服务业中的商业占 GDP 比重和占服务业内部比重都呈下降趋势;新兴经济网络型服务业中的金融、保险等行业保持旺盛的发展势头;交通通讯业虽然占 GDP 的比重较为稳定,但占服务业内部比重则明显下降;社区、社会和个人服务业也保持增长态势;政府服务占 GDP 比重上升,但占服务内部比重下降。在就业比重方面,各类服务业就业占全部就业的比重基本上全部上升,只有交通通讯业略有下降;从服务业内部来看,传统服务业中的商业下降明显,服务业中生产率最高的交通通讯业的就业比重也处于下降的趋势中,上升最快的是新兴的金融和经营服务业。

### 四、产业结构演变的动力

需求结构的变化及产业间劳动生产率的差异是产业结构演变的根本动力,产业组织的变化和国际分工的深化也是产业结构变动的动力之一。恩格尔(Engel)在 19 世纪发现,随着家庭收入的增长,人们花在食品上的开支预算会下降。由于对农产品的需求不会像对工业品和服务需求增长得那么快,因此总产出中农业的比重会不断下降,农业劳动力不断从农业向非农产业转移。在工业化发展过程中,由于农业劳动生产率的不断提高,支撑了在农业总产出不断增长(但占总产出的比重不断下降)的条件下农业劳动力持续向非农产业转移。

理论分析的经验证据表明,和服务业相比,工业由于是资本更为密集的部门,因而规模经济特征更为突出、技术进步更快,因而工业的劳动生产率增长速度快于服务业(Baumol,1967;Baumol et al.,1985;Kravis et al.,1983;Acemoglu & Guerrieri,2008)。在工业化时期,随着人们收入水平的增长,对工业制造品和服务的需求不断增长,因而第二产业和第三产业的产出和就业在国民经济中的比重持续上升,其中第二产业的产出和就业增长幅度更大。在工业化后期,随着人们收入水平的进一步提高,对服务业的需求持续增长,而对工业制造品的需求相对下降,从而第二产业的产出和就业比重趋于下降,第三产业的产出和就业比重持续上升,由于工业的劳动生产率高于服务业劳动生产率,第二产业就业的比重下降幅度会超过产出下降的幅度。

在工业化后期,由于交通和通讯技术的进步,使得产品价值链内不同生产环节之间的分工成为可能,原属于工业企业内的一些服务性生产环节被外包给专业的服务企业,这种分工深化基础上的产业组织变革也使得第二产业的比重下降、第三产业的比重上升。

库兹涅茨(Kuznets,1971)指出,国际贸易对一国产业结构也具有重要的影响,由于反映各国间产品生产相对优势变动的各国进出口结构的不断变动,从而也促进了一国的产出结构的改变,而且,国际贸易对国内生产结构的影响程度与国家的规模有关。罗绍和考茨(Rowthorn and Coutts,2004)使用 23 个国家和地区 1963—2002 年的面板数据,对这些国家工业就业占全部就业的比重进行了一项实证研究。分析结果表明,来自低工资国家的竞争是这些国家工业就业比例下降的一个重要原因,可以解释这些国家工业就业比例为什么下降了 1/3。殷宁宇(2009)根据 Baldwin 和 Robert-Nicoud(2007)提出的分析产品内分工的 HOV 国际贸易模型,在要素禀赋所带来的比较优势的基础上,对国际贸易对产业结构所造成的影响进行了阐释。

# 第二节  产业结构优化升级的机理与战略

## 一、基于二元结构的产业升级

刘易斯(Lewis,1954)的二元经济模型说明了从农业经济向工业经济转变的机制和过程,拉尼斯和费景汉(Ranis and Fei,1961)对其进行了扩展和完善。所谓"二元"就是传统(农业)部门和现代(工业)部门,传统部门使用劳动力密集型技术、依靠家庭而不是使用雇佣劳动力进行生产,这两个方面的特征使得其工资为正,而边际产出为零。传统部门的边际产出为零是因为在耕地面积一定的条件下,随着劳动力数量的增加,由于其技术水平较低、规模经济弱,在投入农业生产的劳动力数量较低的水平上就会出现边际产量递减的现象,随着劳动投入的继续增加,最终劳动的边际产量会等于零,这样,再增加劳动力投入其产出也不会增加。从边际产量为零这个意义上来说,传统部门存在剩余劳动力。实际上,并不需要边际生产率等于零这个条件,只要传统部门的边际生产率低于其工资,就可以从中把劳动力转移出来并提高效率,因此,当传统部门的边际生产率小于工资时,就存在隐蔽性失业。为什么传统部门的工资可以高于其边际生产率呢?这是因为家庭农场会在它的家庭成员间平均分配产出,每个家庭成员获得的"工资"是家庭农场的平均产出。而现代(工业)部门使用资本密集型的技术,同时使用雇佣劳动力进行生产。在传统部门存在剩余劳动力的条件下,如果农业的工资不变,农业中的总工资支付就会随农业劳动力数量的减少而减少,但在农业中劳动力的边际产出为零的条件下,农业的总产出并不随其劳动力数量的减少而减少,从而就会出现农业剩余,这时平均每个转移劳动力的农业剩余等于不变的农业工资。同时,在有剩余劳动力的条件下,每个从农业部门转移到工业部门的劳动力必然会要求得到至少和农业部门相同的工资,此时工业部门的劳动力供给就是在该工资水平下的一条水平线。劳动力持续从农业部门转出,随着农业劳动力数量的减少,其边际产出从零转变为正值,但在一定阶段内依然是低于工资水平的,这时就进入了农业中存在隐蔽性失业的阶段。在这一阶段,当劳动力从农业向工业转移时,农业的总产出就会下降,从而平均每个转移劳动力的农业剩余就会低于农业工资,这会导致食品价格的上升,为了补偿这种上升,工业工资也必须上升,但即使工资上升,工人也不可能买回以前的食物消费量,因为这时平均每个转移劳动力的农业剩余已经减少了,这时工人会同时消费农产品和工业品。农业劳动力工资开始上升的点被拉尼斯和费景汉称为"第一个转折点"。如果农业劳动力继续向工业转移,农业的边际产出会持续提高,直到进入大于农业工资的阶段,这时,为了和工业竞争劳动力,农业中的工资也会上升,趋向于等于农业劳动力的边际产品,这时农业就进入了商业化时期,工业工资也进入了第二个转折点:工资必须进一步上升以补偿由转入工业而丧失的更高农业收入。当工业部门中劳动力的边际产量大于不变的农业部门工资时,工业部门就在经济生活中诞生并发展起来了。同时,由于雇佣的最后一个劳动力之前的劳动力的边际产量是高于工资水平的,因此工业部门可以实现利润,并将其中一部分用于再投资。工业部门的资本积累是经济增长的发动机,更多的资本会产生对劳动力的更大需求,从而引起劳动力进一步从农村流向城市。这就是"刘易斯—拉尼斯—费"所论述的随着经济的发展,产业结构从以第一产业为主转变为以第二产业为主的过程和机制。同时,在工业发展的过程中,在农业方面也必须同时做出努力,以使农业的增长足以在更高的消费水平上养活农村和城市工人,并避免贸易条件转而不利于工人。在现实中,一方面,农业生产的发展和劳动生产率的提高由于农业技术水平的不断提高而得到保证;另一方面,如前所述,由于恩格尔定律的作用,随着人们收入水平的提高,食品支出在人们总支出中所占的比例也不断下降,而且伴随着重工业化发展过程中高加工度化的发展趋势,工业发展对源自农业的原材料的需求也增长缓慢。这两个方面的因素相结合可以在很低的就业水平下保证不断增长的人口和经济对农产品的需求。

**二、基于国际贸易的产业升级战略**

国际贸易是工业化进程的重要推动力量,因而发展中国家可以实施基于国际贸易的产业升级战略。这种国际贸易战略包括初级产品出口战略、进口替代战略和外向型贸易战略(波金斯等,2001)。20 世纪 50 年代以前,发展中国家根据比较优势生产和出口初级产品,同时进口机械和资本品,这就是所谓的初级产品出口战略。这一发展战略一直被认为是发展过程的中心,并被当做经济增长的基本引擎,美国、加拿大、澳大利亚、新西兰、丹麦等国家至少是部分地依靠其自然资源禀赋出口初级产品而成为发达国家的。初级产品出口可以通过以下三个方面促进发展中国家的发展:第一,可以推动发展中经济体使用更多自身拥有或获得的生产要素,也能使这些要素的使用效率更高;第二,初级产品出口的扩张导致额外生产要素的积累,有助于刺激外国投资、国内储蓄、熟练劳动力的增加;第三,可以通过前后向联系为国内的其他产业创造市场。但是,由于工业国增长步伐的趋缓、人们对初级产品的需求随收入的提高而下降、节约原料的技术发明等因素的影响,自 20 世纪 50 年代以来,除了石油以外,依靠初级产品出口已不能有效地促进工业化和实现产业结构优化升级。

进口替代是自英国成为第一个工业强国以来的近两个世纪中,大多数国家实现工业化的主要途径,如美国、德国都采取了通过保护性关税来促进国内有关制造业发展的进口替代政策。在发展中国家中,当初级产品出口市场在20世纪30年代出现大萧条,以及后来的第二次世界大战期间由于商业运输中断而严重萎缩时,拉丁美洲首先探索了进口替代战略,通过设置进口壁垒限制美国和欧洲进口品的竞争,保护其在第二次世界大战中刚诞生的幼稚工业。但是,在最初的工业增长后,这种战略通常会陷入困境:一旦新工业占领了国内市场,其增长就受制于经济的平均增长了;在生产尚未达到规模经济的时候,企业经常会达到市场边界,从而仍然不能与进口产品竞争;由于减少了与世界其他国家的商业联系,从而限制了进口替代国接触新技术和新思想的机会。同时,由于资本品的进口难以被取代,该战略阻碍了出口,外汇收入增加缓慢,许多遵循进口替代战略的国家最终会遇到国际收支问题,贸易赤字不断增加。进口替代能在国内市场巨大的国家取得有限的成功,但它在中小规模的经济体中通常是失败的。在我们看来,一方面,发展中国家人均收入水平低下,即使人口规模较大,用购买力来衡量的市场规模也往往较为狭小;另一方面,在工业化初期,产业技术水平整体不高,后进国家与先进国家的产业技术差距也较小,后进国家通过进口替代战略实现产业技术赶超的可能性较大,而在工业化中后期,产业技术整体水平较高,发展中国家和发达国家的产业技术差距较大,发展中国家难以通过进口替代战略实现产业技术的赶超,产业缺乏竞争力,因而难以成功。

　　制成品出口导向型战略将注意力从面向国内市场的进口替代转向面对国外市场,为出口而生产。在这一战略下,关税、配额和其他贸易壁垒被减少或消除,因此国内价格向与国际价格保持一致的方向移动。另外,为促进进口,政府通常还设立一系列制度,如免税体系、出口加工区以及保税仓库等。典型的模式是:在早期阶段,劳动力丰富、资本短缺的发展中国家在纺织品、服装、鞋、玩具和家具等劳动力密集型产品或者复杂产品的劳动力密集环节(加工组装)上具有国际竞争力。随着资本和人力资本的积累,通过技术引进,这些经济体就可以过渡到资本密集型和技术密集型产品的生产上,沿着技术阶梯向上移动。20世纪60年代末70年代初,日本和亚洲"四小龙"通过外向型贸易战略取得了工业化和经济发展的巨大成功。20世纪80年代的债务危机和许多实行进口替代战略国家缓慢的经济增长,进一步强化了对出口导向战略的支持;到90年代,这一战略的优势已经得到了广泛的认同。这一战略的优势是:在存在出口市场的条件下,劳动力、资本甚至土地都能在不发生收益递减的条件下,从生产率较低的用途向较高的用途转移;可以为原材料和资本品投资的进口提供必需的外汇;制成品出口的快速增长要求与提供中间投入品、技术、资本品和出口市场的跨国公司之间保持密切的联系,这些联系为企业提供了一种学习新技术的强有力手段,从而提供了一个使发展中国家可以获得新技术和新思路的渠道。

### 三、经济全球化背景下的价值链升级

在经济全球化日益深化的背景下,全球价值链和全球生产网络的形成与发展也为产业结构的转型升级与不同国家和地区产业结构的演变进一步创造了条件与机会。随着经济技术的不断发展,分工日益深化,产品生产流程中不同环节或工序间的分工日益显著。一件产品的每一个生产工序都可以被视为一个附加值创造的过程,波特把这称为价值链(Porter,1985)。从地理空间来看,产品的各个价值链可以由单个企业在国内的一地完成,也可以在国内的不同地区由同一企业或者由不同企业完成,还可以在全球范围内由同一企业或者不同企业完成,在全球范围内完成即为全球价值链,而由若干条价值链相互联系而构成的生产网络,就形成了全球生产网络。全球价值链是指为了实现商品或服务价值而连接生产、销售、回收处理等过程的全球性跨企业网络组织,涉及从原材料采集和运输、半成品和成品的生产和分销,直至最终消费和回收处理的整个过程,处于全球价值链上的企业进行着从设计、产品开发、生产制造、营销、出售、消费到售后服务以及最后循环利用等各种增值活动(UNIDO,2002)。全球价值链的形成是分工进一步深化的结果,是在技术进步,特别是计算机辅助设计与制造技术的发展以及交通运输技术的进步的基础上,以及关税和贸易总协定(GATT)以及世界贸易组织(WTO)所推动的关税减让的制度条件下发展起来的(Freenstra,1998;Grossman and Rossi-Hansberg,2006;Helpman,2006;Yi,2003),是跨国公司为了利用不同国家的资源禀赋优势、规模经济收益和政策收益,以降低成本提高效率的结果。价值链大体

上可以分为研发设计、生产和营销三个环节,在价值链中,附加值更多体现在左端的研发设计和右端的营销环节中,而处于中间环节的加工制造附加值最低。

卡普林斯基(Kaplinsky,2000)用经济租解释了同一价值链上各厂商的收益的差别。厂商的收益来自要素收益和经济租两个部分,而经济租来自要素生产能力的差异及其稀缺性。随着全球化竞争的加剧,纯粹的要素收益率下降,不同环节的进入壁垒和全球价值链的系统协调能力成为经济租产生的重要原因。生产环节的进入壁垒低,随着技术水平的提高,更多国家能够以较低的成本进入生产环节,激烈的竞争导致其经济租耗散,附加值不断降低。研发和营销环节的活动通常是技术和知识密集型的,能形成较高的进入壁垒、较长时间的知识产权保护和品牌效应,而且衍生出来的技术标准和垄断性的市场结构能够保证较长时间的利润;另一方面,随着国际分工细化,价值链变得更加复杂,价值链的全球分散导致的协调、管理的重要性迅速上升,从而也导致了由价值链治理所带来的经济租。

杰瑞弗(Gereffi,1999)认为按照驱动力的不同,全球价值链有两种驱动模式。一种是生产者驱动的价值链,由拥有核心技术优势的先进企业来组织商品或服务的生产、销售、外包和海外投资等产业前后向联系,最终形成全球价值链,这种模式一般出现在汽车、电子、装备制造等技术资本密集型行业中。另一种是采购者驱动的价值链,一般由拥有强大品牌优势和销售渠道的企业通过全球采购和定点生产商(简称 OEM,俗称代工)等生产组织起来的全球价值链,这种驱动模式一般出现在传统的产业部门,如制鞋、服装、自行车和玩具等劳动密集型传统产业,其主体包括大型零售商和著名消费品品牌。

价值链治理是通过非市场机制来协调价值链上企业之间相互关系的制度机制(Humphrey and Schmitz,2002)。根据价值链中行为主体之间的关系类型,全球价格链的治理模式可以分为五种(Gereffi Humphrey and Sturgeon,2003),即市场型(market)、模块型(modular)、关系型(relational)、领导型(captive)和等级型(hierarchy)。其中,市场型和等级型处于两个极端,前者是指价值链上各个经济主体之间的联系通过市场交易进行,而等级型则是在企业内部通过纵向一体化进行。模块型是将整个系统分解成若干子系统,不同的子系统由不同的厂商来生产,厂商在按订单生产的同时,也能凭借自身的加工技术和资产专用性设备为客户提供特别的(中间)产品和服务,常见于 IT 等高技术产业的价值链。关系型治理模式中,厂商一般是通过声誉而联结和合作,表现出很强的社会同构性、空间临近性、家族和种族等特性。领导型治理模式是指众多中小厂商主要依附于几个大型厂商的模式,由于改变这种依附关系需要付出很高的转换成本,因而中小厂商是被大型厂商所领导或俘获的,并受其控制和监督,常见于价值链中发达国家企业对发展中国家企业的领导关系。同一价值链中并非只有一种模式存在,尤其是核心企业与价值链上众多企业间的关系较为复杂时,往往存在不同的治理模式。面对全球竞争,全球价值链中的治理者必须严格控制和扶持价值链上的其他企业,因为一旦价值链上的缺陷在市场上被发现,那么治理者将面临失去市场的巨大风险。为了使整个价值链具有竞争力,治理者不得不承担产业功能整合和全球不同地区诸多经济活动协调和控制的责任(Gereffi,1999)。由于治理者必须系统地协调和控制价值链中各个环节的活动,需要很强的控制和协调能力,这往往只有发达国家的先进企业才能承担。从现实来看,这种治理能力很大程度上是从研发、设计、品牌和市场运营等竞争力中衍生出来的,对应于全球价值链的两种驱动模式,治理者在生产者驱动的全球价值链中一般存在于生产制造领域;而在购买者驱动的全球价值链中一般会位于流通领域(刘志彪等,2015)。

客观上,全球价值链和全球生产网络的形成与发展,一方面推动了发展中国家和地区的产业升级,经济活动日益集中于价值链中经济租较高、附加值较高的环节,经济的效率和效益不断提高;另一方面也为发展中国家的工业化及产业升级提供了契机。价值链中不同生产环节的要素投入差异较大,使得技术水平较低的国家的企业也可以凭借初级生产要素优势,较为容易地嵌入全球价值链的加工组装环节,并可以在这一过程中通过干中学,以及接受价值链上发达国家的技术溢出,迅速提高本国企业的技术水平。同时,加入全球价值链的发展中国家可以通过干中学、知识和技术的积累等途径,沿着价值链从低端环节向高端环节攀升。休弗瑞和斯密兹(Humphrey and Schmitz,2001)认为,在全球价值链的背景下,产业升级一般都依循从工艺流程升级到产品升级、再到功能升级、最后到链条升级的路径。豪伯德(Hobday,2001)、恩斯特和金姆（Ernst and Kim，2001）分析了韩国电子产业沿着原始设计制造商（OEM）、定点生产（ODM）、代工厂经营自有品牌（OBM）的路径实现了产业升级的过程，韩国企业由最初的行业追随者成为发展的领导者。杰瑞弗（Gereffi，1999）、休弗瑞和斯密兹（Humphrey and Schmitz，2000）、杰瑞弗和梅多维奇（Gerrifi and Memedovic，2003）介绍了在全球性购买者的带动下，初始位于价值链低端的生产企业可能从工艺升级、产品升级、功能升级和链条升级四个方面实现能力提升。刘志彪和张杰（2007）指出了发展中国家在参与全球价值链的同时，还可以基于国内本土市场需求构建国内价值链，由本土企业掌握产品价值链的核心环节，在本土市场获得品牌、营销及研发等价值链的高端竞争力，然后进入区域或全球市场的价值链分工生产体系，这对于中国这样人口众多的大国而言，更是一个重要的产业升级途径。

**四、基于竞争战略的产业升级**

波特（Porter，1990）在《国家竞争优势》一书中试图解释"一些社会组织、经济机构和国家保持先进和繁荣"的原因。他认为包括国内环境在内的一系列外部因素的组合直接影响了企业的竞争能力。波特认为企业是否能获得成功取决于要素条件、需求条件、相关产业条件、企业战略和面临的竞争等四个方面的因素，这四个基础性因素构成了钻石模型，体现了企业在与外部环境因素存在密不可分的联系的同时，它们又分别在自我强化。波特的钻石模型虽然是在讨论一个国家或地区特定产业竞争力的成因，但在本质上也是在讨论产业升级的内外部条件，所以也可以被视为一种关于产业升级的理论。钻石模型的四大构成要素具体如下：（1）要素条件。一个产业的形成需要具备多种要素，这些要素可以分为基础要素、高级要素和一般要素，要素的条件与企业的竞争力之间具有密切联系。（2）需求条件。国内需求的性质和类型决定了一个地区的商业组织在国际环境中的竞争力。需求高级而且复杂的国内消费者会给国内企业造成很大的压力，促使它们变得具有创新精神，并努力生产高质量的商品。另外，一个国家公民的消费习惯如果领先于国际上其他地区，那么这个国家国内企业的创造力也会因为超前的消费习惯而变强，这样的国家因此能够满足世界上其他地区很多消费者的要求，从而在全球化的竞争中占得先机。所以,国内市场的消费会给企业国际化竞争能力的塑造带来积极的影响。(3)相关产业条件。如果一个国家的企业能在所在地获得世界级的供应链、消费者、分销渠道和技术等多个方面的支持,那么企业的竞争优势就能得以更显著地增强。(4)企业战略、结构和面临的竞争。国内某个行业的激烈竞争会使得该行业的企业不得不迅速提升创新强度,行业内的竞争淘汰了一大批产品质量差、缺乏创新意识的企业,只有那些优秀的企业才能存活下来,所以国内竞争环境对于企业在国际市场上的表现也起到决定性的作用。在以上四种决定性因素的基础上,波特还提出了外部机会和政府政策作为两个重要的补充因素,它们同样影响了企业的竞争力。外部机会包括突发性的偶然事件和导致竞争格局转变的产业技术断层,尽管外部机会不包括在钻石模型中,但是它足以改变钻石模型的各个要素。相比之下,政府政策只间接影响了产业相关条件和需求条件。波特在其著作中,没有将政府政策作为和其他四个因素同等影响力的决定性因素来考虑,而把政府制定的产业政策设定为第二层级的影响因素。

在后续研究中,波特和斯特恩(Porter & Stern,2001)进一步丰富了钻石模型,明确了创新所需的基础设施环境,指出了在经济环境中支持创新的三个跨领域的因素,具体包括:国家层面对于创新的财政投入和人力资源,主要体现在基础研究和科技领域的创新资源;长期的国家政策支持(比如知识产权的保护、税收政策福利和经济对外开放程度)以及所在国经济的技术复杂属性。

### 五、新结构经济学的产业升级战略

林毅夫(2010)认为经济学的主流范式忽视了经济增长中的产业结构升级这一重要特征,而第二次世界大战后发展起来的发展经济学,从罗丹(Rothstein-Rodan,1943)开始出现的"大推进"、"平衡增长"、"非平衡增长"等强调结构转变重要性的一系列思想和实践,把结构的差异看作市场失灵的结果,主张通过政府干预,通过进口替代优先发展现代先进产业促进结构转变。在林毅夫看来,在这些结构主义思想指导下经济发展绩效不良的原因是,这些经济体所致力于发展的产业结构是逆比较优势的,并且为了使这些产业能够具有获利能力采取了扭曲要素的相对价格和国有化等强烈的干预措施。由此,他提出了分析经济发展过程中的结构及其动态变化的"新结构经济学"的基本框架:第一,一个经济体的禀赋与结构(自然资源、劳动力、人力资本和物质资本的相对丰裕程度)在每个特定的发展水平是给定的,并随发展水平的不同而不同,因而经济体的最优产业结构也会随发展水平的不同而不同。符合要素禀赋结构特性的产业结构,就是最优的产业结构;如果违背了要素禀赋结构的特征,就背离了最优产业结构。① 不同的产业结构会有不同的最优企业规模、生产规模、市场范围、交易复杂程度以及不同的风险种类。因此,每个特定的产业结构都要求与之相适应的包括能源、交通和信息系统等"硬性"基础设施,以及金融体系、管制、教育体系、司法体系、社会网络、价值体系等软性基础设施来降低运行和交易费用。第二,经济发展水平并非仅有"穷"与"富"或"发展中"与"发达"两种离散的情形,而是一条从低收入农业经济到高收入工业化经济的连续频谱,给定产业结构的内生性,处于任何一个发展水平的发展中经济体的产业和基础设施升级的目标并不必然是比自己所处水平更高的发达经济体的产业和基础设施。第三,在每个给定的发展阶段,市场是配置资源最有效率的根本机制。作为一个连续变化过程,经济发展水平的变化要求产业多样化、产业升级和基础设施的相应改进。产业多样化和产业升级的本质是一个创新过程,在这个过程中,一些先驱企业会为经济中的其他企业创造公共知识,任何一个企业对这些公共知识的消费都不会影响其他企业对它们的消费,而且没有任何一家企业能够对这些公共知识做到完全排他性的占有;并且,个体企业在做投资决策时无法完全内化对基础设施的改进,而基础设施的改进却对其他企业产生大量的外部性。因此,在市场机制之外,政府还必须在发展过程中发挥积极而重要的协调或提供基础设施改进以及补偿外部性的作用,以促进产业的多样化和升级。新结构经济学是在林毅夫(2002,2003)提出的比较优势发展战略的基础上扩展而来的,他认为一国的制度结构是内生于发展战略的。要使整个社会能够对比较优势做出正确的反应,需要一个能够反映生产要素相对稀缺程度的要素价格结构,而只有通过市场竞争才能达到要素相对稀缺性在要素价格上的准确反应,因此要发挥经济的比较优势,需

---

① 　参见林毅夫:《解读中国经济》,北京大学出版社 2014 年版,第 115 页。

要包括金融市场、劳动力市场和产品市场在内的竞争性市场体系。在技术变迁中，发展中国家具有"后发优势"。这是因为，与发达国家相比，发展中国家无论在传统产业还是在现代产业上都有明显技术差距，这为发展中国家通过从发达国家引进技术来实现技术更新创造了条件。由于引进技术成本低、风险小，从而使发展中国家技术创新的速度可以比发达国家快得多。

对于与政府在经济发展中所扮演的角色有关但并不完全相同的产业政策的功能，林毅夫（2002）认为其可以发挥作用的领域有：第一，政府可以搜集具有公共产品性质的关于新产业、市场和技术方面的信息，然后以产业政策的形式免费提供给所有的企业；第二，经济中的技术和产业升级常常要求不同企业和部门能够协同配合，政府可以使用产业政策协调不同产业和部门的企业以实现产业和技术的升级；第三，产业和技术升级作为一种创新活动，是有风险的，第一个响应政府产业政策的企业的实践对其他企业具有外部性，而且可能的失败成本与成功收益之间是不对称的，为了补偿外部性和可能的成本与收益之间的不对称性，政府可以向首先响应政府产业政策的企业提供税收激励或货款担保等形式的补贴。

# 第三节　中国产业结构演变的轨迹

图 2-1 和图 2-2 显示了我国改革开放以来用三次产业增加值比重和就业比重所表示的产业结构演变过程。在改革开放初期，受计划经济条件下片面强调工业、特别是重工业发展政策的影响，我国产业结构存在第二产业比重过高的问题。从图 2-1 可以看到，改革开放以来，在市场化改革的背景下，第一产业的发展有所恢复，其增加值占国内生产总值的比重在 1983 年达到最高，直至 1990 年均保持在一个相对较高的水平上，随后持续下降。第二产业比重从 1978 年至 1990 年呈向下调整的发展趋势，从 1991 年至 1996 年又明显上升，之后直到 2011 年在轻微的波动中保持在一个高位，从 2012 年起明显下降，并开始低于第三产业。第三产业所占比重从 1984 年起开始呈上升趋势，并从 2012 年开始超过制造业，2015 年后超过了 50%。图 2-1 的结果清楚地

显示了,改革开放以来,第一、二、三产业在我国国民经济结构中的相对地位的变化。

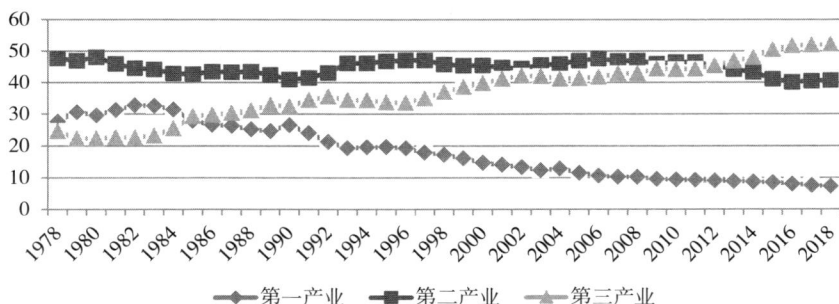

图 2-1　1978—2018 年中国三次产业结构的变化

从图 2-2 的就业指标来看,三次产业所占就业比重的变化形成了更为鲜明的对照。改革开放之初,我国农业就业人员比重最高,约为 70% 左右,但随着改革开放的推进,农业就业人员比重持续显著地下降,2014 年这一比重降到了 30% 以下。1978 年,第二产业就业人员比重不到 20%,但此后一直在小幅波动中稳定地提高,到 2012 年达到 30.3% 的峰值,并且在 1995 年以前第二产业就业人员比重高于第三产业,2013 年之后则有所下降。1978 年,第三产业就业人员比重仅为 12% 左右,但此后随着我国现代化进程的展开,该比重一直持续稳定地提高,到 2014 年起第三产业就业人员比重已经超过了 40%,成为国民经济中吸纳就业最多的部门。实际上,由于绝大多数服务业部门具有劳动密集型的特征,因此,虽然直到 2012 年第三产业增加值所占比重才开始超过制造业,但第三产业就业人员比重自 1994 年起就已经超过了第二产业。

刘伟、蔡志洲(2015)对我国改革开放后产业结构升级过程进行了分析。在他们看来,虽然中国也经历了一般市场经济国家工业化的历程,但中国的工业化过程又有其特殊性,它是伴随着由计划经济向市场经济转轨的市场化改革所发生的,产业结构的变化又有一些自身的特点。从新中国成立甚至更早以前一直到改革开放初期的工业化进程,属于中国工业化的前期;从改革开放到 21 世纪的前 10 年,属于中国工业化的中期;在 2010 年前后,中国逐渐步入

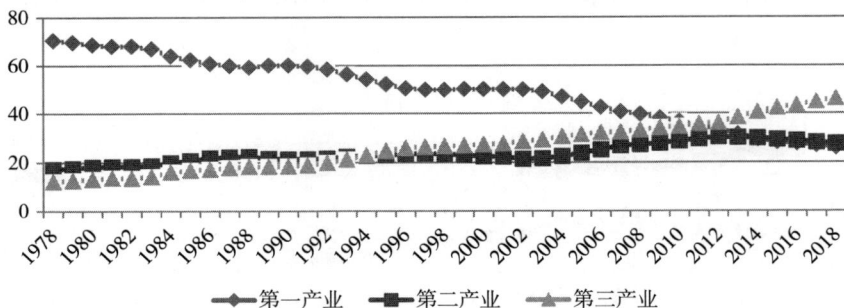

图 2-2 1978—2018 年中国三次产业就业人员结构的变化

工业化的后期。各个时期的进程及特点如下：

第一，改革开放前的中国工业化进程。虽然从晚清洋务运动开始，中国已经启动工业发展，但由于内忧外患，中国的工业化并没有得到真正推进。新中国成立后，中国开始了大规模的工业建设。20 世纪 50 年代的第一个五年计划期间，在前苏联的支持下建设了 156 个重点工程，为新中国的工业化建立了一个新的起点，然后又用了 20 多年的时间，逐步建立和发展起了独立自主的工业体系和国民经济体系，这一时期的工业化为改革开放后的新一轮工业化和高速经济增长奠定了基础。这一时期，由于内外部的原因，中国的工业化没有加入全球分工与合作体系，基本上是自我封闭的经济，工业化进程是在低水平上推进的，虽然规模得到了扩张，但技术水平与西方发达国家存在巨大差距。工业发展在很大程度上是以牺牲农业和第三产业的发展为代价的，农业部门在交纳农业税支持工业发展的同时，还要通过"工农业产品剪刀差"来支持工业部门的积累。而在第三产业的发展上，无论是属于现代服务业的金融、通讯、交通运输等行业，还是属于传统服务业的批发零售、居民服务业，和工业部门的发展相比都处于严重滞后的状态。其原因有二：一方面是国家在计划安排上对于服务业的投入严重不足，同时在计划经济的体制下，与市场机制相关的服务业成长的可能性也被严重抑制；另一面则是对于居民和社会提供的服务，很多都是以福利分配的方式实现的，无法在统计上得到反映。中国 1978 年第一、第二和第三产业增加值占 GDP 的比重分别为 27.7%、47.7% 和 24.6%，虽然从数字上看第二产业所占比重很高，但这是由于两个方面的影响：一是过度强调"工业为主导"，工业发展和其他方面已经脱节，国民经济的比例关系已经严重失衡；二是在"工农业产品剪刀差"和大量服务活动非市场化的制度安排下，第一和第三产业的规模实际上是被低估的。

第二，改革开放后我国工业化进程及产业结构变化。改革开放初期到2010 年前后，属于中国工业化的中期。在这一时期，中国对内实行经济体制改革，通过各种改革尤其是后来的市场化改革，极大地提高了中国工业和整个经济的增长效率；对外则高度重视对外开放，使中国重新融入全球经济体系，使中国与世界各国的装备水平、技术水平及经济管理水平之间的差距明显缩小，从而实现了加速的工业化和高速经济增长。再具体细分，可以根据中国产业发展和结构变化的特点，把工业化进程分为三个阶段：20 世纪 80 年代前后为调整期，90 年代前后为转折期，进入 21 世纪后的前 10 年为快速发展期。

第一个阶段，是对改革开放前"虚高度"的修正。这一时期，第二产业的增长率是在这三个阶段中最低的，1978 年至 1990 年年均增长 9.67%；而第一产业和第三产业的增长率则是三个阶段中最高的，分别为 5.53% 和 11.31%，第二产业增速慢于第三产业。这一时期，第一产业增加值占比下降至 1990 年的 26.6%，仅下降了 1.1 个百分点；第二产业比重下降至 1990 年的 41%，大幅下降了 6.7 个百分点；而第三产业比重上升至 1990 年的 32.4%，大幅上升了7.8 个百分点。第三产业比重的上涨除了实际的增长外，还有价格上涨的因素。在这一时期，第三产业名义增加值的增长率为 17.25%，比实际增加值增长率高 5.95 个百分点；而第二产业名义增加值增长率为 13.17%，比实际增加值增长率仅高 3.5 个百分点。这一时期进行了价格体制改革的探索，通过改革，价格扭曲的现象有了一定的改善。通过各个产业增长率的变化和调整，我国产业结构的虚高矛盾有了明显改善，国民经济三大产业的比例关系更为合理，在工业内部，耐用消费品部门得到了很大发展，而军工等过去投入过多的部门得到了调整，内部结构也更加合理。

第二个阶段，工业及第二产业部门在新的基础上重新获得了快速发展。1990 年至 2000 年，第二产业的年均增长速度为 13.48%，而第三产业为10.24%，第二产业增长不仅明显快于上一时期，而且快于第三产业。第一产业年均增长 3.74%，进入平稳期。这一时期，第三产业的价格增长速度依然明显快于第二产业,第三产业名义增长率(20.64%)高于实际增长率 10.40 个百分点,第二产业名义增长率(19.42%)高于实际增长率 5.93 个百分点,因此,虽然第二产业的实际增长率高于第三产业,但其比重的上升低于第三产业。2000 年,第一、二、三产业增加值占比分别为 14.7%、45.5%、39.8%,和 1990 年相比,第一产业比重大幅下降了 11.9 个百分点,第二产业比重提高了 4.5 个百分点,第三产业比重提高了 7.4 个百分点。在这一时期,中国开始了以建立社会主义市场经济体系为目标的经济体制改革,以国有企业改革和民营企业发展为特征的现代企业制度的建立以及整个社会主义市场经济的建立,虽然使我国经济发展经历了阵痛,但计划经济下供给和需求扭曲的现象得到了根本改变。这一时期是我国社会主义市场经济体制尤其是现代企业制度全面建立和发展的时期,同时又是我国在市场经济基础上实现加速工业化的起步时期。如果说上一个 10 年我国的产业结构的调整还是通过更加合理地安排国民经济计划来实现的,那么这一个时期市场已经开始成为配置资源的重要力量。

第三个阶段,我国经历了实现现代化前的再一次的加速工业化过程。这一时期,我国进入到工业化的中后期。2003 年,在经过市场化改革、周期性调整以及宏观经济政策刺激后,同时受加入 WTO 所带来的积极影响,第二产业的增长率重新突破 10%,达到 12.7%,我国进入了新一轮加速的工业化进程。第二产业增长速度不断提高,2007 年达到 15.1%,在金融危机冲击下,2008 年和 2009 年回落到 10% 以下,但在新一轮刺激性宏观经济政策影响下,2010 年和 2011 年又超过了 10%,2000 年至 2010 年 10 间年均增长率为 11.55%,仍然高于第三产业 11.25% 的年均增长率。第二产业在这一时期的空前发展,使中国成为全球新的和最大的制造业中心,工业的生产规模成为世界第一。在这个 10 年中,第二产业和第三产业间的相互依赖性增强,增长率很接近,这和前两个时期有明显不同。第二产业的增速虽然快于第三产业,但由于第三产业价格上升幅度更大(2000 年至 2010 年,第二产业和第三产业名义增速分别为 15.42% 和 16.93%,分别比实际增速高 3.87 和 5.14 个百分点),第二产业比重上升较少,第三产业比重上升较多,2010 年,第一、二、三产业的比重分别为 9.3%、46.4%、44.2%,第一产业比重比 2000 年下降了 5.5 个百分点,第二产业比重上升了 1 个百分点,第三产业比重上升了 4.4 个百分点,第二产业依然是占比最大的产业。

在改革开放以来中国工业化的中期阶段的 30 余年中,存在第二产业比重偏高、第三产业比重偏低的产业结构偏差现象,比如 2010 年,我国农业、工业、服务业的平均比重分别为 9.3%、46.5%、44.2%,而全世界农业、工业、服务业的平均比重分别为 2.9%、27.0%、70.1%,中等收入国家农业、工业、服务业的平均比重分别为 9.7%、34.3%、55.9%①,中国的第二产业比重不但明显高于世界平均水平,而且明显高于同一收入组别国家的平均水平,第三产业比重则明显偏低②。不仅如此,我国的产业结构和英、美、日等发达国家工业化历史中的产业结构相比,第二产业比重也明显偏高、第三产业比重也明显偏低。相对于钱纳里等(1986)提出的"产业结构标准模式",在同一收入组别下我国的产业结构偏差现象依然存在。中国在快速工业化的过程中这一持续的产业结构偏差,是在国际垂直专业化分工及我国改革开放的条件下形成的。对此,一些文献注意到外商直接投资对我国产业结构的影响。郭克莎(2000)从外商直接投资(Foreign Direct Investment,简称 FDI)的产业分布来分析,认为外商对我国的投资主要集中于第二产业,这种外商投资的结构性倾斜加大了我国三次产业的结构偏差。江小涓(2002、2004)从外商直接投资对经济增长的贡献来分析,认为在这一时期,外商直接投资对我国经济增长的贡献不断增加,而对工业增长的贡献远远大于对服务业的贡献。魏作磊(2006)也发现,1984—2003 年间外商直接投资对工业的平均贡献率远远大于对服务业的贡献率,在他看来,如果剔除 FDI 的影响,我国的产业结构将会和相似收入水平的国家保持基本一致。高传胜等(2008)认为,我国从事国际代工的工业发展模式是服务业比重低的原因之一。

虽然从外商直接投资的差异性出发来解释我国的产业结构偏差具有一定的说服力,但这些文献对为什么外商对我国的直接投资会存在这种产业的差异性并没有给出令人信服的说明。实际上,时任联合国贸发会议外资司司长

---

① 参见国家统计局:《国际统计年鉴 2012》,中国统计出版社 2012 年版。
② 2012 年中国人均 GDP 为 4260 美元,中等收入国家的人均 GDP 为 3763 美元(参见国家统计局:《国际统计年鉴 2012》,中国统计出版社 2012 年版)。

的卡尔·索旺(karl sauvant,2004)指出,在世纪之交,全球外商直接投资的60%—77%流入了服务业,这和中国这一时期外商直接投资的近70%流向了工业形成了鲜明的对比。对此,陈志武(2004)从制造环境的角度进行了分析,认为制造业比服务业对制度质量的要求更低。汪德华等(2007)利用跨国截面数据所做的一项实证研究表明,以一国法治水平来衡量的契约维护制度的质量,与其服务业比重呈显著正相关;政府规模与其服务业比重呈显著负相关;在考虑了政府规模、制度等因素的影响后,我国的服务业比重低于同一收入组别国家的现象就可以得到充分解释。此外,契约执行质量的差异也会形成不同国家比较优势的不同,契约执行质量高的国家在合约更密集或者交易费用更高的商品生产上具有比较优势,契约执行质量低的国家则在合约密集程度较低或者交易费用较低的商品生产上具有比较优势(Nunn,2007;Levehenko,2007;Costinot,2009;Acemoglu,Antras and Helpman,2007)。一般而言,服务产品的契约密集程度较工业产品更高一些,因此,这些文献从理论上支持了陈志武从制度环境和国际分工方面对我国产业结构偏差的解释。

很多文献都从国际贸易的迅速增长中注意到了国际分工从最终产品的分工向产品生产中的不同工序和片段发展的性质,并指出了它与技术进步,特别是计算机辅助设计和计算机辅助制造的技术进步以及交通、通讯技术进步之间的紧密联系:技术进步使得生产在空间上更易于分离,从而更便于利用不同国家和地区在产品生产不同环节的比较优势(Freenstra,1998;Grossman and Rossi-Hansberg,2006;Helpman,2006等)。这种分工既可以通过原来的最终产品生产商通过FDI在别的国家设立与其有资产关系的子公司来进行,也可以通过外包的形式将产品的部分环节转移给予其没有资产关系的国外厂商来进行。生产的全球化促进了贸易的巨大发展,弗林斯特拉(Freenstra,1998)指出,第二次世界大战后世界贸易的发展程度远远超过20世纪初期世界贸易和国际投资的黄金时期,虽然从货物出口占GDP的比重来看,很多发达国家直到20世纪60年代或70年代的后期才达到1913年的历史峰值,但这种比较忽略了这些国家国内生产总值构成的变化:工业部门的增加值占GDP的比重大幅降低了,如果以货物出口占货物产值的比重来衡量,可以很容易地看出多数国家的贸易发展程度远高于第二次世界大战前的历史最高水平。

改革开放以来,中国对外贸易高速增长,1978 年至 2001 年加入 WTO 的 23 年间,以美元计的商品进出口总额年均增长 14.85%,远高于同期世界商品进出口总额 7.16% 的年均增速。中国商品进出口总额占世界商品进出口总额的比重,从 1978 年的 0.82% 增长至 2001 年的 4.02%。加入 WTO 后,中国对外贸易增长速度进一步加快,2001 年至金融危机前的 2008 年,以美元计价的商品进出口总额年均增长 25.96%,远高于同期世界商品进出口总额 14.55% 的年均增速,占世界商品进出口总额的比重上升至 7.81%,2008 年商品进出口总额占 GDP 的比重为 55.74%,高于世界平均水平的 51.76%。[1] 在世界各国进出口贸易总额排名中,由 1978 年的第 29 位上升至 2008 年的第 3 位。[2] 从贸易方式来看,加工贸易快速增长,1981 年一般贸易出口额为 208 亿美元,加工贸易出口总额仅为 11.31 亿美元;1995 年加工贸易出口总额为 737 亿美元,超过了一般贸易出口总额的 713.7 亿美元;2008 年加工贸易总额为 6751.14 亿美元,高于一般贸易总额的 6628.62 亿美元。改革开放以来,中国吸引的外商直接投资(FDI)也高速增长,1979—1984 年中国 FDI 合计为 40.04 亿美元,1985 年为 19.56 亿元,2008 年增长至 923.95 亿元,从 1985 年至 2008 年年均增长 18.25%[3],在世界各国吸引 FDI 的名次由 1980 年的第 60 位上升至 2008 年的第 3 位。[4] 外商投资企业成为我国对外贸易快速增长的主要推动力量,2008 年外商投资企业商品进出品总额为 14099.2 亿美元,是中国当年商品进出口总额 25632.6 亿美元的 55%。[5] FDI 流入会带来新的生产技术和管理经验,东道国企业可以通过学习、模仿等渠道提高自身的生产效率(示范效应);打破东道国市场的垄断格局,通过增强市场竞争促使东道国采用先进技术提高劳动生产率(竞争效应);跨国公司对东道国技术及管理人员进行培训,或共同进行技术研发工作,相关人员向东道国企业的流动会给东道国企业带来新的技术和管理经验(培训效应);跨国公司和东道国供应商和

①　根据世界银行 WDI 数据库(http://datatopics.worldbank.org/world-development-indicators/)有关数据计算。
②　参见国家统计局:《国际统计年鉴 2012》,中国统计出版社 2012 年版。
③　参见国家统计局:《中国统计年鉴 2016》,中国统计出版社 2016 年版。
④　参见国家统计局:《国际统计年鉴 2012》,中国统计出版社 2012 年版。
⑤　参见国家统计局:《中国统计年鉴 2009》,中国统计出版社 2009 年版。

客户发生业务联系,技术通过这种产业间的垂直联系产生溢出(联系效应)(杨红丽、陈钊,2015)。虽然 FDI 的溢出效应发挥会受到本土企业吸收能力、空间地理因素以及外资企业本地配套的影响,但实证研究表明,FDI 对我国的技术进步产生了充分的溢出效应(陈涛涛、狄瑞鹏,2008;陈涛涛,2003;沈坤荣、耿强,2001 等)。殷宁宇(2009)通过一个一般均衡模型证明了在国际间产品内分工的条件下,由于中国特定的产业发展环境,国际分工一方面可以造成工业产出在总产出中的比重甚至绝对数值不断下降的"去工业化",另一方面会造成中国过高的第二产业比重。

总之,改革开放至 2010 年左右的 30 余年的工业化中期阶段,中国的对外开放和主动加入世界分工体系,一方面促进了中国的工业化进程和经济增长,另一方面也形成了工业比重偏高的经济结构特点。

第三,从 2010 年前后进入工业化后期。2009 年我国人均国民总收入(简称 GNI)为 3650 美元,超过了中等收入国家的平均水平(3390 美元);2010 年,中国 GDP 为 58786 亿美元,超过日本(54978 亿美元),成为仅次于美国的世界第二大经济体①;2013 年,我国货物贸易进出口总额超过美国,成为世界第一大货物贸易国②。这些数据表明中国的经济发展和工业化进入了工业化后期的新阶段。

2008 年全球金融危机爆发后,国际贸易及中国的对外贸易增速大幅下降,商品出口对我国经济增长的贡献大幅下降。为避免经济增长的明显下降,中国通过扩大投资对经济采取了强刺激政策,而投资主要是对工业和建筑业的增长起到了支撑作用,使第二产业增长速度在 2008 年明显下降后继续保持了高速增长,从 2009 年到 2012 年,第二产业增长速度依然快于第三产业。在金融危机后世界经济复苏缓慢、发达国家再工业化(如美国提出"制造业复兴计划"、德国推出"工业 4.0 战略"等)的背景下,我国在第二产业,特别是在煤炭、电力、钢铁、水泥等上游产业形成了产能过剩,而第三产业的发展则相对不足,这成为中国在新的发展阶段所面对的基本结构特征和发展起点。

---

① 参见国家统计局:《国际统计年鉴 2012》,中国统计出版社 2012 年版。
② 参见国家统计局:《国际统计年鉴 2015》,中国统计出版社 2015 年版。

在工业化后期阶段，一方面由于存在前述的第二产业产能过剩、第三产业发展不足的发展起点；另一方面在人均收入达到一个较高水平并继续提高的前提下，对第二产业的相对需求会下降、对第三产业的相对需求会提高，这就决定了在新的发展阶段，第二产业的增长速度会相对较慢、第三产业的增长速度会相对较快。2010 年，我国第二产业和第三产业的增长速度分别为 12.7% 和 9.7%，占 GDP 的比重分别为 46.4% 和 44.1%。从 2011 年至 2018 年，第二产业的增长速度分别为 10.7%、8.4%、8.0%、7.4%、6.2%、6.3%、5.9%、5.8%，第三产业的增长速度分别为 9.5%、8.0%、8.3%、7.8%、8.2%、7.7%、7.9%、7.6%，第二产业增长速度逐年下降、第三产业增长速度基本稳定。从 2013 年起，第三产业的增长速度超过了第二产业，第三产业占 GDP 的比重（45.5%）也超过了第二产业（45.4%），2018 年第二产业和第三产业占 GDP 的比重分别为 40.7% 和 52.2%①。

中国在工业化后期阶段所面临的另一个发展条件是老龄化。张文范（2002）指出，1999 年 10 月我国已提前进入人口老龄化国家行列，60 岁以上人口已达 1.26 亿人，占全国总人口的 10%，并且以年均 3.32% 的速度持续增长，80 岁以上人口已达 1100 万人，并且以年均 8.4% 的速度增长。从 2000 年到 2020 年是人口老龄化的加速发展阶段，老年人口将由 1.3 亿人增加到 2.3 亿人，在总人口中占比从 10.2% 上升到 15.6%，劳动年龄人口将在 2020 年达到峰值，然后开始下降；2020 年到 2050 年是人口老龄化的高峰阶段，60 岁以上老年人口将由 2.3 亿人上升到 4.1 亿人，占总人口比重从 15.6% 上升到 25.8%。事实上，我国 15—64 岁人口占总人口的比重在 2010 年就达到了峰值（74.5%），之后不断下降，而人口绝对数的峰值在 2013 年达到了峰值（100582 万人），65 岁以上人口占总人口的比重和绝对数持续上升，比重从 1999 年的 6.9% 上升到 2018 年的 11.9%，绝对数从 1999 年的 8679 万人上升到 2018 年的 16658 万人，年均增长 3.49%，远高于同期 0.55% 的总人口增长速度。② 莫龙（2009）的分析则表明，1980—2050 年，中国人口老龄化一直显

---

① 参见国家统计局：《中国统计年鉴 2018》，中国统计出版社 2018 年版。
② 参见国家统计局：《中国统计年鉴 2018》，中国统计出版社 2018 年版。

著超前于经济发展,超前的强度在 2040 年左右达到峰值,中国人口老龄化超前于经济发展的强度长期居世界各国较高水平,而在和中国经济发展水平相近或更低的发展中国家中则是最高的之一。

由于经济发展阶段及生产要素供求关系的变化,在工业化后期,从第二、第三产业的关系及第三产业的发展来看,在一定阶段内,第三产业的增长速度和比重会持续高于第二产业,和以往发展阶段第二产业的发展带动第三产业的增长有所不同,第三产业的发展成为第二产业技术水平持续提高的推动力量。从第二产业的发展来看,第二产业的技术和装备水平会不断提升,生产效率也会不断提高。这样从总体上看我国产业结构会实现优化升级的目标。

# 第三章 我国产业结构优化升级的实证分析

## 第一节 产业结构优化升级的度量方法

产业结构优化升级的概念是从产业结构调整衍生出来的。产业结构调整概念可以追溯到罗斯托所提出的经济增长阶段论。罗斯托（Rostow, 1985, 1988）运用总量部门分析法,根据生产技术标准提出经济增长的六阶段论,依次是传统社会阶段、准备起飞阶段、起飞阶段、走向成熟阶段、大众消费阶段和超越大众消费阶段。在此基础上,罗斯托认为一国应该选择具有扩散效应的部门作为主导产业部门,将主导产业的生产优势传递到其他关联产业当中去,带动和促进其他产业发展,而产业结构的调整升级是经济社会发展从一个阶段到另一个阶段的关键。我国在党的十六届五中全会上提出产业结构升级的概念,做出了推进产业结构优化升级的部署,即要形成以高新技术产业为先导、基础产业和制造业为支撑、服务业全面发展的产业格局。近年来国内学者对产业结构升级的研究成果较多,从不同角度对产业结构升级进行了定义。周振华（1995）从产业结构形态论的角度出发,认为产业结构升级就是产业结构从低级形态向高级形态的发展。刘志彪（2000）认为产业结构升级包括劳动力结构调整、产业部门升级、产品结构升级以及行业内生产要素配置率提高四个方面,强调生产效率、生产技术以及产品附加值在产业结构升级中的作用。张耀辉（2002）认为产业结构升级就是高附加值产业替代低附加值产业的过程,创新和要素升级是产业结构升级的关键。陈明森（2004）将产业结构升级分为产业结构合理化、产业结构高度化以及产业结构高效化三个方面来衡量。姜泽华和白艳(2006)认为产业结构升级和产业升级是两个不同的概念,两者之间既有联系又有区别,产业结构升级应包含三方面内容:一是产业结构规模扩大,即参与交易活动的产业数量有所增加或原有各产业之间交易活动的容量有所增加;二是产业结构水平提高,具体包括先进技术设备、生产工艺、新材料的使用,高素质劳动力的参与,产业规模扩大以及经营方式改善、管理水平提高等;三是产业结构联系紧密,即一个产业的生产与其他产业之间关联程度和生产要素互通程度得到了提高。张晓宏(2012)强调生产率、需求以及技术水平对产业结构升级的贡献,认为结构升级的外在表现是经济良性发展和国际贸易条件改善。从以上简单地梳理可以看出,虽然现有文献对于产业结构升级内涵的界定存在一定程度的差别,但在以下几点上基本达成了共识:一是产业结构升级意味着技术创新水平的提升;二是产业结构升级包含了生产要素利用率提高的含义;三是产业结构升级带来了产业国际分工地位的提升;四是产业结构升级意味着产品附加值的提高。

在总结现有文献的基础上,本研究认为产业结构优化升级是指一个地区整个产业体系由低技术水平、低附加价值状态向高技术水平、高附加价值状态演变的趋势。这种演变趋势至少包括以下三个维度的转变:一是国民经济结构中不同生产率行业相对产出规模和比重的变化。产业结构优化意味着高生产率产业的相对规模和比重上升。二是产业功能提升。一个地区行业内企业在全球分工链条中所处地位的变化,具体表现为企业核心能力由低端的加工制造功能向高端的研发设计、精密制造和品牌营销功能的转化,反映了一个地区产业的分工高度。三是技术水平升级。其含义为伴随着经济发展各产业部门取得的技术进步,具体表现为行业生产效率和产品附加值的提高,反映了一个地区产业的技术高度。产业在上述三方面调整升级的结果是整个产业体系的效率提升,这种结构优化升级具有内生增长效应,对维持地区长期增长意义重大。

本部分将对我国产业结构优化升级的进展进行实证分析,那么,我们首先要解决如何度量产业结构水平的问题。根据前文的论述,产业结构优化升级至少包含结构优化、功能提升和技术升级三个维度的变化。如果想要直接度量这些变化,那么就必须要构建多指标的度量体系。由于数据的可获得性,特别是分行业、分区域以及产业功能升级数据的可获得性存在较大问题,多指标度量体系在实际操作中会出现口径不一致、分项指标与总体指标存在较强共线性等问题,这反而不利于我们对我国产业结构进行标准化的统计分析。为此,我们考虑从结构变动和技术升级两个维度来对产业结构优化升级进行度量。我们用不同产业的产出比重和加权平均劳动生产率两个指标来度量产业结构优化升级的情况,具体计算公式如下:

$$x_i = \frac{p_i}{p} \tag{1}$$

$$V = \sum_{i=1}^{n} x_i v_i ,其中 , v_i = \frac{p_i}{l_i} \tag{2}$$

式(1)中 $x_i$ 表示 i 行业的增加值或主营业务收入占全部行业总增加值或全部主营业务收入的比重, $p_i$ 表示 i 行业的增加值或全部主营业务收入, $p$ 表示全部行业的增加值或主营业务收入的加总值。我们用式(1)中 $x_i$ 用来衡量一个地区产业结构及其变化情况。

式(2)中 $v_i$ 表示 i 行业的劳动生产率, $p_i$ 表示 i 行业的增加值或主营业务收入, $l_i$ 表示 i 行业的就业人数; $V$ 表示一个地区全部行业劳动生产率的加权平均值,我们用它来衡量一个地区产业结构的总体水平。

我们用劳动生产率的加权平均值来衡量一个地区产业功能提升和技术水平升级的实际水平,这样做具有较强的科学性、合理性和可操作性,具体理由如下:第一,产业结构调整首先是指国民经济各部门产出相对比重的变化,即不同生产效率行业产出相对比重的变化。如果高生产率的产业比重上升,我们就可以认为产业结构实现了优化。式(2)所计算的各行业权重正好反映了这种变化。第二,无论是产业功能提升还是技术水平升级最终都体现为产业的效率提升。在经济分析中,衡量生产效率的指标通常有二:一是全要素生产率(TFP)。全要素生产率衡量的是经济增长中不能归因于有形生产要素(劳动力、资本等)增长的那部分,即除去所有有形生产要素以外的纯技术进步所引致的生产率增长。全要素生产率可以很好地反映产业发展过程中的技术升级,但是它不包含资本深化所带来的效率提升。而我们所讨论的产业结构调整不仅包含单纯的技术进步过程,还包括资本深化过程,这两种动态变化过程均可带来产业发展效率的提升。劳动生产率恰恰既可以反映技术进步所带来的效率提升,也可以反映资本深化所导致的效率提升。

此外,在时间跨度上,由于已有很多文献对我国改革开放以来的产业结构变动情况进行了分析,本研究不打算重复。为此,本研究聚焦于进入21世纪以来我国产业结构调整的进展,大致相当于前文所述的我国工业化中后期阶段产业结构优化升级的实际进展。

## 第二节　我国产业结构优化升级的总体概况

图3-1揭示了2000年以来我国三次产业相对比重的变化情况,从中可以看出近年来我国产业结构调整的总体趋势。首先,第一产业所占的比重持续下降。2000年第一产业占我国GDP的比重为14.7%,2009年下降到10%以下,到2018年更是下降为7.2%。其次,第二产业所占的比重经历了一个先上升后下降的类似于倒U型的变化。2000年第二产业占我国GDP的比重为45.5%,2006年达到峰值47.6%。此后,虽然有小幅的波动,但第二产业占GDP的比重总体上呈逐年下降的趋势,到2018年更是下降为40.7%,和2000年相比下降了约5个百分点。最后,第三产业所占的比重稳定地上升。2000年第三产业占我国GDP的比重为39.8%,到2018年上升为52.2%。值得注意的是,虽然在2000—2018年第三产业在我国国民经济中所占比重持续上升,但这种变化过程也具有阶段性特点,即在2011年以前,第三产业所占比重上升得较慢,2000—2011年11年间上升了不到5个百分点;但2011年以后,第三产业所占比重快速上升,2011—2018年7年间就上升了约7.9个百分点。

我国三次产业占GDP比重的上述变化较好地印证了"配第—克拉克"定理所刻画的产业结构演变的普遍规律。2000年以来,随着我国加入世界贸易组织(WTO),更好地融入全球化,我国工业化进程进一步提速,第二产业进一步巩固了作为国民经济主导行业的地位。第二产业的这种主导地位一直持续到 2011 年,但自 2012 年起第三产业占 GDP 的比重逐步超过了第二产业,第三产业取代了第二产业成为国民经济的主导部门,我国也正式过渡到服务业占主导地位的新发展阶段。

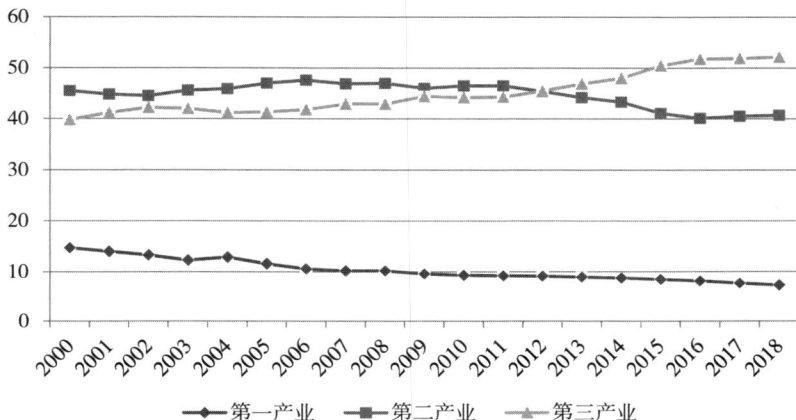

图 3-1 我国三次产业结构的变化

那么,我国三次产业结构的动态变化是否说明了我国产业结构实现了优化升级?在多大程度上实现了优化升级?为了回答这两个问题,我们计算了我国第二产业和第三产业的劳动生产率。图 3-2 计算了我国 41 个工业部门 2000—2015 年规模以上企业加权平均劳动生产率。从中可以看出,进入 21 世纪以来,我国工业部门产业结构调整呈现出以下两个特点:(1)工业部门生产效率持续提高,产业结构不断优化升级。2015 年,我国规模以上工业企业劳动生产率为 1376564 元/人,相当于 2000 年的 4.88 倍,16 年间的年均增长率为 11.15%。(2)工业部门生产效率变动具有一定的阶段性特征。在 2003 年以前,我国工业部门生产效率提升不明显,甚至还出现一定程度的波动。例如,2003 年的工业部门劳动生产率为 355182 元/人,就低于 2002 年的 382989 元/人。2004—2009 年是我国工业部门生产效率高速提升阶段,在这个阶段我国工业部门生产效率开始加速提高,从 2004 年的 442700 元/人提高到 2009 年的 808242 元/人,年均增长率约为 12.79%。2010—2015 年为我国工业部门生产效率平稳提升阶段,工业部门劳动生产率从 2010 年的 970270 元/人提高到 2015 年的 1376564 元/人,年均增长率约为 7.25%。可见,进入 21 世纪以来,我国工业部门结构持续实现了优化升级,但是 2010 年以来我国工业部门效率提升的步伐有所放缓。

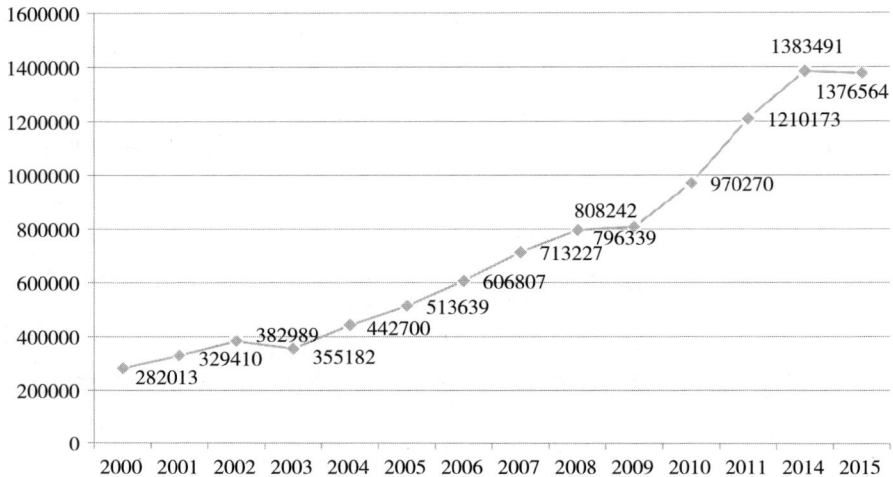

图 3-2　我国工业部门的劳动生产率(元/人)

注:由于我国对工业部门增加值的统计数据不连续,本图计算劳动生产率时使用的是主营业务收入数据。

图 3-3 计算了我国 14 个服务业部门 2004—2013 年加权平均劳动生产率。从中可以看出,与工业部门相比,服务业部门的劳动生产率偏低。例如,2004 年我国服务业部门的劳动生产率为 205460 元/人,仅相当于同年工业劳动生产率的 46.41%;2013 年我国服务业部门的劳动生产率为 520870 元/人,仅相当于 2014 年工业劳动生产率的 37.65%。造成服务业部门劳动生产率低于工业部门的主要原因在于,绝大多数服务业是典型的劳动密集型行业,资本深化程度通常较低,难以像工业部门那样大量地采用机器设备进行生产,导致服务业单位劳动力产出水平不高。

此外,从动态角度来看,2012 年以前我国服务业部门劳动生产率持续上升,从 2004 年的 205460 元/人上升到 2012 年的 558659 元/人,年均增长率为8.71%,反映了我国服务业产业结构快速实现了优化升级。但是,自 2012 年以来,这种快速上升的势头有所转变,2013 年、2014 年我国服务业部门的劳动生产率甚至低于 2012 年。由此可见,与工业部门一样,我国经济发展进入新常态后,我国服务业部门结构优化升级的步伐也有所放慢,未来还面临着较重的结构调整任务。

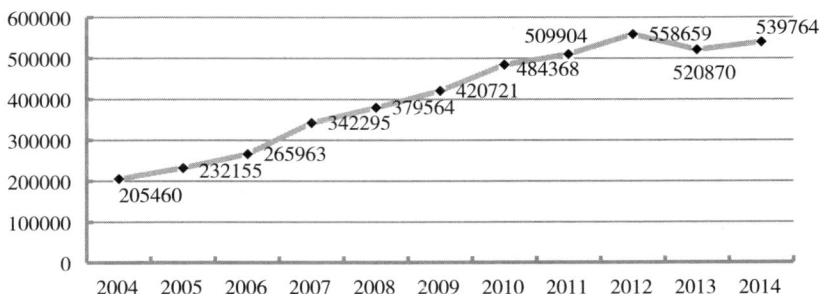

图 3-3　我国服务业劳动生产率(元/人)

注:本图所计算的 13 个服务业部门包括:批发和零售业,交通运输、仓储和邮政业,住宿和餐饮业,信息传输、软件和信息技术服务业,金融业,房地产业,租赁和商务服务业,科学研究和技术服务业,水利、环境和公共设施管理业,居民服务、修理和其他服务业,教育、卫生和社会工作,文化、体育和娱乐业,公共管理、社会保障和社会组织。由于数据的原因,我们只计算了我国 2004—2014 年的服务业劳动生产率的加权平均值。

## 第三节　我国分行业结构优化升级的情况

为了对我国分行业结构优化升级情况进行实证分析,我们采用了"比重—效率"分析法。这一方法将国民经济中每个行业所占的比重与劳动生产率结合起来进行分析,根据这两个指标高低不同的组合,我们可以将全部工业和服务业部门分为以下四类(具体见图 3-4):第 Ⅰ 类是比重和效率双高型产业,这类产业不仅在国民经济中所占比重较大,而且生产效率较高,是典型的优势主导产业。这类产业不仅具有规模优势,还有技术优势,对我国产业竞争优势的形成具有十分重要的作用。这类产业优化升级的重点任务在于不断地推进自主创新,在新产品研发和生产工艺上持续保持领先地位,形成较强的国际竞争力。第 Ⅱ 类是比重较大、效率不高的产业,这类产业在国民经济中所占比重较大,但劳动生产率较低,是典型的"大而不强"的产业。这些产业充分利用了我国单一市场规模较大和低要素成本的优势获得了快速发展,也在国际市场上占有较大的份额,但产业的技术水平和资本装备水平不高,劳动生产率偏低。这类产业调整升级的重点任务在于提升产业功能,加强研发、品牌等高附加值生产环节的发展,提升产业发展的技术与资本密集度。第Ⅲ类是比重较小、效率较高的产业,这类产业在国民经济中所占比重虽然较小,但劳动生产率较高,具有较大的发展潜力,属于成长型产业。第Ⅳ类是比重和效率双低型产业,这类产业在国民经济中所占比重较小,劳动生产率也较低,通常是市场较为饱和的成熟型产业。我们将利用上述分析框架对我国工业和服务业的结构现状进行评估,这样的分析将更有助于我们全面而深入地把握我国产业发展的结构现状,揭示我国产业发展的优势和不足。

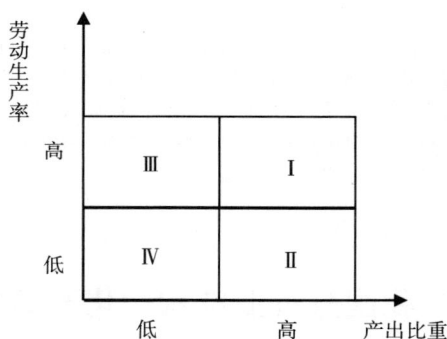

图 3-4　分行业结构分析框架

## 一、工业部门

表 3-1 显示了我国工业分部门"比重—效率"情况,根据表中的数据,我们可以清楚地看出当前我国工业结构层次的实际水平。具体来说,我们可以将我国工业部门从结构分析的角度分为以下四种类型:

(1)第Ⅰ类产业。这类产业在国民经济中所占份额较大,生产效率较高,是我国典型的主导优势产业。在 41 个工业部门中,共有 13 个行业属于第Ⅰ类产业,比重接近 1/3,具体包括农副食品加工业,食品制造业,酒、饮料和精制茶制造业,石油加工、炼焦和核燃料加工业,化学原料和化学制品制造业,医药制造业,黑色金属冶炼和压延加工业,有色金属冶炼和压延加工业,专用设备制造业,汽车制造业,电气机械和器材制造业,计算机、通信和其他电子设备制造业,以及电力、热力生产和供应业。除了农副食品加工业,食品制造业,酒、饮料和精制茶制造业 3 个行业外,这类产业基本上都属于资本和技术密集度较高的装备制造和重化工业,这些行业的发展充分体现了我国工业化水平的层次,表明我国在一系列装备制造和重化工业上已经形成了较强的技术优势,已经形成了部门相对齐全的主导优势产业体系。例如,电力、热力生产和供应业占我国工业产出的比重为 5.10%,劳动生产率达 202 万元/人,是不折不扣的支柱产业。我国电力装备已经形成了较完整的制造体系,60 万千瓦超临界火电机组已经投入运营,百万千瓦超超临界机组正在实施自主化;输变电设备方面我国已掌握了 750 千伏交流和 500 千伏直流输变电关键设备制造技术。石油加工、炼焦和核燃料加工业占我国工业产出的比重为 3.12%,劳动生产率高达 371 万元/人,也是我国国民经济的重要支柱产业。目前,我国年产千万吨级的大型炼油厂设备、30 万吨合成氨和 52 万吨尿素成套装置等关键设备已实现自主化。黑色金属冶炼和压延加工业以及有色金属冶炼和压延加工业在我国工业产出中的比重分别为 5.68% 和 4.63%,劳动生产率分别高达 173 万元/人和 254 万元/人,二者均为我国国民经济的重要支柱产业,生产技术升级成效明显。我国冶金行业淘汰了平炉炼钢,连铸比接近发达国家先进水平,并能成套提供年产 800 万吨级钢铁联合企业常规流程设备[1],自主研制的 3.6 万吨黑色金属垂直挤压机,打破了少数跨国公司在这个领域的垄断局面。[2] 此外,我国在电气机械和器材制造业,计算机、通信和其他电子设备制造业,以及医药制造业上发展势头较好,所取得的升级效果也很明显,这 3 个行业占我国工业产出的比重分别为 6.23%、8.25% 和 2.32%,劳动生产率分别为 110 万元/人、101 万元/人和 112 万元/人。我国在集成电路、软件、通信、生物医药等领域,研究开发了 32 项 CPU、TD-SCDMA、WAPI、闪联、基因药物等一批拥有自主知识产权的技术和标准,基于 $IPV_6$ 的下一代互联网试验也取得了重大突破。

（2）第 Ⅱ 类产业。这类产业在国民经济中所占份额较大,但生产效率较低,具有明显的"大而不强"的特征。在 41 个工业部门中,共有 8 个行业属于

---

[1]　参见国家发改委宏观经济研究院课题组:《"十二五"时期我国产业结构调整战略与对策研究》,《经济研究参考》2010 年第 43 期。

[2]　参见国家发改委宏观经济研究院课题组:《"十二五"时期我国产业结构调整战略与对策研究》,《经济研究参考》2010 年第 43 期。

第Ⅱ类产业,比重接近20%,具体包括煤炭开采和洗选业,纺织业,纺织服装、服饰业,橡胶和塑料制品业,非金属矿物制品业,金属制品业,通用设备制造业,以及铁路、船舶、航空航天和其他运输设备制造业。这8个行业基本上是我国传统的优势行业,行业的发展充分利用了我国国内市场的规模经济优势,产出规模较大,在国民经济中占有重要地位,但是技术和品牌优势尚未形成,行业的生产效率不高。首先,这些产业在价值链高端环节上发育有所滞后或欠缺。例如,从全球价值链(GVC)的视角来看,我国纺织业,以及纺织服装、服饰业基本上集中在价值链中低端的加工制造环节,设计、品牌、营销和供应链管理等关键环节滞后或缺失,有不少企业仍然采取贴牌生产模式,对外出口主要依赖加工贸易方式,导致我国纺织服装企业普遍的"大而不强",生产的附加值较低。纺织业以及纺织服装、服饰业占我国工业总产出的比重分别为3.6%和2%,但劳动生产率分别仅约为86万元/人和49万元/人,与其他工业部门相比明显处于较低水平。其次,这些行业有的加工深度不足,初级产品比重比较大。例如,我国轻纺产品出口以贴牌为主,服装与纺织工业增加值之比仅约为0.51,机电工业与初金属工业之比只有0.35,水泥及石膏制品与水泥及石膏制造增加值之比仅为0.46;数控机床中,占据绝大部分附加值的数控系统主要依靠进口。值得一提的是,铁路、船舶、航空航天和其他运输设备制造业近年来发展较快,在一系列关键技术和关键装备制造上不断取得突破,时速350公里高速铁路电气化等一批先进技术装备达到国际先进水平,该行业正在逐步摆脱"大而不强"的状态,2015年劳动生产率已超100万元/人,有望在短时间内升级为第Ⅰ类产业。

表3-1 我国工业分部门"比重—效率"分析情况

| 行业名称 | 比重(%) | 劳动生产率(元/人) | 类型 |
|---|---|---|---|
| 煤炭开采和洗选业 | 0.0214 | 536322 | Ⅱ |
| 石油和天然气开采业 | 0.0071 | 1075696 | Ⅲ |
| 黑色金属矿采选业 | 0.0065 | 1246971 | Ⅲ |
| 有色金属矿采选业 | 0.0056 | 1249481 | Ⅲ |
| 非金属矿采选业 | 0.0049 | 948931 | Ⅳ |

| 行业名称 | 比重（%） | 劳动生产率（元/人） | 类型 |
|---|---|---|---|
| 开采辅助活动 | 0.0016 | 596285 | IV |
| 其他采矿业 | 0.0000 | 945385 | IV |
| 农副食品加工业 | 0.0589 | 1539217 | I |
| 食品制造业 | 0.0198 | 1035491 | I |
| 酒、饮料和精制茶制造业 | 0.0157 | 1041443 | I |
| 烟草制品业 | 0.0084 | 4471417 | III |
| 纺织业 | 0.0360 | 860953 | II |
| 纺织服装、服饰业 | 0.0200 | 494623 | II |
| 皮革、毛皮、羽毛及其制品和制鞋业 | 0.0132 | 498735 | IV |
| 木材加工和木、竹、藤、棕、草制品业 | 0.0125 | 987883 | IV |
| 家具制造业 | 0.0071 | 656285 | IV |
| 造纸和纸制品业 | 0.0126 | 1033149 | III |
| 印刷和记录媒介复制业 | 0.0067 | 754748 | IV |
| 文教、工美、体育和娱乐用品制造业 | 0.0143 | 677205 | IV |
| 石油加工、炼焦和核燃料加工业 | 0.0312 | 3709346 | I |
| 化学原料和化学制品制造业 | 0.0753 | 1698363 | I |
| 医药制造业 | 0.0232 | 1116345 | I |
| 化学纤维制造业 | 0.0065 | 1544740 | III |
| 橡胶和塑料制品业 | 0.0279 | 913091 | II |
| 非金属矿物制品业 | 0.0530 | 998154 | II |
| 黑色金属冶炼和压延加工业 | 0.0568 | 1726537 | I |
| 有色金属冶炼和压延加工业 | 0.0463 | 2537656 | I |
| 金属制品业 | 0.0336 | 978343 | II |
| 通用设备制造业 | 0.0424 | 998125 | II |
| 专用设备制造业 | 0.0323 | 1013039 | I |
| 汽车制造业 | 0.0640 | 1505166 | I |
| 铁路、船舶、航空航天和其他运输设备制造业 | 0.0172 | 1002663 | II |
| 电气机械和器材制造业 | 0.0623 | 1098372 | I |
| 计算机、通信和其他电子设备制造业 | 0.0825 | 1007485 | I |
| 仪器仪表制造业 | 0.0079 | 830728 | IV |

| 行业名称 | 比重（%） | 劳动生产率（元/人） | 类型 |
|---|---|---|---|
| 其他制造业 | 0.0025 | 648416 | Ⅳ |
| 废弃资源综合利用业 | 0.0034 | 2059465 | Ⅲ |
| 金属制品、机械和设备修理业 | 0.0009 | 577460 | Ⅳ |
| 电力、热力生产和供应业 | 0.0510 | 2021268 | Ⅰ |
| 燃气生产和供应业 | 0.0057 | 2334833 | Ⅲ |
| 水的生产和供应业 | 0.0017 | 416680 | Ⅳ |
| 中位数 | 0.0157 | 1007485 | |

注:本表中的基础数据为2015年数据,产业分类的标准值为全部行业比重和劳动生产率的中位数。

（3）第Ⅲ类产业。这类产业在国民经济中所占的份额较小,但生产效率较高,产业规模有待提升。在41个工业部门中,共有8个行业属于这类产业,比重接近20%,具体包括石油和天然气开采业,黑色金属矿采选业,有色金属矿采选业,烟草制品业,造纸和纸制品业,化学纤维制造业,废弃资源综合利用业,以及燃气生产和供应业。这些产业所普遍使用的技术基本上属于成熟的开采、生产与加工技术,资本装备水平较高,行业的劳动生产率较高。例如,烟草制品业的劳动生产率高达447万元/人,在所有工业部门中效率最高;废弃资源综合利用业的劳动生产率为206万元/人,生产效率也处于较高水平。同时,这8个行业具有非常强的自然资源依赖特征,我国在相关自然资源方面的禀赋状况限制了其产业生产规模的扩张。

（4）第Ⅳ类产业。这类产业不仅在国民经济中所占的份额较小,而且生产效率较低,面临着较为繁重的升级发展任务。在41个工业部门中,共有12个行业属于这类产业,比重接近30%,具体包括非金属矿采选业,开采辅助活动,其他采矿业,皮革、毛皮、羽毛及其制品和制鞋业,木材加工和木、竹、藤、棕、草制品业,家具制造业,印刷和记录媒介复制业,文教、工美、体育和娱乐用品制造业,仪器仪表制造业,其他制造业,金属制品、机械和设备修理业,以及水的生产和供应业。首先,劳动密集型消费品制造业是这类行业的主体。这些行业的发展基本上是利用低成本优势承接了其他国家或地区产业转移的结果,企业规模较小,技术装备水平较低,不少企业成为跨国公司外包生产加工方,从事 OEM 的生产加工制造活动。这些行业中的企业大多加入了跨国公司所控制的全球供应链体系,跨国公司通过控制供应链掌握了产品附加值的分配,导致我国企业所能分享的附加值较低。其次,非金属矿采选业和其他采矿业的生产规模主要受到资源禀赋的限制,这类非主流矿产开采活动一直以来规模就相对较小,生产技术的更新换代也比较慢。最后,资本和技术密集度较高的仪器仪表制造业在我国仍未得到充分的发展,其占我国工业产出的比重仅为 0.79%,劳动生产率也仅为 83 万元/人。

## 二、服务业部门

表 3-2 对我国服务业分部门进行了"比重—效率"分析,从中可以看出,我国服务业分为以下四种类型:

(1)第 I 类行业。这类产业在第三产业中所占份额较大,生产效率较高,是当前我国服务业的主导产业。这类行业包括批发和零售业,信息传输、软件和信息技术服务业,金融业,房地产业 4 个行业。批发和零售业是我国传统服务业,多年来在服务业中一直占据明显的主导地位。近年来,由于电子商务和互联网技术的广泛运用,我国批发和零售业新业态不断涌现,产业规模和效率也不断提升。2015 年,批发和零售业占服务业总产出的比重为 20.4%,劳动生产率达 63 万元/人以上。信息传输、软件和信息技术服务业,金融业是典型的现代生产性服务业,是在工业化高度发展阶段产生的,发展本质上来自于社会进步、经济发展、社会分工的专业化等需求,主要是依托信息技术和现代管理理念而发展起来的现代服务业,二者显著的产业特征为"三高"(高人力资本含量、高技术含量和高附加价值)和"三新"(新技术、新业态和新方式)。2015 年,信息传输、软件和信息技术服务业以及金融业占我国服务业总产出的比重分别为 4.9% 和 14.9%,劳动生产率分别达到 41.39 万元/人和 76.57万元/人。我国房地产业发展与近年来经济快速增长的方式高度相关,进入21 世纪以来,随着"入世"后的国际化、重工业化和城市化进程的加速,中国经济进入了一轮黄金增长期,连续多年以接近甚至超过 10% 的速度增长。这个时期的高增长与 1994 年进行的"分税制改革"有紧密关联。在分税制改革之后,由于中央在预算内收入中所占份额大大提高,而同时地方政府实际的支出责任显著增加,导致地方政府必须面对与日俱增的巨大的财政压力。为了扩大税基,地方政府开始大规模招商引资,并通过所谓的"经营城市",开启了一个以城市化过程中房地产开发为基础的"城市化与全民招商大跃进",形成了一种非常具有中国特色的土地驱动的经济发展模式。在这种发展模式下,基础设施投资和房地产开发成为推动我国地方经济增长的重要力量,并且,随着近年来房价的快速上涨,房地产业在国民经济中也占有越发重要的地位。2015 年,房地产业占我国服务业总产出的比重为 13%,劳动生产率也高达 96.29 万元/人。

(2)第Ⅱ类行业。这类产业在服务业中所占份额较大,但生产效率较低,具有明显的"大而不强"的特征。这类行业包括交通运输、仓储和邮政业,教育,公共管理、社会保障和社会组织 3 个行业。交通运输、仓储和邮政业是我国基础性服务行业之一,在国民经济中占有重要地位。2013 年,交通运输、仓储和邮政业实现增加值 26036 亿元,占服务业总增加值的比重为 9.4%;吸纳就业人数达 846.2 万人,占服务业总就业人数的比重为 9.84%,呈现出较强的劳动密集型特征,劳动生产率为 30.76 万元/人,处于明显较低水平。教育行业 2013 年实现增加值 18428 亿元,占服务业总增加值的比重为 6.7%。但是,教育行业是典型的公共管理服务部门,行业发展不完全以效率为导向,因此,该行业吸纳就业人数在全部服务业部门中居于首位,达到 1687 万人,占服务业总就业人数的比重为 19.63%,劳动密集型特征十分明显。这导致行业的劳动生产率仅为 10.92 万元/人,在全部服务业部门中处于最低水平。公共管理、社会保障和社会组织行业 2013 年实现增加值 21693 亿元,占服务业总增加值的比重为 7.9%。但是,该行业也是典型的公共管理服务部门,发展的效率导向性相对不强,因此,该行业吸纳的就业人数较多,在全部服务业部门中居于第二位,达到 1567 万人,占服务业总就业人数的比重为 18.24%,具有很强的劳动密集型特征,导致行业的劳动生产率仅为 13.84 万元/人,在全部服务业部门中仅高于教育行业。

(3)第Ⅲ类行业。这类产业在国民经济中所占的份额较小,但生产效率较高,具有较好的发展前景。这类行业包括住宿和餐饮业,租赁和商务服务业,居民服务、修理和其他服务业 3 个行业。改革开放以来,我国经济高速增长使得居民财富迅速积累,我国已处于上中等收入国家行列并稳步地向高收入国家过渡,我国不少发达地区的城市已经达到或超过了高收入国家的水平。收入的增长导致居民的消费能力和消费观念发生了明显的改变。除了满足基本物质生活需要之外,民众越来越多地追求更为多样性的服务产品需求,这推动了住宿和餐饮业,居民服务、修理和其他服务业的发展,这两个行业虽然目前占服务业总产出的比重不高,但是劳动生产率则相对较高,表现出良好的发展势头。特别是居民服务、修理和其他服务业的劳动生产率更是高达119.24万元/人,在全部服务业部门中处于最高水平。租赁和商务服务业包括机器设备、汽车、文化及日用品出租以及企业管理、法律、咨询调查和广告服务等活动。近年来,随着我国工业化程度的加深,该行业的发展势头也比较好,2013年该行业占服务业总产出的比重为4.8%,劳动生产率达31.54万元/人。

（4）第Ⅳ类行业。这类产业不仅在国民经济中所占的份额较小,而且生产效率较低,面临着较为繁重的升级发展任务。这类行业包括科学研究和技术服务业,水利、环境和公共设施管理业,卫生和社会工作,以及文化、体育和娱乐业4个行业。虽然近年来随着收入水平的提高,人们对高品质的生活方式、健康、文化、娱乐服务的需求日益增长,但卫生和社会工作,以及文化、体育和娱乐业的发展水平仍然不高,产品供给与人们的需求不匹配。2013年,这两个行业占服务业总产出的比重分别仅为4.0%和1.4%,劳动生产率分别仅为14.28万元/人和26.31万元/人。此外,科学研究和技术服务业包括研究和试验发展、专业技术服务、科技推广和应用服务活动,是典型的高人力资本含量、高技术含量和高附加价值行业,是当下我国实施创新驱动战略所必须大力发展的行业。但是,该行业目前的发展水平还较为有限,"比重—效率"指标均处于相对较低水平。2013年,该行业占服务业总产出的比重仅为3.5%,劳动生产率为25.11万元/人。

表3-2　我国服务业分部门"比重—效率"分析情况

| 行业名称 | 比重（%） | 劳动生产率（元/人） | 类型 |
|---|---|---|---|
| 批发和零售业 | 0.204 | 631829 | Ⅰ |
| 交通运输、仓储和邮政业 | 0.094 | 307679 | Ⅱ |

| 行业名称 | 比重（%） | 劳动生产率（元/人） | 类型 |
|---|---|---|---|
| 住宿和餐饮业 | 0.037 | 336021 | Ⅲ |
| 信息传输、软件和信息技术服务业 | 0.049 | 413962 | Ⅰ |
| 金融业 | 0.149 | 765709 | Ⅰ |
| 房地产业 | 0.130 | 962919 | Ⅰ |
| 租赁和商务服务业 | 0.048 | 315403 | Ⅲ |
| 科学研究和技术服务业 | 0.035 | 251107 | Ⅳ |
| 水利、环境和公共设施管理业 | 0.011 | 117739 | Ⅳ |
| 居民服务、修理和其他服务业 | 0.031 | 1192400 | Ⅲ |
| 教育 | 0.067 | 109226 | Ⅱ |
| 卫生和社会工作 | 0.040 | 142809 | Ⅳ |
| 文化、体育和娱乐业 | 0.014 | 263106 | Ⅳ |
| 公共管理、社会保障和社会组织 | 0.079 | 138438 | Ⅱ |
| 中位数 | 0.049 | 311541 | |

# 第四章 户籍管理制度与城市产业结构

## 第一节 我国户籍制度变迁的历程

### 一、严格控制阶段(1949—1978)

新中国成立后,为了在短时间内建立较为健全的工业体系,尽快恢复国民经济元气,我国大力实施了资本密集型的重工业优先发展战略。在新中国成立初期资本极度稀缺的条件下,要想成功实施重工业优先发展战略,就必须将稀缺的资本要素集中起来,通过计划分配的方式加以利用,即通过政府的有形之手把各种资源按照产业发展的优先顺序进行配置。在这种情况下,资本和劳动力等生产要素就不可能基于市场机制进行自由流动,而是通过政府计划手段进行配置,要素市场被行政干预所取代。而与其他行业相比,重工业通常使用大机器生产,资本与技术密集度相对较高,对劳动力的需求不如轻工业那么多。因此,国家实施重工业优先发展战略就意味着减少了数量不菲的就业机会,同时,国家通常将重工业项目布局在城镇地区,城镇创造的就业机会数量有限。为了确保城市居民能实现充分就业,城镇不需要过多的农村劳动力流入,国家因而就加强了对农村劳动力向城市流动的控制。作为一种重要的控制手段,户籍制度便应运而生。1951年7月16日,公安部颁布了《城市户口管理暂行条例》,这是新中国成立后最早的一个户籍法规,基本统一了全国城市的户口登记制度。1953年,中央做出实行粮食计划收购和计划供应的决策,规定城镇居民一律凭购粮凭证或城镇户口购买粮食,这两项决定在很大程度上抑制了农村人口流向城镇。农村劳动力无法获得在城镇生存的口粮,这基本上排除了农村人口向城镇流动的可能性。1955 年 6 月,国务院发布《关于建立经常户口登记制度的指示》,规定全国城市、集镇、乡村都要建立户口登记制度,开始统一全国城乡的户口登记工作。在 1956—1957 年不到两年的时间内,国家连续颁发 4 个限制和控制农民盲目流入城市的文件。1958 年,以《中华人民共和国户口登记条例》为标志,我国开始对人口流动实行严格限制和政府管制,第一次明确将城乡居民区分为"农业户口"和"非农业户口"两种不同户籍,正式确立在全国实行严格的户籍管理制度。该条例以国家法律的形式,对户籍管理的宗旨、主管户口登记的机关、户口簿的作用、户口登记的范围、户口申报与注销、户口迁移及手续等事项都作了明确规定,标志着全国城乡分割的户籍制度正式形成,从而在全国构建起限制人口迁移和劳动力流动的制度框架。

在这种户籍制度框架内,户口不仅代表了居民的居住地登记信息,而且更是代表了一种居民"身份"。拥有城镇户籍就意味着可以在城镇就业生活,并享受城镇政府所提供的一系列公共服务及福利待遇;而拥有农村户口的人口则不能在城镇就业,也不能享受城镇政府所提供的公共服务和福利待遇。随着这种户籍制度的推广实施,政府计划之外的劳动力流动情形基本上被杜绝。同时,也正是因为限制了农村人口向城市流动,我国城市人口规模扩张较慢,从而为城市福利体系的建立创造了条件,城市就业、住房、医疗、教育、养老等一系列公共福利安排才能够顺利地建立起来,城市劳动力全面就业目标也才有可能实现。上述户籍制度以及与之相关的各种福利制度安排,阻碍了劳动力在不同行业、不同区域和城乡之间的流动,降低了生产要素的配置效率,对我国的城市化进程也产生了重要的影响。

**二、有条件控制阶段**(1978—2012)

自改革开放以来,随着我国各地区市场化改革日益深化,经济发展开始加速,上述户籍制度的弊端越来越明显,对经济发展的阻碍作用日益突出,形成了日益增强的户籍制度改革的需求。东部沿海地区工业部门尤其是劳动力密集型的轻工业部门发展迅猛,形成了对劳动力的极大需求,在现实中产生了劳动力跨地区、跨部门流动的迫切需要。农村联产承包责任制的实施也使得农业生产力得以释放,粮食产量持续增加,客观上具备了支撑人口大规模向城镇流动的条件。鉴于此,国家对户籍管理制度进行了渐进性的改革。由于小城镇户口的福利含金量不高,再加上乡镇企业的崛起提供了大量的新增就业机会,放开小城镇入户限制既不会对本地政府造成较大的财政压力,也不会对本地劳动力就业形成较大冲击,因此,我国的户籍制度改革首先从小城镇开始启动。1984 年,国务院颁发的《国务院关于农民进入集镇落户问题的通知》规定:"凡申请到集镇务工、经商、办服务业或在乡镇企事业单位长期务工的农民和亲属,准予自理口粮落户集镇。"在此新规定下,大量农村劳动力进城务工,改变了原有的"离土不离乡,进厂不进城"的乡村工业化模式,开启了"离土又离乡"的农民工大潮。该通知规定,对于进入小城镇务工的农民,公安部门应准予登记为常住户口,及时办理入户手续,发给《自理口粮户口簿》,统计为非农业人口。1997 年 5 月,公安部发布《小城镇户籍管理制度改革试点方案》,该方案规定下列农村户口的人员,在小城镇已有合法稳定的就业或者已有稳定的生活来源,而且有合法固定的住所,居住满两年的可以办理城镇常住户口,具体包括:(1)从农村到小城镇务工或者兴办第二产业、第三产业的人员;(2)小城镇的机关、团体、企业、事业单位聘用的管理人员、专业技术人员;(3)在小城镇购买了商品房或者已有合法自建房的居民。并且,与上述人员共同居住的直系亲属也可以随迁办理城镇常住户口。在试点改革的基础上,2001 年 3 月,公安部发布了《关于推进小城镇户籍管理制度改革的意见》,小城镇户籍制度改革全面推开。

小城镇户籍制度改革的推行为我国户籍制度的进一步松动提供了经验。到 20 世纪 90 年代中后期,率先改革开放的东部沿海地区,城市化和工业化进程加快,第二、三产业的快速发展形成了对劳动力的庞大需求。为了加快城市和产业发展,不少地区开始扩大户籍制度改革的范围,放宽外来人才和劳动力申请入户的标准,大幅度降低城市落户的门槛。进入 21 世纪以后,中央政府逐渐明确了对农村劳动力流动的积极支持,提出改革城乡分割体制,取消对农民进城就业的不合理限制的指导性思路,树立了统筹城乡就业的政策导向。2001 年出台的《中华人民共和国国民经济和社会发展第十个五年计划纲要》和 2006 年出台的《中华人民共和国国民经济和社会发展第十一个五年规划纲要》,均进一步强调了城乡统筹的政策导向,力图通过改善流动人口的就业、居住、教育、医疗和社会保障等待遇,逐步减轻户口身份对人口流动的束缚。这一时期的户籍制度改革主要包括以下几方面内容:

第一,取消不同类别户口,对全体居民进行统一的户口登记。例如,江苏省自 2003 年起在全省范围内取消农业户口、非农业户口、地方城镇户口、蓝印户口和自理口粮户口,对所有人口按照其实际居住地统一登记为"居民户口"。需要特别指出的是,虽然统一了户口登记,但原有各类户口依法享有的政策不变。到 2007 年,全国已有 12 个省、自治区、直辖市,相继取消了农业户口和非农业户口的二元划分,统一了城乡户口登记制度,将全部人口统一登记为"居民户口"。从户籍所包含的福利条件来看,这项改革虽然取消了"农业户口"和"非农业户口"的二元划分,但在户口统一登记之后,相应的公共服务和福利配套政策并没有跟进,除了少数地方以外,绝大多数地区在进行户口统一登记后仍然维持了原有不同类别户口对应的公共服务和福利待遇。

第二,进一步放宽入户条件。进入 21 世纪以后,东部沿海发达地区对人才需求加大,客观上推动了这些地区进一步放宽了流动人口的落户条件。例如,广东省进一步放宽了科技人员的入户条件,鼓励投资置业的人员办理省内户口;同时,进一步放宽了直系亲属投靠的入户条件,切实解决夫妻及未成年子女的投靠入户问题。广东省会广州市自 2003 年以来先后推出了多项政策,对"农转非"和人口增长调控管理办法进行了改革,取消了"农转非"人口控制计划,将夫妻投靠的年限由 10 年放宽至 5 年,以准入条件取代过去的计划指标审核落户。江苏省的落户条件也大大放宽,具体如下:进入省、市人才库的具有硕士研究生以上学历或高级以上技术职称的人员,可直接在城市落户;大学本科以上学历或中级以上技术职称的人才被城市用人单位聘用、录用的,可在城市落户;大、中专院校和技校毕业生在城市工作满两年的,可在城市落户;省内外投资人及其配偶和未婚子女以及企业的主要管理人员可在城市落户;属投靠配偶的,不受年龄、婚龄限制;属父母投靠子女的,不受身边有无子女的限制;未婚子女可以投靠父母。与广东、江苏这两个经济发达省份相似,大多数地区在户籍制度上主要的改革举措就是以准入条件取代过去的人口指标控制。通常情况下,只要申请人同时具有合法产权的固定住所和稳定生活来源这两个条件,就能迁移落户,取消对直系亲属投靠落户的限制。① 同时,不少地区还放宽了购房落户条件,取消了以前落户条件中关于购房金额、购房时间、购买的房屋是否为存量房等限制性条件,按实际居住地登记户籍关系。

第三,针对农民工的积分入户综合配套改革。在城市化过程中,农民工可以说是我国最大规模的流动人口群体。在各地区之前的户籍改革方案中,受惠的主要是具有高学历、高素质的技术流动人口和具有较强经济实力的投资流动人口,而规模庞大的农民工群体由于在技术和投资方面的能力限制一直难以在城市落户。长期以来,农民工入户难问题在一些沿海发达地区表现得尤为突出,这些地区的改革需求也很迫切。作为对这种现实需求的回应,拥有最大规模农民工群体的广东省自 2009 年起探索实施农民工积分入户改革。广东省在户籍制度改革上的这一新举措与国家解决农民工问题的总体战略部署紧密相关,可以说是率先贯彻落实国家的有关政策要求。② 2009 年,广东省人大修订通过《广东省流动人口服务管理条例》,实施流动人口居住证制度。与此前实行的暂住证制度不同,居住证制度赋予流动人口更多的与本地城市户籍居民相同的经济社会权利,更加有利于流动人口融入城市生活。该条例第三章第二十五条和第二十六条详细规定了流动人口可以享有的城市福利和公共服务事项,具体包括按规定享受职业技能培训和公共就业服务;依法参加社会保险,享受相关待遇;获得法律服务和法律援助;实行计划生育的育龄夫妻免费享受国家规定的基本项目的计划生育技术服务;以及传染病防治和儿童计划免疫保健服务等十多项市民权益和公共服务项目。同时,该条例提出:"居住证持证人在同一居住地连续居住并依法缴纳社会保险费满七年、有固定住所、稳定职业、符合计划生育政策、依法纳税并无犯罪记录的,可以申请常

---

① 即夫妻之间相互投靠、父母投靠成年子女、不能独立生活的残疾子女投靠父母并共同生活的,只要有合法固定住所且不需要领取"低保"的,均可迁移落户。

② 2006 年 1 月 31 日,国务院颁布《关于解决农民工问题的若干意见》,这是党中央力图全面解决我国城市化和工业化进程中农民工问题的一份纲领性文件。文件就农民工在城镇落户问题做出了总体部署,即深化户籍管理制度改革,要逐步地、有条件地解决长期在城市就业和居住农民工的户籍问题,中小城市和小城镇要适当放宽农民工落户条件,大城市要积极稳妥地解决符合条件的农民工户籍问题,对农民工中的劳动模范、先进工作者和高级技工、技师以及其他有突出贡献者,应优先准予落户。

住户口"；"常住户口的入户实行年度总量控制、按照条件受理、人才优先、依次轮候办理，具体办法由居住地地级以上市人民政府制定"。正是在这一规定的基础上，广东省推出农民工积分入户改革。2009 年，广东省中山市率先推行流动人员积分制管理，为广东省实施农民工积分入户"试水"。2010 年 6 月，广东省人民政府出台《关于开展农民工积分制入户城镇工作的指导意见（试行）》，在全省实施农民工积分入户政策。2010 年 6 月，广东省人民政府发布《关于开展农民工积分制入户城镇工作的指导意见（试行）》；2011 年 12 月，广东省人力资源与社会保障厅等 12 个部门联合颁布《关于进一步做好农民工积分制入户和融入城镇的意见》。这两份文件构成广东省农民工积分入户的基本制度安排。

首先，广东省通过设置积分指标体系，对农民工在城镇落户的条件进行指标量化，并在对每项指标进行赋值的基础上设置入户条件分值。当农民工各项指标累计积分达到条件分值时，农民工就可以申请入户城镇。农民工积分入户的指标体系由广东省统一指标和各市自定指标两部分构成，具体指标和分值设置如表 4-1 所示。从该表的指标和分值设计来看，这项改革进一步放宽了入户条件，已在很大程度上摆脱了以往改革设计主要针对高人力资本和高投资能力流动人群的窠臼，将改革靶向直接聚焦于我国城市化进程中最主要的流动人口群体，对进一步促进劳动力要素自由流动具有重要意义。

广东在实施农民工积分入户政策的同时，还在以下几方面着力推进有关配套改革：（1）积极解决农民工子女义务教育问题。广东省要求各市将解决农民工子女义务教育问题纳入当地城镇建设发展规划和义务教育总体规划，增加公办学校资源。鼓励社会力量举办主要招收农民工子女的民办学校，在用地、贷款和师资培训等方面给予政策扶持，有条件的地区可实行农民工子女凭积分入读公办学校制度。（2）加快完善城镇住房保障制度。具体措施有三：一是要求各级政府要按照国家有关政策规定将农民工居住问题纳入城镇住房保障建设规划，加大住房保障投入力度，加快公共租赁住房建设，为农民工提供农民工公寓及其他住房保障服务；二是通过给予一定的租金补助的方式，鼓励用人单位为农民工提供住所；三是允许招用农民工较多的用人单位在自身用地范围内建设农民工集体宿舍，并鼓励地方探索在农民工密集地区建

表4—1 广东省农民工积分指导指标及分值表

| 指标分类 | 一级指标 | 二级指标① | 三级指标 | 指导分值 | 方向 | 实施说明 |
|---|---|---|---|---|---|---|
| 省统一指标 | 个人素质 | 文化程度② | 初中 | 5分 | 正 | 由本人按照就高不就低的原则提供其最高学历证书，不得累加计分 |
| | | | 高中或中技、中职 | 20分 | 正 | |
| | | | 大专 | 60分 | 正 | |
| | | | 本科及以上 | 80分 | 正 | |
| | | 职业资格或专业技术职称 | 初级工、事业单位工勤技术工岗位五级 | 10分 | 正 | 由本人按照就高不就低的原则提供其最高级别的技能等级或技术职称证书，不得累加计分 |
| | | | 中级工、事业单位工勤技术工岗位四级 | 30分 | 正 | |
| | | | 高级工、事业单位工勤技术工岗位三级、初级职称 | 50分 | 正 | |
| | | | 技师、事业单位工勤技术工岗位二级、中级职称 | 60分 | 正 | |
| | 参保情况 | 参加社会保险情况 | 缴纳社会保险费年限 | 参加城镇基本养老保险、失业保险、城镇基本医疗保险、生育保险、工伤保险，每个险种每满一年积1分。总分最高不超过50分 | 正 | 由本人提供社保经办机构或税部门出具的证明 |
| | 社会贡献 | 社会服务（近5年内） | 参加献血 | 每次2分，最高不超积10分 | 正 | 由本人提供捐献证明 |
| | | | 参加义工、青年志愿者服务 | 服务每满50小时积2分，最高不超过10分 | 正 | 由本人提供志愿者机构出具的相应证明 |

续表

| 指标分类 | 一级指标 | 二级指标 | 三级指标 | 指导分值 | 方向 | 实施说明 |
|---|---|---|---|---|---|---|
| | 社会贡献 | 社会服务（近五年内） | 慈善捐赠，接受捐赠的单位必须是政府认定的慈善组织 | 每千元积2分，最高不超过10分 | 正 | 由本人提供捐赠证明 |
| | | 表彰奖励 | 获得县级党委或政府授处级部门表彰嘉奖或处级荣誉称号 | 每次积30分，最高不超过60分 | 正 | |
| | | | 获得地级以上市党委、政府或厅级以上部门表彰、嘉奖或授予荣誉称号 | 每次积60分，最高不超过120分 | 正 | 由本人提供荣誉证书 |
| | 减分指标 | 违反计划生育政策 | 不符合政策生育 | 有超生行为的人员，自作出处理决定之日起5年内不能申请入户城镇，期限届满后，超生一个子女的扣分；未办理结婚登记生育第一个子女且60日内未依法办理收养子女的，扣50分 | 负 | 由本人提供户籍地计生部门出具的证明材料 |
| 省统一指标 | | 违法犯罪（近五年内） | 曾受过劳动教养 | 扣50分 | 负 | 由本人提供户籍地派出所出具的有无违法犯罪记录的证明 |
| | | | 曾受过刑事处罚 | 扣100分 | 负 | |
| 各市自定指标③ | | | | | | |

注：①二级指标中没有标明年限的，无年限限制。

②初中以下学历不积分。高级技工学校和科技师范学院毕业生分别参照大专、本科学历积分。

③各市自定指标的指标项目和分值由各地自行确定。

设农民工居住小区。(3)鼓励以农村土地承包经营权、宅基地使用权置换城镇户籍。户籍在城镇周边地区、在城镇稳定就业 5 年以上、有自己产权住所的农民工,积分未达到入户条件,但自愿将家庭承包地(耕地和林地)交回发包方,自愿将宅基地(房屋)使用权交回原居住地的行政村或集体经济组织的,可以家庭为单位直接申请入户城镇。(4)落实城乡计划生育政策衔接。已婚育龄女农民工在入户城镇前,除已安排再生育且已怀孕的可以生育外,从户籍迁入之日起,执行城镇居民的生育规定。农民工入户城镇后,其计划生育奖励按迁入地城镇居民奖励待遇执行。(5)落实城乡社会保险制度衔接。农民工入户城镇后,按照国家规定办理农村养老保险与城镇职工养老保险关系的衔接,应退出新型农村合作医疗,同时按规定参加城镇职工基本医疗保险或城镇居民基本医疗保险和城镇生育保险;原按农民工政策参加失业保险的,应当转按城镇职工政策参保,入户前在入户地所属统筹地区连续参加失业保险的缴费年限计算为城镇职工参加失业保险的缴费年限。

### 三、推进流动人口市民化阶段(2012 年至今)

自 2012 年党的十八大召开以来,党中央从战略高度对新时代我国户籍制度改革进行了一系列顶层设计,明确将推进农业转移人口市民化作为户籍改革的目标导向。党的十八大报告提出:"加快改革户籍制度,有序推进农业转移人口市民化,努力实现城镇基本公共服务常住人口全覆盖。"党的十八届三中全会则更进一步具体化了推进农业转移人口市民化的改革路径,即"创新人口管理,加快户籍制度改革,全面放开建制镇和小城市落户限制,有序放开中等城市落户限制,合理确定大城市落户条件,严格控制特大城市人口规模。稳步推进城镇基本公共服务常住人口全覆盖,把进城落户农民完全纳入城镇住房和社会保障体系,在农村参加的养老保险和医疗保险规范接入城镇社保体系"。《国家新型城镇化规划(2014—2020 年)》提出,要逐步使符合条件的农业转移人口落户城镇,不仅要放开小城镇落户限制,也要放宽大中城市落户条件。实施差别化落户政策以合法稳定就业和合法稳定住所(含租赁)等为前置条件,全面放开建制镇和小城市落户限制,有序放开城区人口 50 万—100万的城市落户限制,合理放开城区人口 100 万—300 万的大城市落户限制,合理确定城区人口 300 万—500 万的大城市落户条件,严格控制城区人口 500 万以上的特大城市人口规模。大中城市可设置参加城镇社会保险年限的要求,但最高年限不得超过 5 年。特大城市可采取积分制等方式设置阶梯式落户通道,调控落户规模和节奏。2014 年,国务院出台《国务院关于进一步推进户籍制度改革的意见》提出:"促进有能力在城镇稳定就业和生活的常住人口有序市民化,稳步推进义务教育、就业服务、基本养老、基本医疗卫生、住房保障等城镇基本公共服务覆盖全部常住人口。"上述顶层设计所包含的推进农业转移人口市民化改革取向,在很大程度上回应了以农民工为主体的流动人口的利益诉求,其落脚点则在于进一步调整户籍制度背后所附加的基本公共服务等福利安排。

2016 年 3 月通过的《中华人民共和国国民经济和社会发展第十三个五年规划纲要》明确要求:"推进有能力在城镇稳定就业和生活的农业转移人口举家进城落户,并与城镇居民享有同等权利和义务","省会及以下城市要全面放开对高校毕业生、技术工人、职业院校毕业生、留学归国人员的落户限制","推广专业技术职称、技能等级等同大城市落户挂钩做法","超大城市和特大城市要以具有合法稳定就业和合法稳定住所(含租赁)、参加城镇社会保险年限、连续居住年限等为主要条件,实行差异化的落户政策"。2019 年 4 月发布的《中共中央、国务院关于建立健全城乡融合发展体制机制和政策体系的意见》指出要"有力有序有效深化户籍制度改革,放开放宽除个别超大城市外的城市落户限制。加快实现城镇基本公共服务常住人口全覆盖"。

在党中央强有力的推动下,截至 2016 年 4 月底,除北京市、西藏自治区以外,我国共有 29 个省(直辖市、自治区)制定出台了进一步推进户籍制度改革的政策文件。总体上看,这些政策文件是对《国务院关于进一步推进户籍制度改革的意见》的进一步细化,在改革目标方面都不同程度地贯彻落实了国务院的总体要求——稳步推进城镇基本公共服务常住人口全覆盖、加快构建城乡统一的户口登记制度等。但是,各地区政策文件仍然把操作重点放在城市的落户条件上,并将公共服务利益配置与是否达到落户条件相挂钩,导致城市公共服务福利的配置仍然带有明显的"选择性",而不是普惠地针对所有流动人口,这在东部沿海发达地区的大城市和特大城市表现得最为明显。东部沿海地区城市的户籍制度改革都带有强烈的"专业人才与投资人员"导向,城市入户政策普遍地向高素质人才和经济实力较强的人员倾斜。可见,这些地区仍然把户籍制度改革作为一种政策工具在使用,以使自己能在地区间人才竞争和经济竞争中胜出。

具体到政策操作层面而言,各地区最新一轮户籍制度改革具有以下四方面特点:第一,作为主要人口流入地,东部沿海发达地区城市落户条件明显高于中西部地区城市,大部分省(直辖市、自治区)的中小城市都规定有条件落户,严格程度基本与西部地区省会城市的落户条件接近。例如,江苏省规定"城区人口 100 万人以下的城市"的落户条件,就与广西南宁的落户条件基本类似——合法稳定就业、参加社会保险同时达到一定年限(小于 3 年)、有合法稳定住所(含租赁)。第二,特大城市和大城市的户籍制度改革仍然坚持"严格控制人口规模"的原则,同时实行入户条件管理和人口指标管理,除某些西部省份之外,东部地区与中部地区的省会城市、特大城市、计划单列市都强调了严格的准入条件与人口规模控制,这些城市的户籍制度改革并没有出现实质性的松动。第三,中西部地区大部分省(直辖市、自治区)都全面放开了中小城镇的户口,流动人口只要具有合法稳定住所(含租赁)就可以在这些地区落户。第四,作为主要人口流出地,西部地区不少城市的常住人口普遍低于户籍人口,因此,这些地区的户籍制度改革步伐迈得最大,城市入户条件普遍较松。例如,四川和贵州两省就规定,对于城区人口 100 万人以上的城市,只要拥有合法稳定住所(含租赁)就可以落户。

从以上简要的政策回顾来看,改革开放以来,虽然我国的户籍制度改革取得了较大的进展,但其制度内核还远没有发生真正的改变。户籍制度原本应该只是一种居民户口登记管理制度,以使有关管理部门及时掌握必要的人口信息,从而提高相关管理效率。但在我国户籍制度的基本内核是一种身份以及与这种身份相对应的公共福利制度安排,不同的人口具有不同的户籍身份,而不同的户籍身份又对应着不同的公共服务供给。这种制度内核对人口流动施加了巨大的制度成本,对劳动力流动的规模、方向和模式都产生了重要的影响,进而影响了我国的城市化及产业结构演变的进程。

## 第二节　户籍制度、劳动力流动与城市产业发展

### 一、户籍制度与劳动力流动

户籍制度主要通过附着于其上的公共服务产品价格对劳动力流动产生影响,非户籍人口通常要面对较高的公共服务产品价格,这给流动人口施加了额外的制度成本,无疑会阻碍现实中劳动力的跨区流动。新经济地理学经典模型在垄断竞争、冰山型运输成本和收益递增的假设条件下,引入要素流动机制,通过厂商的生产区位和消费者的消费区位选择来揭示制造业空间布局的形成机理。① 在区域发展过程中,垄断竞争的厂商根据利润最大化的原则选择生产区位,理性的消费者根据效用最大化的原则选择消费区位,使得区域经济发展中普遍存在着三种不同的经济效应:第一种效应是市场接近效应(market access effect),也称需求关联(demand lingkage effect)或后向关联效应(backward linkage effect)。一个劳动力(既是生产者也是消费者)从其他地区迁往本地将使本地对工业品的需求增加,本地市场规模变大,为了靠近更大的市场,其他地区的厂商将会迁入本地区。而外部厂商的迁入会导致本地劳动力需求增加,这将吸引劳动力流入,并使本地市场需求进一步增加,而本地需求的增加将使本地厂商利润增加,这又进一步吸引更多厂商进入。这样一个循环累积的过程推动了经济活动的空间集聚。第二种效应是生活成本效应(living cost effect),也称为成本关联(cost linkage effect)或前向关联效应(forward linkage effect)。一个厂商从其他地区迁往本地使本地厂商数量增加,本地生产的制成品种类和数量增多,需要从外地输入的商品种类和数量减少,支

---

① 包含要素流动的新经济学基本模型主要有克鲁格曼(Krugman,1991)的核心—边缘模型、马丁和罗杰斯(Martin & Rogers,1995)的自由资本模型以及福斯里德和奥塔维亚诺(Forslid & Ottaviano,2003)的自由企业家模型等;而在新经济地理学的研究中,还有一些模型在不考虑要素流动的情况下分析了产业集聚的机制,包括克鲁格曼和维纳布鲁斯(Krugman & Venables,1995)、维纳布鲁斯(Venables,1996)和藤田和克鲁格曼(Fugita & Krugman,1999)提出的核心——边缘垂直联系模型,罗伯特·尼科德(Robert-Nicoud,2002)的自由资本垂直联系模型,以及奥塔维亚诺(Ottaviano,2002)的自由企业家垂直联系模型等。

付的贸易成本下降,导致本地制成品的价格指数较低。这意味着本地生活成本下降和实际工资水平提高,这将吸引劳动力流入,劳动力供给增加将使本地名义工资下降,降低了厂商的平均成本,本地厂商利润增加,这又进一步吸引更多厂商进入。这又是一个导致经济集聚不断自我强化的循环累积过程。第三种效应是市场拥挤效应(market crowding effect)。厂商在空间上的集中一方面加剧了争夺消费者的市场竞争,导致本地厂商需求减少和边际收益下降,企业的盈利能力下降;另一方面扩大了对土地、房产、公共服务等非贸易品的需求,导致非贸易品价格上涨,本地经济吸引力下降,从而产生一个抑制集聚的过程。前两种效应构成了推动产业地方化集聚的向心力,后一种效应则扮演了推动产业扩散的离心力的角色。

从上面的分析可以看出,劳动力区际流动是区域产业布局形成的重要机制。劳动力既是生产者也是消费者,其流动一方面为集聚的厂商提供了充足的劳动供给,另一方面也带来了市场需求的地域性集中,而市场需求的集中会吸引更多厂商进入本地。因此,劳动力的跨区流动在很大程度上决定了厂商的生产定位(资本流动),进而决定了产业的空间集聚和扩散过程。那么,究竟有哪些因素影响了劳动力的区际流动呢?

区域经济理论的发展表明,劳动力根据效用最大化标准来选择就业和生活区位,而一个典型劳动力的效用满足来源于一定收入条件下对差异化工业品和地方公共服务产品组合的消费。为此,我们假设地区1的代表性消费者的效用函数为 Cobb-Douglas 形式,具体如式(1):

$$U_1 = M_1^\mu H_1^{1-\mu} \tag{1}$$

其中,$M_1$ 是消费者选择的差异化工业消费品组合,$H_1$ 是消费者购买的公共服务产品,$\mu$ 是消费者用于工业品消费上的支出份额,并满足 $0 < \mu < 1$,$1-\mu$ 是消费者用于公共服务产品的支出份额。$M_1$ 满足替代弹性不变(CES)的函数形式,表述为式(2):

$$M_1 = \left[ \int_{i=0}^{n1+n2} c_i^{\frac{\varepsilon-1}{\varepsilon}} d_i \right]^{\frac{\varepsilon}{\varepsilon-1}} \tag{2}$$

其中,$C_i$ 表示消费者对 $i$ 种工业品的消费数量,$n_1$ 是地区1生产的工业消费品种类数,$n_2$ 是地区1消费的由地区2生产的消费品的数量,$\varepsilon$ 为任意两种工业品之间的替代弹性,并满足条件 $\varepsilon > 1$。

在上述假定的前提下,劳动力区位选择的基本逻辑如下:假定初始条件下两地区人口规模相同,劳动力向地区 1 转移导致该地区产业集聚水平上升。这一方面会导致对地区 1 公共服务产品的需求增大,公共服务产品价格上涨;另一方面也会导致地区 1 市场规模扩大和差异化产品供给数量增多,产品间的替代弹性系数下降,工业品的价格指数下降。理性的消费者就需要通过对公共服务产品和差异化工业品的消费组合进行选择来实现自己的效用目标。当消费者对多样化的产品偏好较强,并能够忍受地区 1 上升的公共服务价格时,则劳动力会继续向地区 1 迁移,导致地区 1 的产业集聚规模进一步扩大,差异化工业品的种类增多,消费者面临着更加多元化的消费选择,公共服务产品价格上升。而随着地区 1 公共服务产品价格的上涨,一部分消费者的效用水平下降,他们宁愿减少差异化工业品消费选择的范围而转移到公共服务产品价格较低的地区 2,这减少了地区 1 的劳动力流入数量,引发地区 1 的产业向外扩散。在地区 2,虽然消费者面临的差异化工业品供给的选择范围变小了,工业品的价格指数也相对较高,但较低的公共服务产品价格足以弥补消费者在这方面的效用损失。因此,均衡条件下地区 1 和地区 2 消费者的实际效用水平相等,并由此决定了劳动力和产业在两个地区之间的分布模式。

由于消费者的效用满足来源于工资收入预算下的消费组合,因此,我们可以用劳动力的实际工资水平来进一步说明劳动力在两个地区之间分布的均衡实现机制。在一国内部区域之间不存在移民限制的情况下,劳动力流动成本与收益的比较,即流动的净收益决定了劳动力流动的规模和方向。劳动力要素的流动收益主要是工资水平的增加,即流动后工资水平相对于流动前的增量。流动成本主要包括劳动力迁徙成本,流入地相较于流出地日常消费支出的增加,以及流入地住房、医疗和教育等公共服务费用支出的增加。在我国目前的户籍管理制度下,这部分费用的增加主要是由有关劳动力流动的政策限制造成的,非户籍人口难以完全享受到与户籍人口相同的公共服务,非户籍人口需要支付较高的公共服务费用,我们可以称之为劳动力流动的隐性制度成本。当典型的劳动力消费差异化为工业制成品和公共服务产品(包括住房、医疗、教育服务等）时，地区 1 劳动力的实际工资为 $\omega 1 = \dfrac{w1}{P1}$，其中，$P1 =$

$p1_s^{1-\mu} p1_m^{\mu}$，$p1_m = \left( \sum\limits_{i=}^{n_1} p_i^{1-\varepsilon} + \sum\limits_{i=1}^{n_2} \tau p_i^{1-\varepsilon} \right)^{\frac{1}{1-\varepsilon}}$；地区 2 劳动力的实际工资为 $\omega 2 =$

$\dfrac{w2}{P2}$，其中，$P2 = p2_s^{1-\mu} p2_m^{\mu}$，$p2_m = \left( \sum\limits_{i=}^{n_1} \tau p_i^{1-\varepsilon} + \sum\limits_{i=1}^{n_2} p_i^{1-\varepsilon} \right)^{\frac{1}{1-\varepsilon}}$。在上述二式中，

$w1$、$w2$ 分别表示地区 1 和地区 2 劳动力的名义工资，$P1$、$P2$ 为两地的总价格指数，$p1_s$、$p2_s$ 为两地公共服务产品的价格，$p1_m$、$p2_m$ 为两地工业制成品价格，$\mu$ 表示消费者总支出中用于工业制成品消费的比例，$1-\mu$ 为消费者用于公共服务产品的支出比例，并有 $0 < \mu < 1$；$p_i$ 表示第 i 种工业制成品的价格，$n_1$、$n_2$ 分别表示两地区厂商数量和工业制成品的种类，$\varepsilon$ 为任意两种工业制成品间的替代弹性，$\tau$ 为冰山型运输成本。由此，劳动力区际流动的方向和规模将取决于两地区实际工资水平差距（$\omega 1 - \omega 2$）的大小，两地区实际工资水平差距（$\omega 1 - \omega 2$）越大，则劳动力从地区 2 流向地区 1 的动力越强，流动规模越大；反之，劳动力从地区 2 流向地区 1 的动力越弱，流动规模越小。

随着贸易成本下降和产业向特定地区集聚，公共服务产品作为非贸易品会产生一种新的扩散力量，促使"中心—外围"的产业空间分布结构发生转变。伴随着厂商和劳动力流入地区 1，地区 1 的产业集聚水平上升，在价格指数效应的作用下，地区 1 的工业消费品价格指数降低，这在一定程度上提高了劳动力的实际工资水平。但劳动力流入使得地区 1 对公共服务产品的需求不断增加，导致本地区公共服务产品价格不断上升，这对劳动力的实际工资水平起到了降低的作用。因此，地区 1 劳动力的实际工资 $\omega 1$ 的大小取决于当地工业消费品和公共服务产品价格指数的变化幅度，如果公共服务产品价格指数过高，即便工业消费品的价格指数较低，地区 1 的实际工资 $\omega 1$ 也会趋于下降。同时，由于厂商和劳动力大量迁出，本地生产的工业消费品种类和数量较少，需要从外地输入的工业消费品种类和数量较多，支付的贸易成本也较多，地区 2 的工业消费品价格上升，这在一定程度上降低了劳动力的实际工资水平，但由于本地区公共服务产品需求不断减少，公共服务产品价格下降，又提高了本地的实际工资水平，因此，只要地区 2 的公共服务产品价格下降得足够低，即

使工业消费品的价格指数相对较高,其实际工资 $\omega2$ 也会趋于上升。两地实际工资水平的上述变动导致地区 2 的工人流向地区 1 的净收益下降,当地区 1 的实际工资小于地区 2 时(即 $\omega1 - \omega2 < 0$)就产生了一种新的离心力:劳动力对地区 2 较高的实际工资做出反应,从地区 1 迁出流向地区 2,从而引发资本(产业)向地区 2 的扩散,地区 1 的产业集聚水平下降。

值得注意的是,由于地方公共服务产品的价格形成不完全取决于市场的供需关系,还取决于户籍制度及其所附着的附加政策待遇。因此,各地政府在推进城市化过程中的户籍政策选择对地方公共服务产品价格的影响较大。如果地区 1 政府在推进城市化的过程中一方面对公共服务的投入力度足够大,对劳动力的公共服务产品消费进行补贴,使得本地公共服务产品的价格较低;另一方面通过户籍改革使流动人口也能享受同等的公共服务待遇,那么,虽然劳动力流入增加了本地公共服务产品的需求,但需求的增加并没有相应地带来公共服务产品价格的上涨,这就会延缓区域离心力的形成,促进劳动力高效的区际流动,从而有助于扩大地区 1 的产业集聚规模。反之,如果地区 1 政府对公共服务投入力度不够,并对流入本地区的外来劳动力在公共服务产品供给上实施歧视性政策,导致外来劳动力难以以较低的价格享受本地公共服务,那么,这种政策安排会加快区域离心力的形成,阻碍劳动力的区际流动,不利于地区 1 产业集聚规模的扩张,从而整体上降低了经济资源的空间配置效率。

### 二、劳动力流动与厂商的区位选择

劳动力和资本要素流动实际上反映了劳动力和厂商的区位选择过程,二者之间会发生怎样的互动关系呢? 为了回答这个问题,我们可以用图 4-1 进一步地说明劳动力流动对厂商区位选择的影响。理论上看,在两地之间存在实际工资差距的情况下,资本从高工资地区流向低工资地区,或是劳动力从低工资地区流向高工资地区,都可以实现两地之间的要素报酬和厂商生产成本的平衡。但是,由于资本流动面临的不确定性较大,区域的交通基础设施、产业配套条件、资源禀赋、市场环境和制度规则等诸多因素均会对资本流动的成本和收益产生巨大的影响。而劳动力流动主要取决于职业特性、劳动报酬和实际生活费用因素,不确定性相对较小。所以,在通常情况下劳动力往往会先于资本发生跨区流动,而一旦劳动力发生了区际流动,就会对资本流动产生重要的影响。

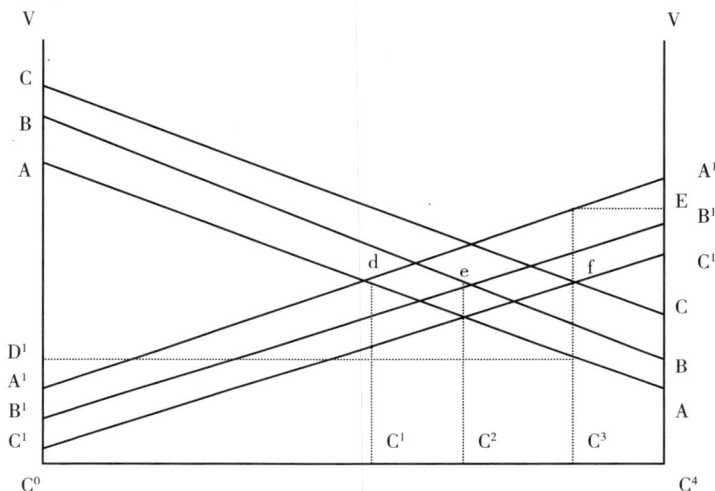

图 4-1 劳动力流动和资本流动的关系

在图 4-1 中,$C^0C^4$ 线表示地区 1(发达地区)和地区 2(落后地区)总的资本存量,$C^0V$ 和 $C^4V$ 均为资本的边际产值线,AA、$A^1A^1$ 分别代表地区 1、地区 2 初始的资本边际产值曲线。假定两地区在发生要素跨区域流动之前的制造业初始资本存量存在较大差异,制造业高度集聚在地区 1,因此,地区 1 和地区 2 的资本存量分别为 $C^0C^3$ 和 $C^3C^4$,地区 1 的资本存量显著高于地区 2。根据劳动力流动性水平的高低,产业空间分布格局的动态变化存在以下三种情形:

第一,假定劳动力流动受到严格的政策限制,劳动力的区际流动成本较高,这样劳动力的流动性很低,此时,就会发生资本追逐劳动力的区际流动,并导致产业从发达地区向落后地区扩散。在图 4-1 中,初始状态下地区 1 的制造业资本存量远高于地区 2。在资本边际产值递减规律作用下①,地区 1 的资本边际产值应低于地区 2,即 $C^0D$ < $C^4E$。在现实中,这种情况表明,地区 1 制造业空间集聚达到一定规模后,由于劳动力难以流动导致劳动力要素价格的上涨和市场竞争的加剧,资本的投资回报率低于要素价格较低的地区 2。

---

① 这里资本边际产值曲线的轨迹仍然遵循新古典经济学关于资本边际报酬递减的假设,而资本边际产值曲线整体向右上方移动则刻画了产业集聚所导致的收益递增效应。

这表明地区 1 已不再具备制造业发展的比较优势。为了追求更高的投资回报,地区 1 的厂商便有了向地区 2 转移的动力,区域之间发生了资本(产业)的转移。这在图中表现为地区 1 的资本存量从 $C^0C^3$ 减少到 $C^0C^1$,有 $C^3C^1$ 单位的资本从地区 1 流向了地区 2,地区 2 的资本存量便由最初的 $C^3C^4$ 上升为 $C^1C^4$。由于资本存量减少,地区 1 的资本边际产值率提高,而由于资本存量增加,地区 2 资本的边际产值率下降,此时,两地区资本边际产值曲线相交于 d 点,两地区资本边际产值达到均等状态。可见,在劳动力不能流动(或流动性较低)的条件下,为了降低劳动力要素投入成本,资本要素便会发生追逐劳动力的区际流动(资本流动替代了劳动力流动),以获取区域投资利差。

第二,假定区域劳动力市场达到了完全的一体化水平,劳动力流动既没有政策限制,流动成本也极低,劳动力区际流动性很高,此时,最容易发生劳动力追逐资本的跨区流动,这将促进产业在发达地区集聚。在地区 1 资本边际产值较低的情况下,高效的劳动力区际流动(而资本不流动)同样也可以实现两地资本要素边际产值率的均等化。地区 2 劳动力大量流入地区 1,导致地区 1 劳动力要素丰裕度上升,劳动力市场上供需失衡状态得到了缓解,工资水平下降,厂商的劳动力成本下降,资本的投资回报率上升,导致地区 1 资本的边际价值曲线整体上向右上方移动到 CC 位置。与此同时,地区 2 资本的边际价值曲线则向右下方移动到 $C^1C^1$ 位置,这是因为在劳动力不是无限供给的情况下,劳动力流出会导致地区 2 劳动力要素丰裕度下降,工资水平上升,厂商的生产成本上升,资本的投资回报率下降。这时,两地区资本的边际价值曲线相交于 f 点,在 f 点两地区的资本存量与初始状态相比没有变化,地区 1 没有发生产业扩散现象,资本也没有外流,而地区 2 的劳动力则大量流向地区 1。因此,我们可以认为在劳动力流动性较高的前提下,劳动力流动替代了资本流动。一般来说,一个国家内部不同地区之间的劳动力流动基本上不存在类似国际移民的政策性限制,因此,随着区域一体化程度的提高,劳动力流动性较高,在一个国家内部容易发生劳动力追逐资本的区际流动。在市场接近效应和生活成本效应的共同作用下,地区 2 一个劳动力偶然迁入地区 1 会通过一个循环累积的作用过程提高地区 1 资本的区位黏性,有助于该地区产业集聚规模的扩大。

第三,现实中较为普遍的情况是,区域劳动力市场的一体化水平处于一个中间状态,劳动力流动面临着一定程度的政策限制,流动成本比第二种情形要高,劳动力流动性也相对较低,这时,会发生一定规模的资本追逐劳动力的区际流动。如果劳动力面临的政策限制较多,流动成本过高,则有可能导致发达地区在产业集聚达到最优规模之前就有部分资本外流,产业过早地向外扩散。在图4-1中,由于劳动力流入的规模不足,地区1的劳动力要素丰裕度满足不了企业的实际需求,工资水平和厂商的劳动力成本居高不下,影响了本地资本回报率的上升,导致地区1资本的边际价值曲线只能从 AA 向上移动到 BB 位置。与此同时,地区2资本的边际价值曲线也只从 $A^1A^1$ 向右下方移动到 $B^1B^1$ 位置。在这种情况下,两地区的资本边际价值曲线相交于 e 点,地区1的资本存量从 $C^0C^3$ 减少为 $C^0C^2$,有 $C^3C^2$ 单位的资本追逐劳动力流向了地区2,地区1产业在达到最大集聚规模($C^0C^3$)之前就向地区2扩散。

　　以上第一种情况刻画了国际间产业转移的动因与机制。由于国家之间存在着较为严格的移民限制,劳动力的跨国流动很困难,导致国与国之间的实际工资差距长期存在,制造业资本便不得不跨越国界,转移到劳动力资源丰富的国家进行生产的再定位。这正是传统经济理论对国际产业转移机制的一种解释。第二种情况描述了一国内部劳动力市场一体化水平处于理想状态下的产业区位选择机制,此时,由于劳动力的流动性极高,便会发生劳动力追逐资本或劳动力流动替代资本流动的现象,这有利于产业的高效空间集聚。第三种情况更符合我国内部劳动力市场发育的现实,由于劳动力市场存在一定程度的分割,会同时出现劳动力和资本的反向流动,劳动力流动和产业地方化集聚的规模均会受到一定程度的限制。[①] 而造成我国劳动力市场分割的一个重要

---

　　① 一些关于国际移民与国内劳动力区际流动的研究结果支持了我们的理论判断。2000年,我国移民国外的人数为45.8万人,而国内移民数量则高达1.2亿人。在20世纪90年代后半期,越南移民国外的人口数量不足30万人,而其内部移民高达430万人(Priya & Grimm,2004)。美国在1820—1914年,移民占总人口的比重从9.6%增加到了14.6%;在1914—1950年,这个比重又从14.6%下降到了6.9%;在1950—2000年,这个比重又上升到了9.8%(Wolf,2008)。上述事实表明,一直以来,各国对国际移民的限制性政策没有太大的变化,限制性的移民政策严重限制了国际移民规模。相对而言,国内不同地区之间劳动力流动的政策限制要小得多,劳动力流动的规模也大得多。正如世界银行2009年世界发展报告所指出:"尽管国际移民仍然是媒体关注的焦点,但迄今为止最大的移民流是国内不同地区间的移民流,不是农村流向城市的移民流,而是从经济落后地区流向先进地区的移民流。"

原因,就是户籍制度以及各地政府所推行的片面城市化政策,这种片面的城市化具体表现为土地城市化过度,而人口城市化不足,各地在大力推进土地和产业城市化的同时,只是在统计意义上实现了人口的城市化,忽视了流动人口的市民化。流动人口由于户籍身份限制,在权益保障、社会参与和公共服务等方面还没有享受与市民同等的待遇,这意味着流动人口消费公共服务产品时必须支付较高的价格。这大大提高了流动人口的城市生活成本,降低了劳动力的实际工资水平,在很大程度上抑制了劳动力的区际流动,对产业的地方化集聚产生了消极影响,导致城市集聚经济效应未能得到充分发挥,从而降低了产业发展的空间效率。

### 三、户籍与公共服务歧视的特征性事实

近年来,我国城市化的步伐正在逐步加快。2000 年,我国城市人口占总人口的比重为 36.2%;到 2018 年,这一比重已上升为 59.6%。虽然这些数字从总体上反映了我国城市化快速发展的态势,但它们只是从统计意义上衡量了我国的城市化水平,并没有反映我国城市化的真实状态。根据 2000 年人口普查和 2005 年 1% 人口抽样调查数据,在这两个时间截面之间,我国城市人口比重从 36.6% 提高到 44.7%。但与此同时,在被统计的城市人口中,拥有农业户口的人口比重则从 40.3% 上升到 46.8%。可见,在我国城市化过程中,很多转移人口是并没有改变户口性质的农民,与真正的城市居民存在着巨大的身份差异。这种身份差异导致他们虽然在城市中生活和就业,但却享受不到与普通市民同等的权益保障和公共服务。1958 年,我国颁布了《中华人民共和国户口登记条例》,标志着城乡分割的二元户籍制度的诞生。这种户籍制度实质上是体现了一种"以农补工、以乡养城"的城乡差别发展战略。该制度强调户口的不可迁移性,农民被固定在土地上,不能分享城市社会资源。同时,这种户籍制度又是一种不平等的身份制度,不同类型户口所附着的就业、居住、教育、社会参与、社会保障、医疗服务和公共福利服务等权益存在着巨大的差异(具体参见表 4-2)。虽然改革开放以来,随着农村劳动力流动规模的增加,我国户籍制度先后经历了一些改革,诸如暂住证政策的实施、农转非政策的改变、小城镇户籍制度改革和实行蓝印户口等,但是这些改革是十分有限

的,与户籍相联系的绝大部分居民社会福利差别仍然继续存在。由此,虽然流动劳动力的名义身份实现了从农民到农民工再到产业工人的转变,但是他们并未成为真正意义上的城市居民,仍然难以摆脱旧的户籍制度的桎梏,这给他们在城市定居和生活施加了巨大的额外成本。

**表 4-2 两种户口的福利差异①**

| 制度安排 | 城镇户口 | 农村户口 |
|---|---|---|
| 户籍管理 | 凭户口可享受各类城镇公共服务和福利 | 拥有农村户口的公民除了考取国家正规大中专院校外,原则上难以转成城镇户口,从而难以进入城镇定居、就业和享受城镇福利 |
| 住宅 | 有廉租房、经适房等政府提供的保障性住房,有单位房改房,也可通过市场购买商品房住宅 | 自建住房,少数富裕地区由村集体投资满足部分住房需求,也可在城市购买商品房住宅 |
| 物资:<br>燃料<br>供水<br>供电 | 享受国家低价供应的化石燃料<br>享受国家低价供应的符合健康标准的饮用水<br>享受国家低价供应的电力 | 以市价购买燃料,或使用植物燃料<br>主要靠自己取用天然地下水和地表水,不符合健康标准<br>农村电价高于城市,电网未能全覆盖,供电也不稳定 |
| 教育 | 义务教育由国家投资,设施条件较好,教育普及率较高 | 义务教育国家投资较少,设施简陋,教育普及率较低 |
| 医疗 | 享受公费医疗或医疗保险,医疗软硬件较好 | 以自费医疗为主,医疗保险参与率和支出标准均较低,医疗软硬件落后 |
| 社保 | 社会保险参与率和标准较高 | 社会保险参与率和标准较低 |
| 就业 | 国家负责市民的就业安排,或自主就业,职业保障程度较高 | 自主就业,职业保障程度较低 |
| 生活场所 | 城镇单栖型 | 候鸟式城镇/农村两栖型 |
| 流动调节 | 政策性招工、调动、招生 | 劳动力市场自发调节 |
| 行为特征 | 有稳定、长期的行为预期 | 短期行为倾向明显 |

注:本表中农村户口既包括传统的在农村生活的公民,也包括已流动到城市的务工人员,本表由笔者根据有关资料整理而得。

由于对医疗卫生、义务教育和社会保障等基本公共服务的投资激励不足,社会事业发展滞后,我国城市居民享受的公共服务水平较低,特别是,非户籍

---

① 户籍制度导致的身份差异还会影响到劳动力的工资水平,农村户口的劳动力所能获得工资水平比拥有城镇户口劳动力要低,奈特等(Knight, et al., 1999)、王美艳(2003)、姚先国和赖普清(2004)等学者对此均有较好的研究。

流动人口在义务教育、医疗卫生和社会保障等公共服务上面临的政策性歧视，他们能够享受的城市公共服务严重不足，需要支付高昂的费用，导致我国劳动力流动的隐性成本较高，不利于劳动力的区际流动。例如，在义务教育方面，早在 2001 年国家就出台了《国务院关于基础教育改革与发展的决定》，禁止城市公办学校对农民工子女的歧视，教育部随后又出台了一些配套文件，要求城市公办学校对农民工子女一视同仁。但是，各地在执行政策的过程中还是通过各种手段限制农民工子女到公办学校就读。根据世界银行 2006 年对上海、西安、大连、成都和深圳的一项调查，公办学校向城镇居民收取的择校费平均为 1100 元人民币，对农民工收取的择校费平均为 3650 元人民币。大部分农民工表示，子女在入读公立学校时面临着歧视、拒收和高额费用要求等障碍，不少农民工子女只好去私立"农民工学校"就读，不仅收费高于公办学校，而且办学条件和教学质量低下，时常因达不到基本的教学标准而被取缔。正是上述政策歧视，使得农民工子女就学费用支出占到家庭总收入的 13%，明显高于城镇户口家庭。此外，在医疗卫生服务方面，虽然《中华人民共和国劳动法》要求各地须使所有劳动者都参加用人单位和个人共同缴费的基本医保，但与城镇居民相比，农民工参加医疗保险的比例较低，只有 21% 的农民工参保（城镇职工参保率为 80%）。由于参保率较低，农民工看病的自费比例很高，农民工门诊一次的自费开支占农民工人均月收入的 90%，住院一次的自费开支占农民工人均年收入的 90%[①]。

　　户籍身份所导致的歧视性公共服务供给，使得流动人口在子女教育、住房、医疗卫生和社会保障方面需要支付高昂的费用，流动人口的实际收入水平下降，降低了劳动力区际流动的激励，阻断了产业集聚的形成机制。表 4-3 列举了广东省东莞和佛山两市进城务工人员对城市生活所涉及的十个方面要素的评价。从中可以看出，总体上讲，外来工对工资水平、工作条件和强度、城市生活费用、子女教育条件和生活养老保障五个方面的评价最为负面，实际收入不高，工作强度大，以及公共服务供给严重不足，严重影响了外来工的城市

---

　　①　参见世界银行报告：《中国的城镇服务和治理》，2009 年 6 月，http://documents.shihang. org/curated/zh/292211468020081206/China-urban-services-and-governance.。

生活质量。在全部样本中,认为城市生活养老缺乏保障的比例为88.99%,认为小孩教育条件差、收费贵的比例为87.22%,认为工资水平低的比例为87.04%,认为生活费用高的比例为84.84%,认为工作太辛苦的比例为74.57%。此外,住房和医疗条件也是影响外来工城市生活满意度的重要因素,有72.37%的被调查者认为住房条件差、房租贵,71.15%的调查对象认为医疗条件差、看病贵。而工作的稳定性、社会交往、休闲娱乐等因素对外来工生活满意度的影响则相对不大。就不同年龄组的调查结果而言,两个年龄组在对多项城市生活要素的评价上存在较大差异。其中,年龄组2受访者对工作条件和强度、社会交往、休闲娱乐以及社会融合四方面城市生活要素的评价更为负面:有86.70%的受访者认为工作太辛苦,超过年龄组1约22个百分点;55.85%的受访者认为社会交往受到限制,比年龄组1高约16个百分点;58.51%的受访者认为休闲娱乐较少,比年龄组1高约15个百分点;40.43%的受访者认为被城里人看不起,比年龄组1高约20个百分点。相比之下,年龄组1对工资水平、生活费用、住房条件、子女教育、医疗条件和生活保障六项要素的评价更为负面:有90.50%的受访者认为工资水平偏低,比年龄组2高约8个百分点;94.11%的受访者认为生活费用高,比年龄组2高约20个百分点;78.73%的受访者认为住房条件差、房租贵,比年龄组2高约14个百分点;90.34%的受访者认为小孩教育条件差、收费贵,比年龄组2高约9个百分点;78.28%的受访者认为医疗条件差、看病贵,比年龄组2高约15个百分点;95.93%的受访者认为生活、养老没有保障,比年龄组2高约15个百分点。

表4-3 珠三角外来工生活满意度的具体调查(N=409)

| | 全部样本 | | 29岁以上 (N=221) | | 29岁以下 (N=188) | |
|---|---|---|---|---|---|---|
| | 人数 | 比重(%) | 人数 | 比重(%) | 人数 | 比重(%) |
| 工资水平低 | 356 | 87.04 | 200 | 90.50 | 156 | 82.98 |
| 工作太辛苦 | 305 | 74.57 | 142 | 64.25 | 163 | 86.70 |
| 工作不稳定 | 213 | 52.08 | 119 | 53.84 | 84 | 50.00 |
| 生活费用高 | 347 | 84.84 | 208 | 94.11 | 139 | 73.94 |
| 住房条件差、房租贵 | 296 | 72.37 | 174 | 78.73 | 122 | 64.89 |

续表

| | 全部样本 | | 29 岁以上<br>（N = 221） | | 29 岁以下<br>（N = 188） | |
|---|---|---|---|---|---|---|
| | 人数 | 比重（%） | 人数 | 比重（%） | 人数 | 比重（%） |
| 小孩教育条件差、收费贵 * | 198 | 87.22 | 131 | 90.34 | 67 | 81.71 |
| 医疗条件差、看病贵 | 291 | 71.15 | 173 | 78.28 | 118 | 62.77 |
| 生活、养老没有保障 | 364 | 88.99 | 212 | 95.93 | 152 | 80.85 |
| 社会交往受到限制 | 192 | 46.94 | 87 | 39.37 | 105 | 55.85 |
| 休闲娱乐少 | 206 | 50.37 | 96 | 43.44 | 110 | 58.51 |
| 被城里人看不起 | 121 | 29.58 | 45 | 20.36 | 76 | 40.43 |

注：①样本中 29 岁以上含 29 岁，简称"年龄组 1"，29 岁以下简称"年龄组 2"（以下同），之所以作这样的年龄分组，是考虑到 1980 年以前出生和 1980 年以后出生的公民在成长背景、社会阅历、流动动机、效用特征和价值观念等方面的差异性，我们可以将 80 后劳动力看成新一代务工者。

②带 * 项数据的调查样本为有子女的外来工，样本总数为 227 人，其中 29 岁以上的为 145 人，29 岁以下的为 82 人，无子女者不参与此项调查。

③本表及表 3 的数据均来源于 2010 年我们对广东东莞、佛山两市外来工所做的问卷调查。

　　较低的城市生活满意度降低了外来工的流动意愿，外来工进城务工的动力有所减弱。表 4-4 对东莞和佛山进城务工者未来的发展意愿进行了调查，从中可以看到，在未来发展规划方面，只有 1/4 左右的外来工愿意继续留在城市工作，城市生活对外来工的吸引力不大，绝大多数打工者都想通过打工赚到钱后回原籍谋求进一步的发展：11.78% 的受访者想赚到钱后回老家继续从事农业生产，而计划赚到钱后回老家做生意，从事非农生产的比例最高，占被调查总人数的 42.73%，另外也有 14.32% 的受访者想赚到钱后去其他小城镇谋求发展。此外，不同年龄组的外来工对职业生涯的规划也有所不同，年龄组 2 外来工的职业生涯规划更具有城市倾向，有 33.62% 的受访者愿意留在城市，一边打工一边寻找发展机会，高出年龄组 1 约 18 个百分点；相应地，他们想回原籍发展的意愿则相对较弱，共有 46.38% 的受访者想回原籍发展，比年龄组 1 低近 18 个百分点；特别是想回原籍继续从事农业生产的比例更低，仅为 7.66%。

　　流动意愿的降低势必导致劳动力流动规模的增速放缓，实际上最近我国各地频现"民工荒"正是劳动力流动规模增长放缓的明证。2010 年以来，我国沿海发达地区一些企业陆续遇到招工难的问题，用工不足导致企业开工不足，产能闲置,并且缺工问题愈演愈烈。2011 年早春招工旺季,"民工荒"现象集中爆发。长江三角洲地区报告缺少劳动力 200 多万人,上海、浙江、江苏一些传统工业聚集区的部分加工企业开工率不足一半;珠江三角洲各城市也报告大量缺工,如深圳缺 80 万人、广州缺 20 万人、东莞缺 15 万人等,全地区合计劳动力缺口也达 200 多万人。根据 2011 年广东省统计局提供的人口普查抽样的数据,2010 年广东省农民工比 2007 年净增加 248 万人,而来自外省的农民工却下降 199 万人;在 2005—2007 年间,来自外省农民工增加了 309 万人,本地农民工只增加 78 万人,可见,2007 以来外省农民工流入广东的规模明显减少。其他如福建、山东、北京等沿海发达地区都发出程度不等的缺工信号。劳动力流动规模增速的放缓导致我国东部沿海产业集聚区的企业用工困难,阻断了产业高效集聚的机制,部分企业不得不面临生产再定位的选择,出现了"资本追逐劳动力"式的产业扩散。

表 4-4　珠三角外来工未来发展意愿的调查(N=433)

| 未来的发展规划 | 全部样本 | | 29 岁以上<br>(N=198) | | 29 岁以下<br>(N=235) | |
|---|---|---|---|---|---|---|
| | 人数 | 比重(%) | 人数 | 比重(%) | 人数 | 比重(%) |
| 赚到钱后回老家种地 | 51 | 11.78 | 33 | 16.67 | 18 | 7.66 |
| 赚到钱回老家做生意 | 185 | 42.73 | 94 | 47.47 | 91 | 38.72 |
| 赚到钱去小城镇发展 | 62 | 14.32 | 35 | 17.68 | 27 | 11.49 |
| 留在城市,一边打工一边寻找发展机会 | 109 | 25.17 | 30 | 15.15 | 79 | 33.62 |
| 不知道 | 26 | 6.00 | 6 | 3.03 | 20 | 8.51 |

# 第三节　户籍制度与产业结构优化升级

## 一、户籍制度影响城市产业结构的机制

### (一) 我国现行户籍制度下人口流动的模式

劳动力流动是城市化的实现机制,农村劳动力流动的方向和数量决定了

城市化模式和水平,进而推动城市的产业结构变迁。而伴随着我国工业化和城镇化水平的提高,户籍制度对农村劳动力流动正发挥着越来越大的影响。与户籍制度相关的成本与收益成为影响农村剩余劳动力流动决策的重要因素。新古典主义理论指出,农村剩余劳动力的流动决策取决于流动的预期收益和成本的权衡,由于我国特殊的户籍制度安排,农村剩余劳动力在做出流动决策时,不仅要考虑一般新古典主义理论所说的收益与成本因素,还要考虑与户籍制度相关的收益与成本因素。如前文所述,由于户籍制度的限制,农村流动人口进入城市后并不能享受与本地户籍人口相同的公共服务待遇,这实际上提高了农村人口流动的成本。同时,在现有的制度框架内,农村户籍也附着了一些其他收益,而这些收益有时给农村人口流动施加了巨大的机会成本。例如,农民对农村土地占有所带来的收益就是这样一种机会成本。目前农民对农业承包地和宅基地的占有、使用权能基本上可以实现,农民可以在一定条件下获得对承包地和宅基地的用益物权。对于农民来说农村土地不仅具有产生当期和远期收益的资产功能,还有居住、使用和养老保障等功能,但是这些物权功能的实现是以农民的集体成员身份为前提条件的,即只有拥有农村户籍的农村人口才可以获得承包地和宅基地,而一旦流动人口将户籍从农村迁出,他们将有可能失去农村土地的用益物权。因此,在流动人口不能与城市户籍人口享受同等公共服务待遇的情况下,农村承包地和宅基地相关的用益物权就构成了农村人口流动巨大的机会成本,农村劳动力在流动过程中势必会考虑这两部分土地物权用益的补偿问题。只有在农村土地的资产和保障收益能够合理地在"异地"实现,农村剩余劳动力才会通过户籍、居住和就业的全面转移永久性地流入城市,而这需要进行全面的户籍制度改革。否则,农村劳动力就只会选择各类临时性"不完全城市化"的流动方式,包括单身流动、季节性流动、就近流动等,在就业转移的同时通过保留农村户籍确保拥有农村土地的用益物权。我们可以根据农村流动人口与户籍关系的差异将农村人口流动模式分为四类(参见表4-5),并在此基础上揭示户籍制度、农村劳动力流动模式与城市化模式之间的关系。

表 4-5　我国农村劳动力流动模式

| 流动模式 | 主要转移方向 | 转移途径 | 户籍关系 | 所占比重 | 城市化模式 |
|---|---|---|---|---|---|
| 跨区全面转移 | 省内外大中城市 | 高考、进城务工、经商、购房入户等 | 户籍转移 | 较小 | 集中型 |
| 就近全面转移 | 省内市、县、镇 | 高考、购房入户、经商、土地征用等 | 户籍转移 | 较大 | 分散型 |
| 跨区非全面转移 | 省内外大中城市 | 进城务工、经商等 | 户籍不转移 | 较大 | 分散型 |
| 就近非全面转移 | 省内镇、县和市 | 乡镇企业务工、个体经营等 | 户籍不转移 | 较大 | 分散型 |

　　第一种人口流动模式是跨地区全面转移。这种流动方式涉及到就业、居住和户籍的全面转移,采用这种流动方式的农村人口较多地流向了本省以及省外大中城市,转移途径包括高考、招干、进城务工和经商等。在我国现有干部人事制度下,高考、招干和入伍转干就意味着获得了干部身份,可以享受在城市就业、居住和其他福利待遇,这部分农村人口转为非农户籍按政策要放弃农村户籍,但由于他们转移后所获得的政策性收益较大,足以补偿放弃农村户籍的损失,因此,农村户籍的相关收益对他们的流动决策没有影响。此外,在进城务工和经商的农村人口中,有一小部分精英群体人力资本和城市就业收入水平较高,对农村户籍收益不敏感,为了追求高质量的城市生活,他们通过购房投资入户和积分入户等方式转为非农户籍。可见,这种转移方式推动了大、中城市的人口和经济集中,对应的是集中城市化模式,但无论是高考、招干群体,还是经商、务工的精英群体,他们的数量相对较小,占农村人口的比重也很低,因而对我国城市化进程的影响也较小。

　　第二种人口流动模式是就近全面转移。采用这种方式的转移人口主要流向了省内地级(及以上)城市、县、镇地区,也属于就业、居住和户籍全面迁移的流动方式。由于人口转移的本地化程度较高,这种转移方式不利于跨地区、区域性的人口转移与集中。除了由于高考、招干、务工和经商成功等原因的主动转移之外,很多农村人口也会被动地因为地方政府的征地行为而就地转变为城市人口,而且近年来随着我国各地城市开发规模的迅速扩大,这部分被动转移的人口所占的比重越来越大。首先,由于缺乏明晰的产权主体约束,我国地方政府为了获取工商业建设用地,最大化土地财政利益,可以通过城市建设规划编制和调整来相对自由地确定土地征收范围,大量城市周边的农村地区仅仅因为规划的行政性调整而变为城区,相应地农村人口也变为城市人口。其次,为了确保 18 亿亩耕地红线不被突破,我国实施严格的建设用地指标计划管理制度,在建设用地计划指标不敷工业和城市开发所需的情况下,近年来不少地方政府通过农村建设用地复垦来获得计划外的建设用地指标,来解决建设用地指标不足的问题。1999 年,国土资源部《关于土地开发整理工作有关问题的通知》规定:"凡有条件的地方,要促进农村居民点向中心村和集镇集中、乡镇企业向工业小区集中。新址……确需占用其他耕地的……可以与腾出来的旧址整理后增加的耕地进行置换","实行这种方式置换的,其建设用地可以不占用年度建设占用耕地计划指标"。① 继承这一文件的精神,2005年国土资源部出台的《关于规范城镇建设用地增加与农村建设用地减少相挂钩试点工作的意见》规定,允许将城镇建设用地增加与农村建设用地减少相挂钩。根据上述政策规定,不少地方政府积极推动农村宅基地拆迁和复垦来获取工业和城市建设用地指标。不少地方以建设新农村和新型城镇化建设为名,积极推动农村宅基地复垦和农民进城,创造了一系列诸如"宅基地换房"、"承包地换社保"等人口就地转移模式。近年来随着工业化和城市化进程加快,我国各地政府征地范围急剧扩大,以这种方式转移的农村人口规模增长迅猛,在较大程度上推动了农村人口的就地城市化和我国城市体系规模分布的分散化。

第三种人口流动模式是跨区非全面转移。采取这种转移方式的农村人口主要流向了本省以及省外大城市,绝大多数属于临时性就业和居住转移,不涉及户籍迁移,人口流动的目的是进城务工和从事工商业经营活动,以获取更高的工资和经营性收入等。由于这部分农村人口的人力资本水平相对较低,在大城市务工和经商的收益相对不高,难以达到大城市的入户条件,因此他们对

① 《国土资源部关于土地开发整理工作有关问题的通知》(国土资发〔1999〕358号),中华人民共和国自然资源部政策法规库。

农村户籍所附着的收益较为敏感。他们在做出流动决策时不仅要考虑迁移目的地的收入水平,还要考虑农村土地资产和保障收益等。在这种情况下,这部分人口倾向于在不转移户籍的条件下选择临时流动、季节性流动和单身流动的方式,以确保在进城务工、经商的同时对农村户籍收益的占有。可见,采取这种转移方式的农村人口只进行了就业转移,其户籍、居住地均未改变,与农村土地的关系也没有发生变化,他们随时都会从大城市回流到户籍所在的农村及其周边地区,因此这部分流动人口越多越不利于城市的经济与人口集中,特别是不利于大城市的人口集中。目前这部分流动人口占农村流动人口的比重较大,他们的流动方式对我国城市化模式影响较大,导致我国城市化发展呈现出明显的分散化特征。

第四种人口流动模式是就近非全面转移。采取这种流动方式的农村人口主要流向了本省地级市、县和镇区,多为不完全的就业和居住转移,也不涉及户籍转移,转移途径包括乡镇企业务工、个体经营等。与大城市外来务工者不同的是,他们除了在城镇就业以外,还兼顾农业承包地的生产经营活动。这部分流动人口的人力资本水平最低,进城就业的收入水平较低,农村土地收益与保障对他们的效用水平影响较大。对于传统农区的低素质劳动力来说,他们进入大城市的工作机会较少,收入也相对较低,但却要面临着较高的生活成本。同时,由于空间距离较远,在大城市就业的同时进行承包地生产经营的成本较高,而在就近的镇、县或市就业既可以降低居住等生活成本,还可以兼顾农村承包地的生产经营,因此,就近临时性转移成为我国传统农区低素质劳动力普遍偏好的流动方式。

综上所述,除了第一种人口流动模式以外,其余三种人口流动模式均不利于我国城市的人口集中,导致分散城市化模式的出现。由于农村土地具有重要的资产和保障功能,在当前我国农民对农村土地的产权权能不足的条件下,土地对农村人口的束缚作用依然很强,特别是农民对农村土地的处分权残缺,导致农民的土地用益物权难以通过市场化机制进行转化实现。在这种土地制度安排下,农村户籍所附着的土地收益构成了农村人口流动的机会成本,使得农民不能真正摆脱土地束缚,永久性地向城市转移,而只能通过就近、临时性转移等方式流动,从而一方面获取在城市就业的收益,另一方面确保对农村土地收益的占有。因此,现行的户籍制度安排导致农村剩余劳动力的跨区永久性流动很不充分,阻碍了我国城市的经济和人口集中,引发了我国城市化进程的本地化、分散化倾向。

（二）户籍制度对城市产业结构的影响

综合前文的分析,我们可以用图4-2来直观地刻画户籍制度影响产业结构变迁的机制。在我国当前的城市化过程中,由于户籍制度改革还不够彻底,城市常住人口中不同的群体还存在户籍人口和非户籍人口的身份差异。这两种户籍身份对应着不同的公共服务供给安排,户籍人口通常可以以较低的价格享受城市公共服务产品,而非户籍人口则需要支付较高的价格才能享受城市公共服务产品,而且即使支付了较高的成本,非户籍人口所获得的公共服务质量可能也明显偏低。考虑到农村户籍所附着的土地收益等因素,这种公共服务产品歧视性供给安排降低了人口流动的净收益,提高了劳动力流动的隐性制度成本,会对劳动力流动的规模、方向与方式均产生不利的影响。为了降低流动成本,提高流动的净收益,农村劳动力通常选择在户籍所在地附近进行非全面转移。显然,现有户籍制度下的人口流动模式不利于城市的经济和人口集中,城市集聚经济效应难以充分发挥,降低了资源的空间配置效率。这一方面导致产业发展在空间上出现分散化趋势,形成区域产业同构现象;另一方面影响了区域产业效率提升。

（三）户籍制度影响城市产业结构的实证分析方法

本节我们将用广东省区域和产业发展的经验数据来对图4-2的分析框架进行实证分析,具体的研究方法如下:

第一,在劳动力流动方面,我们用一个地区人口的自然增长率与实际增长率之差来衡量该地区劳动力净流入情况。目前,国内研究劳动力流动的文献大都是用人口迁移数据作为代理变量。例如,有的文献用城市常住人口和户籍人口的差距来衡量劳动力流动的实际水平,但这种方法在实证分析的过程中实际上遮蔽了包含户籍转移的人口流动的信息,它只能反映不包含户籍转移的人口流动的信息。另外,也有文献用家庭单位劳动力外出务工时间和家庭劳动力外出务工比例来衡量劳动力流动(孙文凯等,2011),但这种办法一方面只能反映劳动力流动的规模和数量信息,不能揭示劳动力流动的方向;另

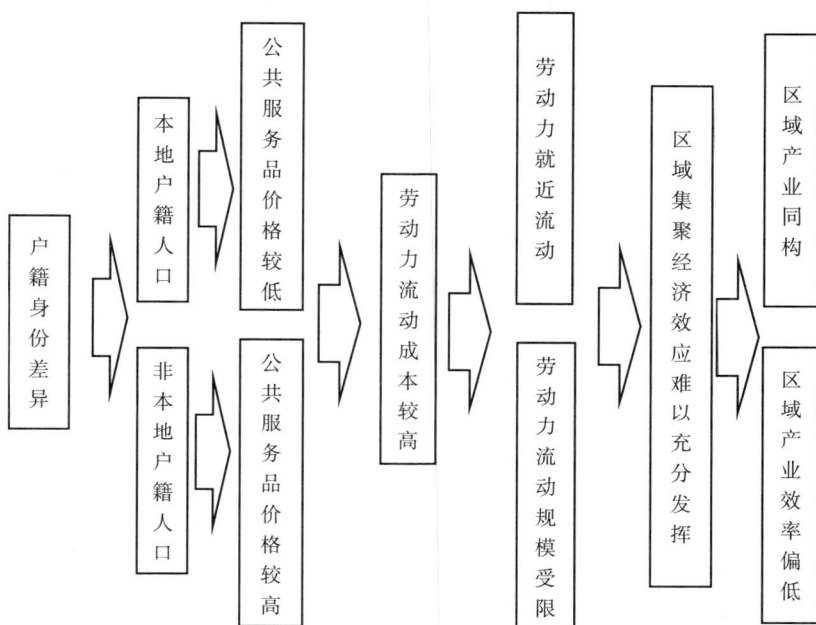

图 4-2　户籍制度影响区域产业结构的机制

一方面这种方法缺乏必要的数据支撑,特别是样本覆盖面较宽的长时序数据缺乏。因此,为了能够同时揭示劳动力流动的数量与方向,并考虑到数据的可得性,我们在这里利用一个城市人口的自然增长率与实际增长率之差来衡量该城市所涉及的劳动力流动情况,这个差距为正表示劳动力流入该城市,而差距取值越大表示流入该城市劳动力的数量也越大;反之,则反是。此外,人口的实际增长率包含户籍人口增长率和常住人口增长率,我们还可以通过观察这两个增长率之间的差异来分析一个地区人口流动的方式,即是户籍流动还是非户籍流动。

　　第二,为了刻画我国分散城市化的基本特征,我们用赫芬达尔指数(HHI)和城市首位度来对我国城市体系的规模分布进行统计描述。HHI 为城市体系内各城市人口份额的平方和,具体计算公式为:$HHI = \sum_{i=1}^{n}(\frac{x_i}{X})^2$,其中,$x_i$ 为城市 i 的人口数量,$X$ 为城市体系内城市人口数量的总和。赫芬达尔指数度量的是整个城市体系中人口的集中程度,能完整地反映整个城市体系的规模分布。该指数值越大,城市规模分布的集中化趋势越强;反之,城市规模分布的分散化特征越显著。城市首位度反映了首位城市的相对规模,我们用两城市指数(首位城市人口数量与第二大城市人口数量的比值)和四城市指数(首位城市人口数量与第二到第四大城市人口数量和的比值)来表示。对于两城市指数而言,根据位序/规模原理,该比值正常情况下应该为2。如果该比值小于2,我们就可以认为城市体系首位城市的相对规模不足,低位城市发育较多,城市规模分布的分散化特征明显;如果该比值大于2,则首位城市的相对规模过大,低位城市发育不足,城市规模分布的集中化特征明显。这两种情况可能都偏离了城市体系规模分布的效率要求,均不利于城市集聚经济效应的发挥。

第三,在区域产业结构方面,我们使用以下两个指标来衡量产业结构的动态变化:(1)用产业同构系数度量产业的空间配置效率。其计算方法来自联合国工业发展组织(UNIDO)国际工业研究中心,具体计算公式如下:

$$S_{ij} = \sum_{k=1}^{n} X_{ik} X_{jk} \bigg/ \sqrt{\sum_{k=1}^{n} X_{ik}^{2} \cdot \sum_{k=1}^{n} X_{jk}^{2}}$$

其中:$S_{ij}$表示两区域产业同构系数值,i、j分别表示两个相比较的地区;n表示产业数目,$X_{ik}$表示地区i第k产业占整个国民经济的比重;$X_{jk}$表示在地区j第k产业占整个国民经济的比重。$S_{ij}$的取值处于0—1之间,数值越大,表明两区域产业结构越相似,区域间分工程度就越低,反之,表明两区域产业结构差异越大,区域分工程度就越高。当$S_{ij}=1$时,表示两区域产业结构完全一致,地区之间不存在专业化分工。当$S_{ij}=0$时,表示两地区产业结构完全不同,区域之间完全做到了"你有我无,你无我有"的专业化分工。通常情况下,当$S_{ij}$小于0.5时,区域产业结构差异较大,区域间产业分工程度较高。如果$S_{ij}$大于0.5,表示两区域产业结构差异较小,区域间产业分工水平较低,区域产业结构趋同。此外,从动态视角来看,如果$S_{ij}$趋于上升,则区域产业结构趋于相同,区域分工水平下降;如果$S_{ij}$趋于下降,则区域产业结构趋异,区域分工水平上升。从上述计算方法,我们可以看出产业同构系数可以在一定程度上反映产业的空间配置效率,该系数值越大,表明区域间专业化分工程度越低,产业的空间配置效率也越低;反之,则区域间专业化分工程度越高,产业的空间配置效率也越高。本研究认为,由于户籍制度的限制,我国人口流动面临着较高的制度成本,绝大部分农业人口选择就近流动的方式,导致产业的分散化布局,地区间产业同构系数偏高,产业的空间配置效率降低。我们将利用广东省区域人口流动和产业发展的经验数据对此进行验证。(2)我们用各地区产业的生产效率与土地价格进行相关性分析。我们之所以这样做的基本逻辑是:当城市经济密度达到一定水平之后,城市环境不仅会带来外部性收益,还会引致拥挤成本,这种拥挤成本主要体现为城市土地价格上涨。在一个国家内部劳动力要素可以流动的前提下,作为一种重要的不可移动要素,土地的价格成为不同城市产业分工的决定性力量。地价上升将会迫使那些对土地价格敏感的低附加值部门迁出城市,向外转移到土地价格相对低廉的地区,而继续留下来的厂商必须具有足够强的创新能力和足够高的生产效率才能消化日益上涨的土地成本。这样从整个城市体系来看,在上述机制作用下,各个城市产业的生产效率最终会与其不可移动要素价格(地价)相匹配,即高地价的城市对应着高生产率的行业,而低地价的城市则对应着低生产率的行业。我们认为,这种分工的结果就是整个城市体系的产业结构优化升级。基于上述逻辑,我们通过分析产业的劳动生产率与城市地价水平的相关性来衡量城市体系产业结构优化升级的实际水平,具体计算方法如下:

$$V_t = \alpha + \beta LP_t$$

其中, $V = \sum_{i=1}^{n} x_i v_i$ ,其中, $v_i = \dfrac{P_i}{l_i}$ , $x_i = \dfrac{p_i}{p}$

在上式中, $v_i$ 表示 i 行业的劳动生产率, $p_i$ 表示 i 行业的增加值, $l_i$ 表示 i 行业的就业人数, $x_i$ 表示 i 行业的增加值占全部行业总增加值的比重, $p$ 表示全部行业增加值的加总值。我们将利用广东省的经验数据对该式进行相关性检验以求得行业的劳动生产率与城市地价的相关系数。如果二者显著正相关,则 $\beta$ 取值越大,城市体系内不同效率产业的空间配置与不可移动要素价格(地价)匹配度越高,我们就认为城市体系产业结构优化升级的水平也越高。

## 二、我国城市体系的规模分布特征

### (一) 我国农村劳动力流动的特征性事实

那么,表4-5所进行的关于我国农村劳动力流动模式的理论划分有没有事实依据呢? 我国农村劳动力流动的实际情况如何呢? 表4-6关于我国外出农民工流向区域分布的数据可以在一定程度上为我们的理论推断提供事实支撑,从中可以看出:(1)近年来我国农民工流动的规模基本保持稳定,变化不大。2014年,我国外出农民工总量为16821万人,仅比2013年的16610万人多了211万人,外出农民工的增量非常有限。(2)直辖市吸引农民工的数量最少。2013年和2014年,流向直辖市的农民工数量分别为1410万人和1359万人,占全部外出农民工的比重分别为8.5%和8.1%。在流向直辖市的农民工中,跨省流动的农民工比重要明显高于省内流动的农民工。2013年和2014年,在跨省流动的农民工中,流向直辖市的比重分别为14.4%和14.1%;而在省内流动的农民工中,这一比重仅为3.3%和2.8%。(3)省会城市吸引农民工的数量位列第三。2013年和2014年,流向省会城市的农民工总量分别为3657万人和3774万人,占全部外出农民工的比重分别为22.0%和22.4%;并且,在流向省会城市的农民工中,跨省流动与省内流动的比重较为接近。(4)地级市是外出农民工的重要目标区域,所吸引的农民工数量位列第二。2013年和2014年流向地级市的农民工总量分别为5553万人和5752万人,占全部外出农民工的比重分别为33.4%和34.2%。在流向地级市的农民工中,跨省流动的农民工比重要高于省内流动的农民工。2013年和2014年,在跨省流动的农民工中流向地级市的比重分别为39.6%和40.2%;而在省内流动的农民工中,这一比重分别为28.1%和28.9%。(5)小城镇是外出农民工最重要的目标区域,所吸引的农民工数量最多。2013年和2014年,流向小城镇的农民工总量分别为5921万人和5864万人,占全部外出农民工的比重分别为35.7%和34.9%。在流向小城镇的农民工中,省内流动的农民工比重要高于跨省流动的农民工,2013年和2014年,在跨省流动的农民工中,流向小城镇的比重分别为22.5%和22.1%;而在省内流动的农民工中,这一比重分别高达47.1%和46.1%。通常而言,以直辖市和省会城市为代表的大城市吸引的转移人口越多,城市化进程的集中化特征越明显;而以地级市和小城镇为代表的中小城市吸引的转移人口越多,城市化进程的分散化特征就越突出。表4-6的数据表明,在我国直辖市和省会城市所吸引的农民工数量相对较少,二者合计占外出农民工总量的比重约为30%左右;而地级市和小城镇所吸引的农民工数量相对较多,二者合计占外出农民工总量的比重达到70%左右。可见,上述外出农民工流向的区域分布较为真实地刻画了我国城市化进程的分散化特征。如果进一步将外出农民工的流向区域分布与人口流动模式结合起来,我们可以发现,采用第一和第三种流动模式的农民工主要流向了直辖市和省会城市,采用第二和第四种流动模式的农民工主要流向了地级市和小城镇,而不同户籍制度所附着的收益成为人口流动模式背后的重要决定因素。

表4-6 我国外出农民工流向区域分布

| 年份(年) | 项目 | 合计 | 直辖市 | 省会城市 | 地级市 | 小城镇 | 其他 |
|---|---|---|---|---|---|---|---|
| 2014 | 农民工总量(万人) | 16821 | 1359 | 3774 | 5752 | 5864 | 72 |
| | 流向构成(%) | 100.0 | 8.1 | 22.4 | 34.2 | 34.9 | 0.4 |
| | 跨省流动(%) | 100.0 | 14.1 | 22.7 | 40.2 | 22.1 | 0.9 |
| | 省内流动(%) | 100.0 | 2.8 | 22.2 | 28.9 | 46.1 | 0.0 |
| 2013 | 农民工总量(万人) | 16610 | 1410 | 3657 | 5553 | 5921 | 69 |
| | 流向构成(%) | 100.0 | 8.5 | 22.0 | 33.4 | 35.7 | 0.4 |
| | 跨省流动(%) | 100.0 | 14.4 | 22.6 | 39.6 | 22.5 | 0.9 |
| | 省内流动(%) | 100.0 | 3.3 | 21.5 | 28.1 | 47.1 | 0 |

注:①本表系作者根据国家统计局网站公布的2013年、2014年全国农民工监测调查报告的数据整理而得。我国从2009年开始正式进行农民工监测调查,但由于有关年份统计口径不一致,本表仅列举了2013年、2014年的数据。虽然只有两年的数据,但也足以反映近年来我国农民工流向的区域分布。

②地级市包含了全部地级市以及副省级城市。

(二) 我国城市体系的规模分布特征

图4-3显示了2001—2014年间我国城市体系HHI的基本走势,从中可以看到:(1)我国城市体系的HHI值较低,各年指标值基本保持在0.009左右,这表明总体上我国城市体系的人口集中度不高。(2)从动态趋势来看,

2001—2014 年间,我国城市体系的 HHI 值虽然有所波动,但总体上呈轻微下降的趋势,从 2001 年的 0.00935 下降为 2014 年的 0.00895。无论是从静态还是动态的视角来看,我国城市体系的规模分布均呈现出明显的分散化特征。

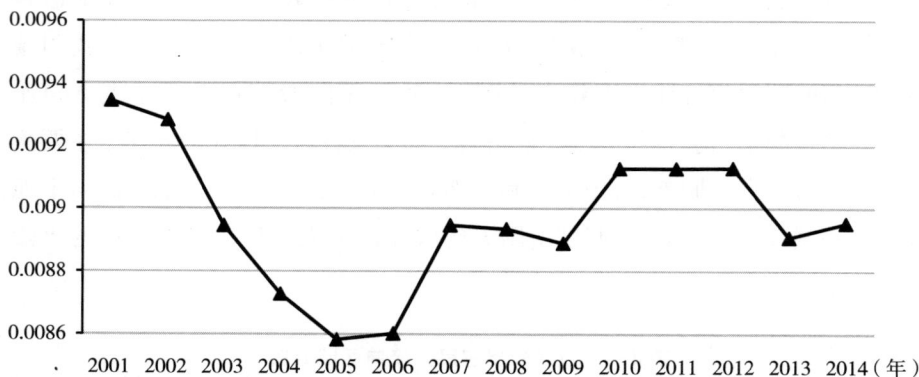

图 4-3　全国 2001—2014 年 HHI 趋势图

从城市首位度两项指标的动态变化来看(具体见表 4-7),2001—2014 年间,在全国已有统计的 25 个省区中,二城市指数出现下降的有 16 个;在已有统计的 22 个省区中,四城市指数出现下降的有 13 个。这表明在 2001 年至 2014 年间,我国城市首位度指标自 2001 年以来也呈稳定的逐渐下降趋势,我国城市体系的规模分布均呈现出明显的分散化特征,这种分散化特征在很大程度上限制了城市集聚经济效应的发挥。

进一步分析城市首位度数据,从中我们可以看出各省城市体系的规模分布具有不同的特点。我们同样可以根据城市首位度指标值(二城市指数)的大小将全国各省区分为三类:一是高首位度地区,这类地区的城市首位度取值在 2.2 以上,显著高于理论最优值,表明这类地区城市体系中首位城市发展较为突出,中低位城市发展相对不足。2014 年这类地区包括湖北、广东、贵州、云南、陕西和新疆 6 个省区。二是中首位度地区,这类地区的城市首位度取值在 1.8—2.2 之间,较为接近理论最优值,表明这类地区城市体系的规模分布较为合理。2014 年,共有辽宁、黑龙江、江苏、四川和宁夏 5 省区属于这类地区。三是低首位度地区,这类地区的城市首位度取值在 1.8 以下,城市体系中首位城市的发展不突出,中低位城市发展较好。这类省区的数量最多,2014

年共有 14 个省区,具体包括河北、山西、内蒙古、吉林、浙江、安徽、福建、江西、山东、河南、湖南、广西、海南和甘肃。

表 4-7　全国分省城市体系的城市首位度

| 地区 | 两城市指数 | | | 四城市指数 | | |
|---|---|---|---|---|---|---|
| | 2001 年 | 2014 年 | 变化 | 2001 年 | 2014 年 | 变化 |
| 河北 | 1.238 | 1.009 | −0.229 | 0.664 | 0.436 | −0.229 |
| 山西 | 1.620 | 1.763 | 0.143 | 0.888 | 0.870 | −0.017 |
| 内蒙古 | 1.150 | 1.167 | 0.017 | 0.433 | 0.454 | 0.021 |
| 辽宁 | 1.736 | 1.811 | 0.075 | 0.883 | 0.877 | −0.006 |
| 吉林 | 2.012 | 1.633 | −0.379 | 1.228 | 1.056 | −0.172 |
| 黑龙江 | 3.428 | 2.114 | −1.314 | 1.307 | 0.876 | −0.431 |
| 江苏 | 1.922 | 1.803 | −0.119 | 0.675 | 0.753 | 0.078 |
| 浙江 | 2.287 | 1.252 | −1.035 | 0.867 | 0.464 | −0.403 |
| 安徽 | 1.096 | 1.010 | −0.086 | 0.440 | 0.368 | −0.072 |
| 福建 | 1.123 | 1.131 | 0.008 | 0.450 | 0.620 | 0.169 |
| 江西 | 1.497 | 1.754 | 0.257 | 0.594 | 0.636 | 0.041 |
| 山东 | 1.026 | 1.015 | −0.011 | 0.410 | 0.383 | −0.027 |
| 河南 | 2.727 | 1.328 | −1.400 | 0.947 | 0.481 | −0.466 |
| 湖北 | 2.263 | 4.526 | 2.262 | 1.088 | 1.995 | 0.908 |
| 湖南 | 2.166 | 1.307 | −0.859 | 0.762 | 0.480 | −0.282 |
| 广东 | 1.289 | 3.713 | 2.424 | 0.553 | 1.329 | 0.776 |
| 广西 | 1.441 | 1.224 | −0.217 | 0.658 | 0.483 | −0.175 |
| 海南 | 2.821 | 1.207 | −1.614 | — | — | — |
| 四川 | 2.951 | 1.868 | −1.082 | 1.162 | 0.733 | −0.429 |
| 贵州 | 1.467 | 2.436 | 0.969 | 0.686 | 1.055 | 0.369 |
| 云南 | 2.989 | 2.541 | −0.448 | 1.096 | 1.163 | 0.066 |
| 陕西 | 4.129 | 4.225 | 0.096 | 1.721 | 1.512 | −0.209 |
| 甘肃 | 1.849 | 1.523 | −0.326 | 0.833 | 0.978 | 0.145 |
| 宁夏 | 2.283 | 1.953 | −0.330 | 0.803 | — | — |
| 新疆 | 6.682 | 5.375 | −1.307 | — | — | — |

注:由于数据及计算方法的限制,本表不包括北京、天津、上海、重庆和西藏 5 个省级地区。

### 三、广东省人口流动情况

图 4-4 显示了广东省常住人口增长率、户籍人口增长率与人口自然增长率数据。从中可以看出,2001—2010 年间(2005 年除外),广东省常住人口增长率都明显高于人口自然增长率,说明长期以来广东省是劳动力的迁入地。以 2008 年国际金融危机爆发为标志,这一年广东的劳动力流入规模达到了最高的峰值,但随后开始逐年下降。自 2009 年起,广东省人口流动的态势发生了明显的变化,常住人口增长率和人口自然增长率之间的差距明显缩小,表明这一时期广东的人口净迁移率也明显下降。

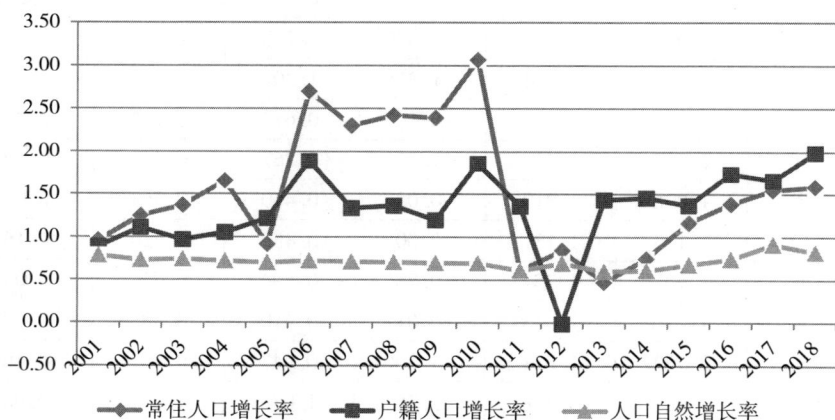

图 4-4　广东省人口增长率(%)

我们可以从常住人口增长率和户籍人口增长率之间的差异来分析广东省人口流动的方式。从图 4-4 可以看出,在 2010 年以前的多数年份,广东省常住人口增长率都要高于户籍人口增长率,表明这一时期广东省常住人口增长的重要来源是非户籍人口流入。但是 2011 年以后,这种人口流动态势发生了变化,除 2012 年外,广东省常住人口增长率均低于户籍人口增长率,说明这一时期广东的人口流入以户籍人口流入为主,而非户籍人口流动以流出广东省为主。

此外,我们还可以从户籍人口增长率和人口自然增长率之间的差异来分析户籍人口的流动情况。2001—2018 年间,除了 2012 年户籍人口增长率低于人口自然增长率以外,其他年份户籍人口增长率均高于人口自然增长率,这说明广东省是户籍人口的净流入地。而且从 2006 年以来,户籍人口增加的速度有所加快,户籍人口增长率和人口自然增长率之间的差额在扩大,表明户籍人口迁移逐渐成为广东省人口流入的主要途径。

图 4-5 给出了广东省历年常住人口、户籍人口、常住人口与户籍人口之间的差额以及该差额占常住人口的比重。从中可以看到,广东省年末常住人口及年末户籍人口呈持续增长的态势,两者的差额(非户籍常住人口)及其占常住人口的比重在 2012 年达到峰值,之后呈现下降的趋势。

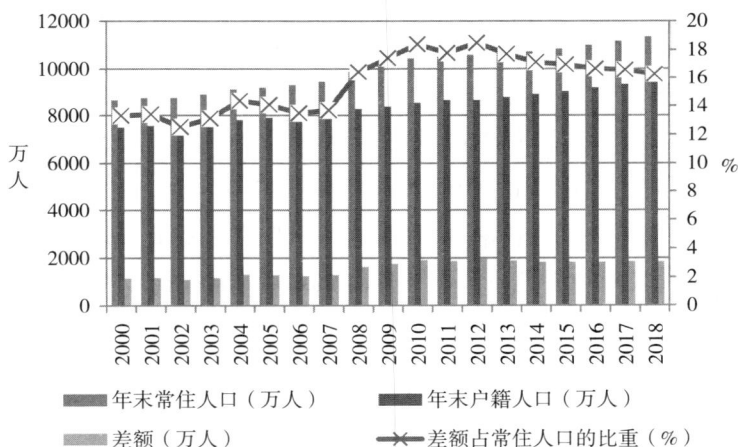

图 4-5　广东省历年常住人口与户籍人口数量

总结以上所述,我们可以发现:2000 年以来,广东省一直是人口流动的净迁入地。在 2010 年前,非户籍人口迁入是人口流入广东的主要方式;2006 年以来户籍人口迁入的速度加快,在人口迁入中所占的比重上升;2011 年后,非户籍人口开始流出广东,户籍人口迁入成为人口向广东省流动的主要方式。

概括地讲,广东省人口流动模式的变化有三个方面:一是近年来在劳动、土地等生产要素价格快速上升的背景下,广东省制造业企业加强了设备投资,机器换人和智能化制造加速发展,导致企业对生产线工人的需求下降;二是随着以珠江三角洲为代表的发达地区产业升级加快,广东原有的低端产业和加工制造环节向国内其他地区和境外转移的规模扩大,在导致低技能劳动力流入减少的同时,引起大量低端人力资源流出广东省;三是广东省产业的转型升级增加了对高素质、高技能人才的需求,导致这类人才流入广东的数量增加。同时,这类人才由于自身条件优越,也更容易达到各地的入户条件,有的甚至成为各地争抢的对象。这三方面原因加在一起,促使低素质、低技能的非户籍人口流动减少,而高素质、高技能的户籍人口流动增加。

珠江三角洲是广东省经济发展的核心区,其人口流动主导了广东省的人口流动格局。从常住人口增长率、户籍人口增长率和人口自然增长率来看,2001年至2010年,珠江三角洲的常住人口增长率高于人口自然增长率,是人口净流入的地区,但人口流入的方式存在阶段性变化。2002年至2005年,户籍人口增长率快于人口自然增长率,表明这几年珠三角的人口流入主要表现为户籍迁入。这一时期常住人口增长率和人口自然增长率的差额也比较小,人口流入珠三角的速度也比较慢。2006年至2010年间,珠三角常住人口增长率显著大于户籍人口增长率,这表明这一时期有大量非户籍人口流入珠三角,珠三角常住人口规模迅速扩大。但在2011—2018年间,珠三角户籍人口增长率快于人口自然增长率和常住人口增长率,表明这一时期户籍人口迁入是珠江三角洲主要的人口流入方式,非户籍人口的绝对数量和比重都趋于下降。

### 四、广东省产业结构优化升级情况

首先,按照前文所述的方法,我们用第一产业、建筑业、工业各两位数分类的行业、交通运输仓储邮电通信业、批发和零售贸易餐饮业、金融保险业、房地产业、其他服务业等44个行业的数据,计算了广东省1998—2015年间4大区域的产业同构系数①,结果如表4-8所示。从中我们可以看到,广东省4大区域间的产业分工具有以下三个特点。第一,从2015年截面数据来看,东翼、珠三角和山区的产业同构系数值较大,三者均超过了0.5,而西翼与其他区域的

---

① 广东省学术界和政府决策部门通常将广东划分为四个经济区域,具体包括珠江三角洲地区(广州、深圳、佛山、东莞、惠州、中山、珠海、江门、肇庆)、东翼(潮州、汕头、汕尾、揭阳)、西翼(阳江、茂名、湛江)以及山区(韶关、清远、梅州、河源、云浮),珠江三角洲是广东省的经济发达地区,其他三个地区均为经济相对欠发达地区。

产业同构系数值显著较小。这表明珠三角、东翼和山区之间的产业结构相似度较高,产业分工水平较低;而西翼与其他区域的产业结构相似度较低,产业分工水平较高。第二,从动态趋势来看,2010 年前后可以说是广东省区域产业同构系数变化的临界点。在此之前,广东省四大区域之间的产业同构系数普遍较低,指标值均在 0.5 以下,广东省四大区域之间形成了较好的产业分工,珠江三角洲成为广东省制造业和服务业的集聚区,而其他三大区域工业化水平普遍不高。与这一产业分工格局相对应的是广东省外以及省内东翼、西翼和山区有大量的人口流向珠三角,大量非户籍人口流入为珠三角产业集聚水平的提高提供了支撑。但是,这种非户籍流动的人口根植性较差,他们往往难以真正在城市扎根。2010 年以后,随着珠三角城市房地产价格的快速上涨,城市生活成本上升,由于难以享受与户籍人口相同的公共服务待遇,不少非户籍流动人口从珠三角地区流出,其中部分非户籍人口就回流到省内欠发达的东翼、西翼和山区。伴随着这一人口流动态势的变化,不少资本也从珠三角流出,广东省内欠发达的东翼、西翼和山区工业化进程加快①,与珠三角产业结构的相似度提升,产业分工水平下降。上述产业空间布局的动态变化一定程度上是区域之间比较优势变化的结果,但同时也可能意味着珠三角的产业集聚水平还未达到其应有的高度,城市的集聚经济效应尚未得到充分的发挥。这是因为,如果没有与户籍相捆绑的公共福利差异,人口向经济发达地区的流动规模可能会更大,流动人口也更容易在城市扎根,从而可以为城市经济集聚提供更有效的支撑。

表 4-8　广东省区域产业同构系数

| 地区 ＼ 年份 | 1998 | 2000 | 2008 | 2010 | 2013 | 2015 |
|---|---|---|---|---|---|---|
| 珠三角 | 0.341 | 0.332 | 0.356 | 0.472 | 0.528 | 0.530 |
| 东翼 | 0.387 | 0.401 | 0.415 | 0.497 | 0.556 | 0.562 |

① 资本从珠三角向欠发达的东翼、西翼和山区流动,既是市场力量作用的结果,也是在政府政策推动下进行的。自 2008 年起,广东省政府就大力实施产业向欠发达地区转移和欠发达地区劳动力就地转移的"双转移"发展战略。

| 年份\地区 | 1998 | 2000 | 2008 | 2010 | 2013 | 2015 |
|---|---|---|---|---|---|---|
| 西翼 | 0.158 | 0.163 | 0.147 | 0.235 | 0.308 | 0.357 |
| 山区 | 0.348 | 0.456 | 0.432 | 0.451 | 0.503 | 0.511 |

注:①表中的指标值均为每个地区与其他3大区域产业同构系数的平均值。②因为行业分类调整,为便于统计计算,1998年、2000年指标值计算时去掉木材及竹材采运行业,合并橡胶和塑料行业;2008年、2010年指标值计算时去掉废弃资源和废旧材料回收加工业,合并橡胶和塑料行业;2013年指标值计算时去掉开采辅助活动业,废弃资源综合利用业,金属、机械设备修理业,合并汽车和交通运输设备业。

表4-9显示了2001—2015年广东省21个地级及以上城市年全员劳动生产率和非农产业劳动生产率与房价相关性分析的结果。从中我们可以看到,无论是全员劳动生产率还是第二、三产业劳动生产率,与各城市房价的相关系数均为正,这表明广东省产业效率的空间配置基本上与各城市的地价相匹配。但是,值得注意的是,历年第二产业劳动生产率和房价的相关系数最小,第三产业次之,全员劳动生产率和房价的相关系数最大,这种情况可能意味着工业部门的空间配置效率偏低。同时,自2009起,广东省各市全员劳动生产率、第二产业和第三产业劳动生产率与房价的相关系数均呈逐年波动下降的趋势,这在一定程度上与前文所述的人口流动趋势相吻合。可能正是因为发达地区人口流入规模的缩减和大量流动人口回流到欠发达地区,导致广东省城市集聚经济效应未能得到充分发挥,这反过来降低了整个城市体系的产业效率。

表4-9 广东21市产业效率与房价的相关系数①

| 年　份 | 全　员 | 第二产业 | 第三产业 |
|---|---|---|---|
| 2001 | 0.85 | 0.68 | 0.71 |
| 2002 | 0.87 | 0.74 | 0.80 |
| 2003 | 0.84 | 0.43 | 0.70 |
| 2004 | 0.89 | 0.59 | 0.70 |
| 2005 | 0.94 | 0.73 | 0.87 |

---

① 劳动生产率根据当年价地区生产总值、三次产业增加值计算。数据来源:相关年份《广东统计年鉴》。

| 年　份 | 全　员 | 第二产业 | 第三产业 |
|--------|--------|----------|----------|
| 2006 | 0.89 | 0.61 | 0.83 |
| 2007 | 0.87 | 0.57 | 0.80 |
| 2008 | 0.88 | 0.48 | 0.85 |
| 2009 | 0.86 | 0.52 | 0.84 |
| 2010 | 0.84 | 0.49 | 0.73 |
| 2011 | 0.84 | 0.55 | 0.72 |
| 2012 | 0.85 | 0.53 | 0.75 |
| 2013 | 0.77 | 0.40 | 0.67 |
| 2014 | 0.78 | 0.38 | 0.72 |
| 2015 | 0.71 | 0.38 | 0.63 |
| 2016 | 0.71 | 0.44 | 0.59 |
| 2017 | 0.74 | 0.51 | 0.63 |
| 2018 | 0.69 | 0.51 | 0.56 |

注:由于各市的土地价格较难获取,而我国商品房市场的发育较为发达,数据较为完善,而且地价的差异是造成房价差异的重要变量,所以在这里我们用商品房价格来代理地价。[1]

　　通过对广东区域产业和人口数据的简要分析,我们可以看出:与户籍身份相联系的公共服务产品供给歧视,提高了劳动力流动的成本,导致近年来农业农村劳动力通常选择在户籍地就近流动,跨区流动规模减小。这种人口流动模式不利于城市的经济集中,城市集聚经济效应难以充分发挥,降低了资源的空间配置效率,具体表现为产业发展在空间上出现分散化趋势,形成区域产业同构现象,产业的空间配置效率降低。

　　为了提高我国城市经济集聚水平和产业的空间配置效率,今后必须从以下几方面着力推动以流动人口市民化为核心的城市化进程:一是对户籍制度进行彻底的改革,消除户籍差异,逐步剥离附着于户籍之上的各种利益,统筹城乡基本公共服务供给。城市基本公共服务应当不再按照户籍进行差异化配给,而是所有城市居民都有机会享受相同的基本公共服务。要综合考虑不同

---

　　[1]　商品房价格通过商品房销售额与商品房销售面积的商求取。数据来源:2001—2013年《区域统计年鉴》、2015—2016年《广东建设年鉴》。

城市在就业、住房、交通、教育、医疗等方面吸纳流动人口的财政和管理能力，尽快制定可操作的户籍制度改革方案，在一部分地区先行先试。二是进行农村集体土地制度改革，在农地承包权物化的基础上，保证农民土地产权能够在土地收益分配中得以实现，赋予农民自由出让土地的权利，尽快完善土地流转制度，把土地承包经营权作为生产要素推向市场，建立农村土地承包经营权的出让、出租和抵押制度。三是加强对外来工的教育培训，增加外来工人力资本存量水平，提高外来工市民化转变的能力。外来工市民化是传统农业人口向现代城市人口转变的过程，更是农业人口人力资本转型和提升的过程，外来工人力资本水平的高低直接影响了其市民化的可能性。因此，要加强对外来工的补偿教育和技能培训，通过职业教育和技能培训，提高劳动者跨区域转移就业能力。四是大力实施以大都市为中心的城市群战略。城市群是未来城市化发展的方向。受到地价、交易成本等因素的影响，高技术和专业化水平较高的部门集中在大城市，而低技术、标准化的生产部门扩散到大城市周边的中小城市，从而形成以大都市为核心的城市群分工协作体系。而我国多年来基本上对大城市实行控制战略，导致大城市规模偏小，中小城市发展过多，大城市经济集聚和人口吸纳能力不足。今后，在全国范围内，在横向上要以现有区域增长极为中心，有重点地构建不同类型、相互联系的城市群；在纵向上鼓励各城市群内部不同规模城市之间形成以大城市为核心的产业和功能分工体系。通过城市群战略的实施，扩大城市规模效应，提高城市的经济和人口集聚能力。

# 第五章　土地制度与城市产业结构

　　目前直接研究我国土地制度对城市产业结构影响的文献还非常少见，与这一主题较为接近的是关于房价和地价对产业结构影响的研究。近年来，随着我国城市房地产价格的快速上涨，房价和地价对城市产业结构的影响日益显现，引起了不少理论关注，并形成了两条主要的研究线索。其一，有的文献着重分析了房价上涨与我国产业结构变动的关系，认为房价上涨不利于本地区工业部门的发展。范剑勇、邵挺（2011）基于 Helpman（1998）、Hanson（2005）模型的实证分析发现，大城市房价上涨到一定水平后必然会推动一部分制造业和劳动力向中小城市转移，导致本地区制造业的分散化布局，进而导致我国城市体系呈扁平化发展趋势。高波等（2012）的研究通过将房价引入新经济地理学基本模型中，发现区域房价差异不仅会导致劳动力流动，推动产业的空间转移，而且还会推动城市经济体的部门转换与升级。黄少安等（2012）在研究地方土地财政与企业税收之间"租税替代"的过程中，发现房价上涨导致我国工业企业的利润率下降，隐含地判断房价上涨会抑制城市工业部门的发展。范言慧等（2013）认为，房价上涨会引起本币升值和物价上涨，从而会对制造业出口产生负面影响。王文春、荣昭（2014）的研究发现，房价上涨对工业企业创新具有抑制性影响，不利于我国工业部门升级和长期经济增长。高玲玲（2015）利用 1999—2012 年省级面板数据的实证研究发现，房价上涨对于我国工业部门产生了挤出效应，在一定程度上会引发工业衰退。余静文等（2015）利用匹配的中国工业企业数据和 35 个大中城市宏观数据的研究显示，在房价增速快、房地产投资回报率高的背景下，企业将资源配置到房地产部门，从而挤出投资风险高、回报周期长的研发投资，导致中国工业企业的"低技术锁定"。其二,另一些文献着重探讨了城市地价上升与产业结构变动之间的关系,认为地价上涨对本地区以制造业为主的竞争性部门发展不利。中国经济增长前沿课题组(2011)的实证分析发现,地价上升过快导致各地工业增加值占 GDP 的份额下降,地价上升引发我国省级地区产业结构的"去工业化"趋势。王珺等(2013)认为,城市所具有的外部性往往更有利于新兴产业和服务业部门的发展,并通过地价上升对传统工业部门形成挤出效应,从而推动城市产业结构从以第二产业为主向以第三产业为主转变。杨亚平、周泳宏(2013)的研究发现,土地成本的快速攀升拉大了区域间和行业间成本差距,推动了区域间产业转移和区域内结构升级。

在我国现有体制条件下,城镇土地属于国家所有,农村土地属于集体所有,市场主体所获得的只是一定年限内的土地使用权,而一定年限内土地使用权的价格便是地价,建基于这种土地使用权之上的房产价格便是房价。这两种价格的形成不完全取决于市场机制的作用。实际上,我国各级政府垄断了建设用地一级市场上的土地供给活动,在城市化和工业化进程中,任何土地想要进入建设用地市场都必须经过政府征用这一环节,即首先要通过政府征地转变为国有土地,然后再按照一定的价格出让给土地使用者。正是由于对土地一级市场的垄断,我国各级地方政府便把土地作为一种重要的政策工具,以实现自身的财政目标和政绩目标,而地方政府对土地政策工具的运用在很大程度上会影响到地区产业结构。同时,当前我国正在推进新一轮土地制度变革,涉及集体建设用地直接入市、农村宅基地和国家征地制度 3 项改革内容①,其中一个重要的转变就是改变政府对土地一级市场的垄断,这将大大限制政府运用土地政策工具的策略,从而也会对地区产业结构产生重要的影响。本章将对这两种影响进行深入的理论与实证分析。

---

① 2014 年 12 月中办、国办联合印发《关于农村土地征收、集体经营性建设用地入市、宅基地制度改革试点工作的意见》,决定在全国选取 33 个县(市、区)行政区域进行试点,新一轮土地制度改革就此展开。

# 第一节　地方政府供地策略与城市产业结构

通过前文简要的梳理,现有文献的一个基本共识就是:房价或地价上涨不利于城市工业部门的发展。但是,现有文献在讨论这种不利影响的作用机制时存在两点不足:其一,现有文献未能将城市商住房价(地价)与工业房价(地价)区分开来,而隐含地认为商住房价(地价)上涨必然会导致工业房价(地价)同步上升。但在实践中我国各地政府为了在获取高地价所带来的财政收入增加的同时,强化本地区对工业部门的吸引力,往往采取高价出让城市中心区商住用地,并压低城市边缘地区工业地价的"两手"策略,导致城市商住房价(地价)与工业房价(地价)的变化并不同步,二者之间往往存在巨大的差距,通常商住房价(地价)越高的地区,政府压低工业地价的潜力越大,两种房价(地价)之间的差距越大。事实上已经有文献注意到这种供地的"两手"策略(周飞舟,2006;王贤彬,2014;谭锐等,2015),但地方政府这种"两手"供地策略对城市产业结构的影响还未得到很好的分析。其二,现有文献在解释城市产业结构变动时隐含了另一个重要假设,即城市的边界相对稳定。正因为城市边界不能发生改变,房价(地价)上升才会一方面迫使制造业资本和劳动力外迁,城市制造业份额下降,服务业比重上升;另一方面促使留在城市的产业部门进行技术革新,提高生产效率,从而引发城市产业的整体升级。但是在我国城市边界的确定不仅取决于城市外部性与拥挤成本之间的权衡,还在很大程度上受到政府行政力量的影响。在很多情况下,政府可以通过行政干预将城市周边的乡村地区划入城市地域来扩大城市边界,从而为低价出让更多的工业用地提供可能,这使得房价(地价)上升的压力在城市内部得以释放。

综上所述,一个显而易见的推断就是,在我国各地方政府普遍采取"两手"供地策略,并保持对城市边界强大行政干预能力的条件下,房价(地价)上涨可能更多地推动了制造业在城市内部就地扩散,即向城市边缘地带扩散,而不是从城市撤出。我们并不能简单地得出房价(地价)上升会抑制城市工业部门发展的结论。那么,我国地方政府"两手"供地策略的内容和行为机制是什么？它对我国城市产业结构的变动有什么样的影响？本章将通过基于我国城市经济发展数据的实证分析来回答这两个问题。

## 一、我国土地制度的基本框架

根据《中华人民共和国民法通则》和《中华人民共和国物权法》规定，所有权人对自己的不动产或者动产，依法享有占有、使用、收益和处分的权利，这是所有权的法定权能。占有是指所有权人对于财产的实际管领或控制，财产所有权的一般前提就是占有，这是所有者直接行使所有权的表现。使用是权利人对财产的运用以发挥其使用价值，拥有物的目的通常是为了使用，所有权人可以自己使用，也可以授权他人使用。收益是指所有者通过对财产的占有、使用和经营等方式取得经济收益，使用并获益是所有者拥有财产的基本目的。处分是指所有者对其财产在事实上和法律上拥有最终处置权，包括事实上的处分和法律上的处分。事实上的处分是指通过一定的行为对物进行处置，包括消费、加工、改造、毁损等；法律上的处分是指依照法律的规定改变物的权利状态，包括转让、租借、抵押和继承等。上述四项权能的充分实现是所有者产权完整性的要求，如果有任何一种或一种以上的权能不能充分实现，则说明所有者的产权受到了事实上的削弱，是不完整的。从这一基本的产权逻辑出发，我们认为改革开放以来，我国农村土地制度变迁主要沿着"逐步扩大农民对于农村土地的占有、使用和收益权"这条主线展开，并最终形成了以农地承包制、农村建设用地管理、农村土地征收三项制度安排为核心内容的农村土地制度体系。在这一土地制度体系内，一方面农民对土地的占有、使用和收益权的实现还存在一定程度的限制，另一方面农民基本上还没有获得对土地的最终处分权，因而农民对土地的物权是很不完整的，这种农地产权的不完整性限制了农村劳动力的自由流动，对农村劳动力流动的规模、方式和路径均产生了重要的影响，并进而影响到我国城市化模式。下面我们就基于上述经济逻辑，对我国农村土地制度变迁的历史线索进行梳理和分析。

（一）农地承包制度

从 1949 年新中国成立到 1978 年党的十一届三中全会的召开，我国农村土地制度经历了土地改革、农业合作化和人民公社 3 个阶段。在土地改革阶段,旧的封建土地制度彻底废除,3 亿多无地或少地的农民分获了 7 亿多亩土地,由此实现了耕者有其田。在农业合作化阶段,随着互助组、初级社、高级社等一系列农村生产组织方式的演进,农村土地转变为合作社所有,形成了农村土地集体所有制的雏形。在人民公社阶段,初期实行"政社合一",后几经调整逐步形成"三级所有、队为基础"的农村生产经营管理体制,极端的"集体所有、集中经营"的土地集体所有制得以确立。由于人民公社体制下土地产权的排他性受到剥夺,农村土地的占有、使用、收益和交易各项权能等受到严格的限制,土地产权的激励机制缺失,导致人民公社时期农业生产效率十分低下。1957 年,全国农村居民家庭人均纯收入为 73 元,到 1977 年仅增加为117.1 元,年均增长不到 3 元。为了克服人民公社体制下土地产权缺失所导致的低效率问题,也为了提高农民的生产积极性,1982—1986 年间,我国连续出台"5 个中央 1 号文件"①,对农村的生产经营方式进行改革,初步构建了"土地集体所有、家庭承包经营、鼓励合法流转"的农地家庭联产承包经营责任制框架。自这个制度框架确立以来,农民成为农地的生产经营主体,农民土地承包经营权权能不断加强。

首先,农民对土地的占有和使用权逐步得到稳定,农业承包地日益成为农民家庭重要的长期经营性资产。在家庭联产承包责任制下,集体土地被按照人口和劳动力的比例平均分配给农户经营,农户通过签订承包合同获得了农地的使用权。基于这一合同框架,在保持土地农业用途的前提下,农民基本上可以不受限制地决定如何耕种和使用土地。1984 年中央 1 号文件规定:"土地承包期限一般应在 15 年以上。"在第一轮土地承包逐步到期之后,1993 年"中央 11 号文件"规定:"在原定耕地承包期到期之后,再延长 30 年不变"。1998 年《中华人民共和国土地管理法》修订后,进一步明确了土地承包经营期限为 30 年。同时,国家还对承包期间土地行政性调整进行限制,提倡实行承包期内"增人不增地、减人不减地"。《中华人民共和国农村土地承包法》规定:"承包期内,发包方不得收回承包地","不得调整承包地",从而在法律上

---

① 这 5 个"中央 1 号文件"分别为:《全国农村工作会议纪要》、《关于当前农村经济政策的若干问题》、《关于 1984 年农村工作的通知》、《关于进一步活跃农村经济的十项政策》以及《关于1986 年农村工作的部署》。

赋予土地承包权稳定政策的强制约束力。2009 年"中央 1 号文件"更强调："现有土地承包关系保持稳定并长久不变。"至此，农民获得了长期且较稳定的土地承包权，农民获得了对承包地事实上的占有和使用，农民对承包地的长期收益预期得以形成。

其次，在获得稳定的承包地占有、使用权的同时，农民的土地收益权也不断扩张。在承包制实行之初，农民承包土地的分配方式可以通俗地概括为"交够集体的，留足国家的，剩余全是自己的"，农民对农业产出的剩余索取权初步得以确立。20 世纪 90 年代初期，随着农产品市场供过于求的局面逐步形成，我国不再实行粮食等大宗农产品订购合同，基本取消了粮食统购统销的流通体制，通过市场渠道流通的粮食规模迅速扩大，农民从事农业生产的收益更容易在市场上实现。进入 21 世纪以后，我国针对农村的收入分配改革的力度进一步加大，2004 年提出取消农业税及附加，2005 年全国有 26 个省（直辖市、自治区）取消了农业税，2006 年全部取消了农业税，农地承包的收益全部归农户。同时，自 2004 年开始连续 7 个"中央 1 号文件"①还出台了粮食直补、良种补贴、农机补贴等一系列与农地承包相关的扶持政策，农民对承包土地的收益权不断得到扩大。

相对于占有、使用和收益权能，农民对承包地的处分权能虽然逐步得到加强，但面临的限制较大。1984 年"中央 1 号文件"鼓励土地逐步向种田能手集中。社员在承包期内因无力耕种或转营他业而要求不包或少包土地的，可以将土地交给集体统一安排，也可以经集体同意，由社员自找对象协商转包，但不能擅自改变原集体承包合同的内容。1986 年"中央 1 号文件"再次强调，随着农民向非农产业转移，鼓励耕地向种田能手集中，发展适度规模的种植专业

① 这 7 个"中央 1 号文件"分别为：2004 年 1 月下发的《中共中央国务院关于促进农民增加收入若干政策的意见》、2005 年 1 月下发的《中共中央国务院关于进一步加强农村工作提高农业综合生产能力若干政策的意见》、2006 年 2 月下发的《中共中央国务院关于推进社会主义新农村建设的若干意见》、2007 年 1 月下发的《中共中央国务院关于积极发展现代农业扎实推进社会主义新农村建设的若干意见》、2008 年 1 月下发的《中共中央国务院关于切实加强农业基础建设进一步促进农业发展农民增收的若干意见》、2009 年 2 月下发的《中共中央国务院关于 2009 年促进农业稳定发展农民持续增收的若干意见》、2010 年 1 月下发的《中共中央国务院关于加大统筹城乡发展力度进一步夯实农业农村发展基础的若干意见》。

户。1988年的《中华人民共和国宪法修正案》，将宪法第十条第四款"任何组织或者个人不得侵占、买卖、出租或者以其他形式非法转让土地"修改为"任何组织或者个人不得侵占、买卖或者以其他形式非法转让土地。土地的使用权可以依照法律的规定转让"。这一修改既在国家大法层面上为农地交易权的合法性奠定了基础，又将农地交易权限定于农业用途。1993年，中共中央、国务院《关于当前农业和农村经济发展的若干政策措施》规定，在坚持土地集体所有和不改变土地用途的前提下，经发包方同意，允许土地的使用权依法有偿转让。1995年，国务院在批转农业部《关于稳定和完善土地承包关系的意见》中明确规定，在坚持土地集体所有和不改变土地农业用途的前提下，经发包方同意，允许承包方在承包期内对承包标的依法转包、转让、互换、入股，其合法权益受法律保护，并赋予土地承包经营权的子女继承权。1998年《中华人民共和国土地管理法》在法律上对农业用途范围内土地的交易权给予了保护，并为农地非农化交易设置了例外，指出农民集体所有的土地的使用权不得出让、转让或者出租用于非农业建设；但是符合土地利用总体规划并依法取得建设用地的企业，因破产、兼并等情形致使土地使用权依法发生转移的除外。2002年的《中华人民共和国农村土地承包法》规定，通过家庭承包取得的土地承包经营权可以依法采取转包、出租、互换、转让或者其他方式流转。土地承包经营权流转的转包费、租金、转让费等应当由当事人双方协商确定。流转的收益归承包方所有，任何组织和个人不得擅自截留、扣缴。2007年的《中华人民共和国物权法》规定，土地承包经营权人依照农村土地承包法律的规定，有权将土地承包经营权采取转包、互换、转让等方式流转。流转的期限不得超过承包期的剩余期限。未经依法批准，不得将承包地用于非农建设。

从上述法律、法规和政策的实际施行情况来看，目前农民对承包地的处分权能主要体现在以下三个方面：一是在不改变土地农业用途的情况下将土地转包，获取转包收益；二是将承包地入股农村集体经济组织作为获取集体经济股份与收益的基础资产；三是承包地可以由子女继承。可见，农民对承包地的处分权能仍面临着巨大的限制，具体表现在：首先，农民承包地还不能评估作价进行买卖、抵押融资和投资入股；其次，更为重要的是，承包地的获取是以集体成员身份为基础的，只有户籍在当地的农村人口才有资格分得和保有承包地,而如果农村人口将户籍迁出,则现有的法律、法规和政策并不能保证其继续拥有之前所分得的承包地。在这种情况下,当前普遍的现实是,农村人口一旦将户籍迁出本地将可能失去承包土地的资格,其之前所分得的承包地也可能会面临着被收回或重新分配的风险。

（二）农村集体建设用地制度

除了承包地以外,我国农村居民另一项重要的土地资产是宅基地,属于农村集体建设用地。目前我国建设用地总量已经超过 4.7 亿亩,其中,城镇用地（城市加建制镇）0.5 亿亩,独立工矿用地 0.5 亿亩,而村庄用地(不含独立于村庄之外的乡镇企业用地)则高达 2.5 亿亩(陶然、汪晖,2010),其中绝大部分属于农村宅基地。农村宅基地是由村级集体组织分配给村民用于建造住宅及生活附属设施的、属于农民集体所有的建设用地。在我国现有法律框架内农户对宅基地的用益物权很不完善,农民只能将其用于自建住房。《中华人民共和国土地管理法》规定:"农民一户只能拥有一处宅基地,其宅基地的面积不得超过省、自治区、直辖市规定的标准;农民自建住宅,应当符合乡(镇)土地利用总体规划,并尽量使用原有的宅基地和村内空闲地;出卖、出租住房后,再申请宅基地的,不予批准。"同时,农村宅基地的转让也受到了严格的限制。1998 年的《中华人民共和国土地管理法》修订案取消了 1988 年的《中华人民共和国土地管理法》第 41 条"关于城里人在特定情况下可以取得宅基地"的规定。1999 年出台的《国务院办公厅关于加强土地转让管理严禁炒卖土地的通知》、2004 年公布的《国务院关于深化改革严格土地管理的决定》和国土资源部《关于加强农村宅基地管理的意见》三份重要文件严格规定,农民住宅不得向城市居民出售,不得为在农村购买房屋的城市居民发放土地证和房产证,严禁城市居民在农村购置宅基地。《中华人民共和国担保法》也明确规定,宅基地使用权不能用作财产进行抵押。《中华人民共和国物权法》规定:"宅基地使用权的取得、行使和转让,适用土地管理法等法律和国家有关规定。"可见,根据我国现有法律、法规和有关政策,我国农村宅基地既不能自由流转,也不能用于抵押,农民住宅不能向城市居民出售,其财产权受到了严格的限制。此外,与承包地一样,农民宅基地的获得也是以集体成员的身份为基础的,如果农村人口在流动过程中将户籍迁出,就可能不能继续拥有在农村的宅基地。因此,从权能的实现程度来看,现行法律赋予农民宅基地的权能较多地体现在占有和使用权上,农民对宅基地的收益和处分权还受到了很大的限制。

（三）农地征用制度

农地征用制度也是我国农村土地制度体系的重要构成部分,我国农村土地集体所有制为国家征用农地提供了便利,各级地方政府可以出于工业发展和城镇建设的目的征收农民的承包地和宅基地。根据相关法律规定,我国农村土地归农民集体所有,但是法律并未明确界定集体的含义,以及集体与农民之间的关系。对此,《中华人民共和国宪法》笼统地界定为农民集体所有,《中华人民共和国民法通则》界定为乡（镇）、村两级所有,《中华人民共和国土地管理法》界定为乡（镇）、村或村内农业集体经济组织所有,《中华人民共和国物权法》则界定为村民集体所有、村内两个以上农民集体所有和乡镇农民集体所有。可见,我国农村集体经济组织的利益也得不到应有的保障,农村土地的权益边界不清晰,这就为各地方政府大规模征收农村土地提供了制度基础。1982 年的《中华人民共和国宪法》规定:"任何组织或者个人不得侵占、买卖、出租或者以其他形式非法转让土地。"1988 年《中华人民共和国宪法修正案》将该条款修改为:"任何组织或者个人不得侵占、买卖或者以其他形式非法转让土地。土地的使用权可以依照法律的规定转让。"1998 年的《中华人民共和国土地管理法》为农地非农化交易设置了例外。2004 年《中华人民共和国宪法修正案》规定,国家出于公共利益需要可依照法律对土地实行征收、征用并给予补偿。与此同时,2007 年《中华人民共和国物权法》规定,土地承包经营权人未经依法批准,不得将承包地用于非农建设。综合上述法律规定可以看出,当农村土地不改变农业用途时,农民拥有一定程度的土地交易权,而当土地转为非农用途时,农民基本上不拥有直接进入市场的交易权,农村集体土地必须首先由政府征收变为国有土地后方能进入土地市场交易。这意味着政府事实上垄断了非农建设用地供给的一级市场。由于政府对土地市场的垄断,在土地征收过程中,地方政府具有单方面制定补偿标准的权力,不论农村土地的所有者（村集体）还是使用者（农民）,在土地征收补偿谈判中都处于相对弱势地位,它们的议价能力受到了较大的限制。为了最大限度地获取土地市场溢价,扩大土地财政收益,地方政府倾向于执行较低的土地征收补偿标准,往往按照该土地一定年限的农业收益补偿被征地农民,导致农民并不能充分享受土地的市场增值收益。① 此外,《中华人民共和国宪法》及《中华人民共和国土地管理法》等相关法律、法规始终没有明确界定"公共利益"的确切内涵,致使各地政府在实际操作中大大跨越了公共利益的边界,不仅出于城市基础设施建设需要征收农村土地,而且在更多情况下因为招商引资和房地产开发等目的大规模征收农村土地,在一定程度上弱化了农民的土地权益。

### 二、地方政府供地策略与城市产业结构

经济和人口的集中使得城市环境具有外部性,外部性扮演了吸引经济资源流入城市的角色,其来源有三个方面(Duranton and Puga,2001):一是共享(sharing)。城市集中而有规模的市场使得厂商很容易获取生产上的规模经济收益,从而可以根据购买者的需求提供高度专业化的商品与服务。同时,经济集中也有助于厂商在更大范围内以更低的成本获取各类中间投入品,从而降低生产成本,提高生产效率。二是匹配(matching)。城市集中的生产要素市场可以降低要素供需双方的搜寻成本,提高市场匹配效率。三是学习(learning)。城市共享的知识基础设施、频繁的人际交流以及多样化的知识环境,提高了知识创造、扩散和使用的效率,有助于提高厂商的创新水平和劳动力的人力资本水平。同时,经济和人口的集中也会给城市带来拥挤成本,拥挤成本是一种推动资源向外扩散的力量。一方面,经济活动的高度集中导致对城市土地、房屋与通勤等非贸易品的需求急剧上升,从而引发以土地、房屋为

---

① 事实上,正是由于看到了土地巨大的市场增值收益,近年来各地农民对政府低成本的征地行为表现出越来越多的抗拒,暴力"强拆"和"抗拆"事件时有发生,提高农民被征土地的补偿标准的社会呼吁日益强烈。鉴于此,2012 年,在十一届全国人大常委会第三十次会议第一次全体会议上,《中华人民共和国土地管理法修正案(草案)》被提请审议。其中删除了现行法律第47 条中按照被征收土地的原用途给予补偿,以及土地补偿费和安置补助费的总和不得超过土地被征收前 3 年平均年产值的 30 倍的内容,改为规定:"征收农民集体所有的土地,应当依照合法、公正、公开的原则制定严格的程序,给予公平补偿。"但由于《中华人民共和国土地管理法修正案》还没有最后通过,因此,新的土地征收补偿标准究竟如何还有待进一步明确。

主的非贸易品价格上涨,导致厂商的生产成本和劳动力生活成本上升;另一方面,产品的集中供给导致企业争夺市场份额的竞争加剧,企业的盈利水平下降,并引发交通拥挤和环境污染等问题。在城市边界既定的条件下,上涨的拥挤成本会迫使一部分资本和劳动力迁出城市,那些低附加值制造业部门和低素质人力资本就会率先向中小城市转移,而只有能够抵御拥挤成本上升压力的高端要素才能留下来。这种要素资源的双向流动势必会影响到城市产业结构的变化,当城市的经济密度和人口密度达到一个临界值以后,随着高端要素的进入,服务业和高附加值制造业部门的实际产出可能会上升,而伴随着低端要素的流出,低附加值制造业的实际产出会下降,城市产业结构从而实现了升级。

但是,在我国当前的体制背景下,城市的边界并不稳定,地方政府可以通过行政规划调整城市空间范围,从而实施高价出让商住用地、低价出让工业用地的"两手"土地供给策略,即在城市中心区地价上涨的同时,压低城市边缘地区工业用地价格,而我国农村土地集体所有制和征地制度安排也为这种调整提供了制度空间。地方政府的发展意志对城市空间扩张的影响较大。根据统计,2000—2011 年间,我国东部沿海 14 个副省级及省会城市平均建成区面积由 214 平方公里增加到 532 平方公里,年均增长了 9%;而平均总人口从 363 万人增加为 496 万人,年均增长率仅为 3%,城市土地面积的扩张明显快于人口规模的增长。[①] 在这种情况下,地价上涨的压力就可以通过城市边界对外扩张在内部得以释放,地价上涨仅仅影响了产业在城市内部的区位分布模式,那些运输成本大、附加值高的服务和制造业部门,其成本对地价不敏感,往往分布在城市中心;而那些运输成本低、附加值低的制造业部门通常分布在地价相对较低的城市边缘。这种城市内部产业空间分布模式的变动并不一定涉及大量制造业从城市撤出,地价上涨因而也未必转化为城市产业结构升级的动力。那么,我国地方政府"两手"供地策略的形成机理是什么? 它对城市

---

① 以上数据系根据《中国城市统计年鉴》有关各年的统计数据计算的结果。另外,根据国家发改委城市和小城镇改革发展中心课题组 2013 年的一项调查,在 12 个省区的 156 个地级市和 161 个县级市中,90%以上的地级市正在规划建设新城新区,12 个省会城市一共规划建设 55 个新城新区,有一个省会城市甚至要新建 13 个新城区,地方政府对城市空间的调整力度可见一斑。

产业结构影响的作用机制究竟如何呢?

自 1994 年以来,我国全面推广以分税制为核心的财政分权改革,将税种划分为中央税、地方税和中央地方共享税 3 种,并实行税收返还和转移支付制度。分税制的实施使得中央政府占财政收入的比重日渐上升,地方政府财政收入比重迅速下降。在财政收入权上移的同时,地方政府的财政支出责任并未相应地减少,反而承担了越来越多的基础设施建设和公共服务供给责任,地方财政支出的压力迅速增大。为了应对不断上涨的财政支出压力,地方政府不得不依赖"土地财政"来充实本地财力。"土地财政"是指地方政府通过土地使用权出让、房地产相关行业税费和土地抵押融资 3 种方式获取财政收入。扩大本级财政支出能力的活动具体包括:(1) 土地出让收入。土地出让收入是地方政府以国有土地所有者的身份,将一定期限的土地使用权出让给土地使用者,并向其一次性收取的全部价款。土地出让收入的大小取决于可供出让的土地面积和土地出让价格两个因素,可供出让的土地面积越大,出让价格越高,土地出让收入规模就越大。(2) 房地产及相关行业的税费收入。房地产相关行业税费也是地方政府重要的收入来源,房地产及相关行业的税收包括营业税、城市建设维护税、教育费附加、企业所得税、个人所得税、土地增值税、城镇土地使用税、房产税、印花税、耕地占用税和契税 11 个税种,除了企业所得税和个人所得税由中央和地方分享外,其余税种收入均全部归地方政府所有。此外,房地产及相关行业所涉及的行政性收费主要有三类:一是国土管理部门的收费,包括耕地开垦费、管理费、房屋拆迁费、拆抵指标费、新增建设用地有偿使用费等;二是财政部门的收费,包括土地使用费和土地租金;三是农业、房产、水利、交通、邮电、文物、人防、林业等其他部门在土地征用、出让和房产交易过程中收取的相关费用。房地产及相关行业税费收入水平的高低与土地开放规模、地价和房价水平高度相关,土地开发规模越大,地价和房价越高,相关税费收入也越多。(3) 土地抵押融资。根据《中华人民共和国预算法》的规定,地方政府不能直接向银行借贷。为了规避法律规定,各地纷纷成立土地储备中心、城市建设投资公司以及各类产业园区等实体平台,通过收储土地向银行等金融机构进行抵押融资,用以弥补财政支出缺口和扩大城市基础设施投资。而随着土地供应招拍挂制度的改革,土地抵押融资已成为地方政府经营土地、获取财政收入的重要手段。土地融资的规模同样也要受到土地收储面积和地价水平高低的影响,土地收储越多,地价越高,土地抵押融资的规模越大。①

可见,为了扩大"土地财政"规模,地方政府有较强动力增加土地供应和提高地价水平,但是地方政府的供地策略还要受到政绩目标的限制。在地方政绩目标方面,地方政府官员对薪酬、在职消费、寻租收益、政治支持和晋升机会等效用目标的追求,导致各地努力扩大本地投资与经济产出规模(赵祥,2006)。地方投资与产出规模的扩大至少可以在以下三方面提高地方政府官员的效用水平:第一,地方经济规模越大,越有利于地方财政增收,地方官员的薪酬、在职消费等物质利益水平也越高;第二,地方经济规模越大,官员潜在的寻租收益也越大;第三,地方政府经济规模越大,官员的晋升概率和政治支持等也越高。因此,在"土地财政"之外,地方政府还追求本地经济产出(GDP)的最大化,而保持工业产出的增长,并通过工业拉动服务业发展是实现这一政绩目标的必要条件,为此,各地展开了激烈的招商引资竞争。地方政府进行工业引资竞争的手段通常有三个方面:一是加强基础设施投资,改善本地基础设施条件;二是压低以地价为主的生产要素价格;三是提供各种税费优惠政策。由于税费优惠政策具有较强的战术特性,一个地区的税费优惠政策很容易被其他地区所模仿,因此税费优惠政策并不能真正使一个地区在引资竞争中保持优势,因此扩大基础设施投资和控制地价成为各地引资竞争的主要手段。改善基础设施条件需要大量的投资,在当前的财政体制下,这主要依赖于"土地财政"的扩大②,而土地财政的扩大势必要求地价、房价的上升。但是,城市地价和房价的上涨会增加工业企业的生产成本和劳动力的生活成本,从而使本地区在引资竞争中陷于不利的地位。制造业部门的撤出或萎缩,一方面会对本地服务业发展不利,降低地方经济增长水平,对地方政绩目标形成冲击;

---

①　通常情况下,地方政府以储备土地作抵押获得银行贷款后,一方面将贷款用于城市的基础设施建设,另一方面将资金投入到土地征收和开发上,而无论是城市基础设施建设还是土地开发都会导致地价的上涨,从而有助于地方政府获取更多的土地出让收入和抵押贷款,形成地价和土地融资互相推动的累积循环上涨效应。

②　在此,我们假定地方政府可支配的除了"土地财政"以外的财力,只能维持政府的基本运转和机关、事业单位的工资等支出,而无力进行基础设施投资与建设。

另一方面还会直接导致来自工业部门的税收收入下降。虽然工业部门的税收不像土地出让金那样可以在短期内大量增加地方财政收入,但却是一项稳定的收入来源,工业部门的税收流失同样是地方政府难以容忍的。

因此,为了在扩大土地财政收入的同时,确保地方经济增长目标的实现,地方政府便有较强的激励对不同区位、不同用途的土地采用不同的供给策略。在城市中心区,由于区位、公共服务配套和人口密度等方面的原因,居住和商用土地的供给十分有限,而市场需求非常强劲,形成了近乎卖方垄断的市场结构,地方政府就比较容易利用自己对土地一级市场的垄断地位抬高土地出让价格,而房地产开发商也可以轻易地将土地成本转嫁给购房者。再加上由于目前我国还没有征收房产税,城市土地及其附着物并不能在长期内为地方政府带来税收收入,这进一步强化了地方政府扩大在城市中心区一次性"卖地"收入的动机。因此,地方政府在城市中心区的土地经营策略就是尽可能地推高居住和商业用地价格,扩大商住用地出让收入。相反,在城市边缘区,由于在区位、公共服务配套和人口密度等方面的劣势,居住和商用物业的市场需求相对较弱,市场竞争程度较为一般,价格相对较低,房地产商难以通过垄断定价向购房者转嫁土地成本,政府推高地价的努力会受到很大的市场约束。同时,由于低附加值工业资本的地方根植性较弱,区际流动性较高,各地政府需要在地区间招商引资竞争中胜出才能实现其政绩目标。因此,地方政府在城市边缘地区的土地经营策略是通过控制地价上涨速度,有时甚至是压低地价来吸引工业投资,以避免城市中心区地价和房价上涨对工业部门产生的挤出效应。而商住用地出让收入的提高为地方政府控制工业地价提供了可能,一个地区的商住地价越高,土地出让收入规模越大,地方政府压低工业地价的潜在空间就越大。

最后,我国现行的国有土地使用权出让、农村集体土地产权和农地征收与补偿等一系列与土地相关的制度安排,为地方政府上述土地供给"两手"策略提供了制度基础,我国地方政府可以出于工业发展和城镇建设的目的征收农村土地。由于对土地市场的垄断,政府在土地征收过程中具有单方面制定补偿标准的权力,不论农村土地的所有者(村集体)还是使用者(农户),在土地征收补偿谈判中都处于相对弱势地位。为了尽可能扩大土地财政收益和满足招商引资需要,地方政府倾向于执行较低的土地征收补偿标准。此外,《中华人民共和国宪法》及《中华人民共和国土地管理法》等相关法律、法规始终没有明确界定"公共利益"的确切内涵,致使各地政府在实际操作中大大跨越了公共利益的边界,不仅因为城市基础设施建设需要征收农村土地,而且在更多情况下因为工业、商业和商住房地产开发等目的大规模征收农村土地。政府作为唯一的土地使用权征收与供给方,一方面可以在土地征收过程确定中补偿价格,在很大程度上削弱被征地方的议价能力,控制土地征收成本;另一方面可以根据政策目标利用自身的垄断地位抬高或压低土地出让价格,在获得巨大财政利益的同时,降低工业部门的用地成本。政府对土地一级市场的垄断也节约了私人企业获取土地的交易成本,企业不需要与众多的产权主体进行谈判交易,只需要通过"协议出让"或"招拍挂"程序就可以从政府手中直接购得土地的使用权,而土地出让价款由于包含了这种交易成本节约也容易为企业所接受。正是由于上述土地制度安排,地方政府可以调整城市边界,以更好地"经营城市"和"经营土地",通过高价出让城市中心区居住和商业用地,低价出让城市边缘地区工业用地的"两手"策略,在获取高地价所带来的财政收入增加的同时,强化本地区对工业部门的吸引力。地方政府的这种供地策略使得地价上涨的压力被城市空间蔓延所抵消,低端产业和要素外迁的压力不足,而高端的要素资源进不来。这一方面可能导致以房地产业为代表的服务业和低端工业部门在城市产业结构中占有较大份额,大城市产业结构升级的路径受阻;另一方面使得大城市与中小城市之间不能实现有效的产业分工,降低了城市体系的总体效率。

### 三、地方政府供地策略影响产业结构的实证分析

（一）模型设计、估计方法与数据

为了模拟地方政府土地供应的"两手"策略,我们设计了自变量 CIr（HIr）,即用商业地价（住宅地价）除以工业地价得到的比率。如果存在压低工业地价同时抬高商住地价的两手策略,那么 CIr 和 HIr 就会上升;而如果这种供地策略对于城市的工业部门发展有利,那么这两个指标在计量模型中对城市工业部门发展的影响就应该是正的。在这里,我们以城市所拥有的工业

增加值的增长率(ggyzj)作为衡量城市工业发展水平的指标。考虑到城市工业发展过程可能具有很强的路径依赖特征,即当期的工业发展水平受前期工业发展水平的影响较大,为控制这个效应,我们把城市工业增加值增长率的一阶滞后值作为自变量纳入计量模型,考虑到地价比率对工业发展的滞后效应,我们的基本计量模型如(1)式所示,其中 i 代表城市,t 代表时间,ui 是不随时间变动的个体效应,εit 是扰动项,假定它们具有独立同分布(i. i. d)的性质,Z 是控制变量。

$$ggyzj_{it} = \alpha + \beta_1 \cdot CIr_{it}[HIr_i] + \beta_2 \cdot ggyzj_{it-1} + Z'_{it}\gamma + u_i + \varepsilon_{it} \qquad (1)$$

一个城市吸引工业企业进驻的因素是多方面的,除了土地要素价格之外,其他如工资水平、劳动力市场(包括人力资本市场)、政府投入、基础设施条件、对外开放程度、当前产业结构状况等也非常重要。因此,我们还在方程(1)加入以下控制变量:①劳动力价格(wage),用全市在岗职工平均工资衡量,工资水平越高对工业企业的发展越不利,我们预期该变量的回归结果显著为负。②人力资本水平(colls),用普通高校学生占总人口的比重来表示,人力资本水平反映了一个地区劳动力的质量,劳动力的质量越高对工业部门的发展越有利,我们预期该变量呈显著正效应。③政府财政支出(czzc),用财政支出占 GDP 的比重衡量,政府财政支出的扩大通常有助于改进地方公共服务供给水平,对城市工业部门的发展也会产生正向促进效应。④基础设施水平(road),用年末人均实有城市道路面积来表示,基础设施条件的改善降低了运输费用,提高了通勤效率,对城市工业部门的发展也具有正向促进作用。⑤市场规模(pop),用年末总人口表示,人口规模越大意味着本地市场规模也越大,也有利于工业部门的发展。⑥对外开放度(fdi),用实际利用外国直接投资水平来表示,长期以来 FDI 进入中国以工业投资为主,FDI 的进入不仅直接导致工业投资规模的增长,而且还会产生技术和管理上的外溢效应,促进本地工业部门的发展,因此,我们预期该变量具有显著正效应。⑦土地开发程度(uas),用城市建成区面积占行政辖区面积的比重来衡量,城市土地开发程度越高,则用于吸纳更多工业企业的可用土地就变得越来越有限,从而对城市工业部门的扩张不利。⑧产业结构(ind2),用第二产业占 GDP 的比重来衡量,第二产业比重反映了一个城市的工业集聚程度,根据新经济地理理论,工业的集聚会形成收益递增效应,工业比重越高的地方越有利于更多工业资本进入,因此,我们预期该变量的回归结果显著为正。

在变量数据来源方面,用于计算 *CIr* 和 *HIr* 的地价数据来自《中国国土资源统计年鉴》(历年),其余变量数据全部来自于《中国城市统计年鉴》(历年)。各变量的基本信息参见表5-1。

表5-1　变量的基本信息

| 变量名 | 定义 | 来源 | 结果预期 |
|---|---|---|---|
| ggyzj | 工业增加值增长率 | 《中国城市统计年鉴》 | |
| CIr | 商业与工业地价比率 | 《中国国土资源统计年鉴》 | 显著为正 |
| HIr | 住宅与工业地价比率 | 《中国国土资源统计年鉴》 | 显著为正 |
| wage | 全市在岗职工平均工资 | 《中国城市统计年鉴》 | 显著为负 |
| ind2 | 第二产业占比 | 《中国城市统计年鉴》 | 显著为正 |
| fdi | 对外直接投资额 | 《中国城市统计年鉴》 | 显著为正 |
| road | 年末实有城市道路面积 | 《中国城市统计年鉴》 | 显著为正 |
| pop | 年末总人口 | 《中国城市统计年鉴》 | 显著为正 |
| uas | 建成区面积占比 | 《中国城市统计年鉴》 | 显著为负 |
| czzc | 财政支出占 GDP 比重 | 《中国城市统计年鉴》 | 显著为正 |
| colls | 高校学生占比 | 《中国城市统计年鉴》 | 显著为正 |

注:变量 wage、colls、road、pop、fdi、czzc 和 uas 在计算时均取对数值。

表5-2、图5-1对全国105个城市2009—2013年商业、住宅和工业用地价格进行了统计描述,从中可以看出,工业用地价格与商业、住宅用地价格之间存在着明显的差距。2009—2013年,全国105个城市商业用地价格均值为4719.9元/平方米,住宅用地价格均值为3258.4元/平方米,二者与工业用地价格的比值分别为8.27和5.55。并且,随着时间的推移,这种地价差距在逐步扩大。2009年,全国105个城市商业与工业用地价格比值(CIr)为7.47,住宅与工业用地价格的比值(HIr)为5.05,到2013年分别上升为9.01和6.02。这表明各地方政府在进行土地供应时确实存在前文所述的"两手"策略。

**表 5-2　全国 105 个城市 2009—2013 年商业、住宅和工业用地价格**

(单位:元/平方米)

| | 城市数量(个) | 2009 | 2010 | 2011 | 2012 | 2013 | 2009—2013 均值 |
|---|---|---|---|---|---|---|---|
| 商业用地价格 | 105 | 3912.8 | 4427.5 | 4740.1 | 5029.4 | 5489.8 | 4719.9 |
| 住宅用地价格 | 105 | 2734.3 | 3112.6 | 3201.1 | 3429.7 | 3814.2 | 3258.4 |
| 工业用地价格 | 105 | 481.6 | 504.3 | 523.7 | 539.0 | 559.6 | 521.6 |
| 商业与工业用地价格比值 | 105 | 7.47 | 8.03 | 8.25 | 8.60 | 9.01 | 8.27 |
| 住宅与工业用地价格比值 | 105 | 5.05 | 5.52 | 5.50 | 5.69 | 6.02 | 5.55 |

注:表中数据系笔者整理计算而得。

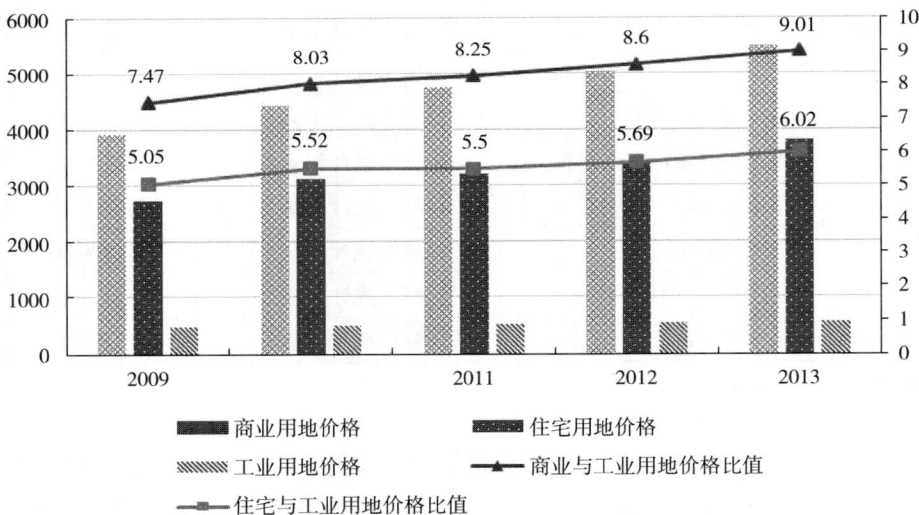

图 5-1　全国 105 个城市 2009—2013 年商业、住宅和工业用地价格变动趋势

　　我们设定的实证分析模型是动态面板数据,对于动态面板数据一般有差分 GMM 和系统 GMM 这两种估计方法,通常来说系统 GMM 估计比差分 GMM 估计更有效,因为可利用的样本信息更多。为得到一致的估计量,本节采用了 Arellano&Bover(1995)和 Blundell&Bond(1998)提出的系统广义矩估计法(SYS-GMM),该方法可以较好地解决工具变量的选择问题,进而提高估计的效率。本研究使用的数据为 105 个城市、时间跨度为 5 年(2009—2013 年)的

面板数据①,数据类型为"大 N 小 T",因此也适用于该模型。

(二) 计量检验结果

在前文理论分析和数据描述的基础上,下面我们就来实证检验地方政府土地供应的"两手"策略对城市工业部门发展的影响,表 5-3 报告了计量分析结果。其中,第 1 列和第 2 列报告的是商业与工业地价比率(CIr)对工业增加值增长率(ggyzj)的回归结果,第 3 列和第 4 列报告的是住宅与工业地价比率(CIr)对工业增加值增长率(ggyzj)的回归结果,第 2 列和第 4 列使用的是稳健性标准差的估计结果。对于 CIr,进行扰动项的自相关性检验,发现扰动项的差分存在一阶自相关,但不存在二阶自相关,P 值为 0.279,故接受原假设"扰动项无自相关",可以使用系统 GMM。过度识别检验的结果显示,无法拒绝"所有工具变量均有效"的原假设,因为 P 值=0.174>0.05。同理,对于 HIr,进行扰动项的自相关性检验,发现扰动项的差分存在一阶自相关,但不存在二阶自相关,故接受原假设"扰动项无自相关",P 值为 0.264,可以使用系统 GMM。过度识别检验的结果显示,无法拒绝"所有工具变量均有效"的原假设,因为 P 值=0.176>0.05。以上检验表明,实证分析的结果可靠且有效。

表 5-3 计量检验结果

| 变量 | (1) | (2) | (3) | (4) |
|---|---|---|---|---|
| L.lnggyzj | −0.017 | −0.017 | −0.014 | −0.014 |
| | (0.078) | (0.129) | (0.078) | (0.128) |
| ind2 | 0.510*** | 0.510*** | 0.511*** | 0.511*** |
| | (0.075) | (0.136) | (0.075) | (0.134) |
| L.ind2 | −0.360*** | −0.360*** | −0.359*** | −0.359*** |
| | (0.045) | (0.060) | (0.045) | (0.060) |
| CIr | 0.016** | 0.016* | | |
| | (0.008) | (0.008) | | |
| HIr | | | 0.029* | 0.029* |

① 拉萨市的部分关键变量信息不完整,在实证分析过程中,将该城市剔除。另外,考虑到实证分析结果的稳定性,我们将几个异常值剔除,比如杭州 2009 年和 2010 年的 CIr 和 HIr 值以及广州 2012 年和 2013 年的 CIr,这些值都超过 40。

| 变量 | （1） | （2） | （3） | （4） |
|---|---|---|---|---|
| | | | （0.016） | （0.016） |
| lnpop | 0.229 | 0.229 | 0.241 | 0.241 |
| | （0.463） | （0.751） | （0.468） | （0.763） |
| lnwage | −1.250*** | −1.250** | −1.252*** | −1.252** |
| | （0.398） | （0.515） | （0.399） | （0.518） |
| lncolls | −0.159 | −0.159 | −0.159 | −0.159 |
| | （0.219） | （0.391） | （0.220） | （0.393） |
| lnczzc | 0.142 | 0.142 | 0.140 | 0.140 |
| | （0.481） | （0.621） | （0.486） | （0.624） |
| lnfdi | 0.0820** | 0.0820* | 0.0779* | 0.0779* |
| | （0.130） | （0.155） | （0.130） | （0.155） |
| lnroad | −0.481 | −0.481 | −0.500 | −0.500 |
| | （0.422） | （0.674） | （0.420） | （0.663） |
| lnuas | 0.344* | 0.344 | 0.335* | 0.335 |
| | （0.190） | （0.290） | （0.188） | （0.287） |
| _cons | 9.441* | 9.441 | 9.280* | 9.280 |
| | （5.571） | （8.697） | （5.596） | （8.768） |
| N | 366 | 366 | 366 | 366 |
| Wald 检验 | 474.93 | 303.17 | 488.72 | 309.24 |
| P 值 | 0.000 | 0.000 | 0.000 | 0.000 |

注:符号 \*、\*\*、\*\*\* 分别表示在 0.10、0.05、0.01 水平上统计显著;括号内数字为标准误,_cons 表示截距项,下同。

根据表 5-3 第 1、2 列的结果,商业与工业地价比率(CIr)对工业增加值增长率(ggyzj)具有显著的正效应,这符合我们的理论预期;第 3、4 列的结果显示,住宅与工业用地价格比值(HIr)对工业增加值增长率(ggyzj)也具有显著的正效应,这也符合我们的理论预期。这表明地方政府土地供给的两手策略有助于城市工业部门的扩张。在控制变量方面,当期产业结构变量(ind2)具有显著的正向效应,但滞后一期的第二产业比重(ind2)却具有显著负效应,这说明上一期工业比重较高的城市工业增长率相对较慢。劳动力价格变量(wage)的回归结果显著为负,表明工资水平上涨对城市工业部门的发展产生了非常不利的影响。对外开放度(fdi)的系数为正,且通过了显著性检验,说明 FDI 的进入促进了城市工业部门扩张,也符合我们的理论预期。土地开发程度(uas)变量在第 1、3 列中显著为正,在第 2、4 列中系数虽然为正,但未通过显著性检验,与我们的理论预期不符。这可能是因为我国现有的城市建成区面积统计中包含了大量可用的存量建设用地,因而城市建成区面积所占比重高并不表明可用建设用地面积就少。人力资本水平(colls)的系数为负,但不显著,说明一个地区劳动力受教育程度并不直接与工业部门发展相关,我国工业发展的优势主要体现在劳动力成本上,而非劳动力质量上。政府财政支出(czzc)的回归结果也不显著,这说明地方政府扩大财政支出并不能直接影响工业部门的产出增长。类似地,基础设施水平(road)和市场规模(pop)的回归结果也不显著,表明二者对城市工业部门不具有显著的促进作用。

为检验地方政府供地的两手策略是否存在区域效应,我们把城市分为东部与非东部两类,如果城市位于北京、天津、河北、辽宁、上海、江苏、浙江、福建、山东、广东、海南 11 个省(市),就称其为东部城市,否则称为非东部城市。虽然将样本细分为东中西三类更有助于了解其中的地区差异,但是考虑到只有 105 个城市,过度细分会造成子样本量变小,同时对于计量模型来说,分为两类要比分为三类更易处理。表 5-4 的第 2、3 列是分区域处理结果,尽管地价比率的系数与预期相符,但是没有通过显著性检验,换言之,地方政府供地的两手策略似乎不存在区域性的差别。那么,城市行政等级会不会产生影响呢?地方政府供地的两手策略是否存在城市等级上的差别呢?由于在我国行政级别高的城市通常不仅经济更发达,地域面积更大,而且还有更大的自主性,因此,我们推测这些差异有可能导致不同行政等级的城市政府供地策略的实施效果存在差异。

表5-4　分区域和分等级的城市回归结果

| | (1) | (2) | (3) | (4) | (5) | (6) | (7) | (8) |
|---|---|---|---|---|---|---|---|---|
| | 东部 | 非东部 | 高等级 | 低等级 | 东部 | 非东部 | 高等级 | 低等级 |
| L.lnggyzj | 0.039 | 0.078 | 0.344*** | 0.029 | 0.041 | 0.084 | 0.334*** | 0.020 |
| | (0.049) | (0.124) | (0.087) | (0.078) | (0.049) | (0.124) | (0.087) | (0.079) |

| | （1） | （2） | （3） | （4） | （5） | （6） | （7） | （8） |
|---|---|---|---|---|---|---|---|---|
| | 东部 | 非东部 | 高等级 | 低等级 | 东部 | 非东部 | 高等级 | 低等级 |
| ind2 | 0.650*** | 0.353*** | 0.272*** | 0.437*** | 0.630*** | 0.345*** | 0.279*** | 0.445*** |
| | (0.088) | (0.092) | (0.044) | (0.067) | (0.084) | (0.092) | (0.044) | (0.068) |
| L.ind2 | -0.545*** | -0.293*** | -0.350*** | -0.321*** | -0.532*** | -0.287*** | -0.351*** | -0.326*** |
| | (0.064) | (0.050) | (0.037) | (0.046) | (0.066) | (0.049) | (0.037) | (0.045) |
| CIr | -0.008 | 0.018** | 0.022*** | 0.002 | | | | |
| | (0.036) | (0.008) | (0.007) | (0.028) | | | | |
| HIr | | | | | 0.003 | 0.039** | 0.049*** | -0.009 |
| | | | | | (0.064) | (0.017) | (0.013) | (0.047) |
| lnpop | -0.074 | 1.350** | -0.477 | -0.657 | -0.034 | 1.341** | -0.287 | -0.692 |
| | (0.342) | (0.585) | (0.571) | (0.547) | (0.307) | (0.579) | (0.539) | (0.536) |
| lnwage | -0.944** | -1.042* | -2.315*** | -1.285*** | -0.989** | -1.057* | -2.308*** | -1.262*** |
| | (0.454) | (0.533) | (0.378) | (0.436) | (0.441) | (0.540) | (0.343) | (0.437) |
| lncolls | 0.314** | -0.345* | 4.181*** | -0.156 | 0.305** | -0.340* | 4.098*** | -0.137 |
| | (0.152) | (0.188) | (1.117) | (0.201) | (0.148) | (0.190) | (1.041) | (0.201) |
| lnczzc | -0.423 | -0.770 | 0.331 | -0.253 | -0.515 | -0.873 | 0.215 | -0.239 |
| | (0.498) | (0.619) | (0.587) | (0.432) | (0.463) | (0.616) | (0.557) | (0.434) |
| lnfdi | -0.002 | -0.041 | -0.033 | 0.238 | -0.005 | -0.049 | -0.046 | 0.235 |
| | (0.170) | (0.122) | (0.109) | (0.169) | (0.168) | (0.126) | (0.102) | (0.171) |
| lnroad | -0.459 | 0.019 | -0.114 | -0.585 | -0.485 | 0.006 | -0.076 | -0.581 |
| | (0.307) | (0.390) | (0.190) | (0.410) | (0.320) | (0.388) | (0.206) | (0.401) |
| lnuas | 0.329 | 0.133 | 0.126 | 0.169 | 0.318 | 0.131 | 0.133 | 0.182 |
| | (0.243) | (0.146) | (0.133) | (0.257) | (0.211) | (0.145) | (0.125) | (0.248) |
| _cons | 7.724 | 3.077 | 9.841 | 13.54** | 8.075 | 3.255 | 8.607 | 13.45** |
| | (7.779) | (6.614) | (6.057) | (6.277) | (7.592) | (6.673) | (6.019) | (6.122) |
| N | 175 | 191 | 117 | 249 | 175 | 191 | 117 | 249 |
| Wald 检验 | 328.52 | 467.27 | 1245.68 | 369.21 | 328.13 | 484.75 | 827.67 | 360.45 |
| P 值 | 0.000 | 0.000 | 0.000 | 0.000 | 0.000 | 0.000 | 0.000 | 0.000 |

　　为了检验城市行政等级的影响力,我们把 4 个直辖市、26 个省会城市、5 个非省会副省级城市(共计 35 个)归为高行政级别城市,其余为低行政级别城市。表 5-4 的第 4、5 列是对城市等级分类后的计算结果。我们发现,对于高级别城市,政府供地的两手策略的效果较为明显;而对于低级别城市,则未有很确凿的证据证明两手策略的存在。这可能是因为高级别城市的经济相对较为发达,商住地价水平较高,政府在土地供给上实施两手策略的潜力较大;而低级别城市的经济水平相对较低,商住地价水平也较低,导致政府实施供地两手策略的空间较小。

　　(三)　稳健性检验

　　我们还选择了城市规模以上工业企业数量(firm)和城市工业总产值(itv)作为被解释变量,采用系统 GMM 估计方法重新对以上模型进行估计,估计结果在表 5-5 中显示,从中可以看出,核心解释变量的回归结果较为稳定,表明我们的计量分析具有较强的稳健性。

**表 5-5　采用城市规模以上工业企业数量和工业总产值作为被解释变量后的估计结果**

| 被解释变量 | 城市规模以上工业企业数量（lnfirm） | | 城市工业总产值（lnitv） | |
|---|---|---|---|---|
| | （1） | （2） | （3） | （4） |
| L.lnfirm | 0.037<br>（0.045） | 0.041<br>（0.044） | | |
| L.lnitv | | | 0.807***<br>（0.141） | 0.810***<br>（0.143） |
| CIr | 0.011**<br>（0.006） | | 0.004*<br>（0.002） | |
| HIr | | 0.026***<br>（0.010） | | 0.005<br>（0.006） |
| lnpop | 0.476***<br>（0.157） | 0.478***<br>（0.155） | 0.360**<br>（0.182） | 0.373**<br>（0.178） |
| lnwage | −0.222*<br>（0.122） | −0.216*<br>（0.121） | 0.058<br>（0.198） | 0.053<br>（0.200） |
| ind2 | −0.042***<br>（0.007） | −0.044***<br>（0.007） | 0.040***<br>（0.012） | 0.039***<br>（0.012） |

| 被解释变量 | 城市规模以上工业企业数量<br>（lnfirm） | | 城市工业总产值<br>（lnitv） | |
|---|---|---|---|---|
| | （1） | （2） | （3） | （4） |
| L.ind2 | | | −0.052 ***<br>（0.018） | −0.051 ***<br>（0.018） |
| lncolls | 0.122<br>（0.100） | 0.101<br>（0.097） | −0.026<br>（0.032） | −0.027<br>（0.032） |
| lnczzc | −1.029 ***<br>（0.247） | −1.057 ***<br>（0.244） | −0.048<br>（0.154） | −0.041<br>（0.150） |
| lnfdi | 0.073 *<br>（0.039） | 0.075 *<br>（0.039） | 0.004 *<br>（0.017） | 0.003 *<br>（0.017） |
| lnroad | 0.175 *<br>（0.098） | 0.157<br>（0.096） | 0.045<br>（0.046） | 0.040<br>（0.046） |
| lnuas | 0.150<br>（0.110） | 0.137<br>（0.105） | 0.002<br>（0.048） | −0.001<br>（0.050） |
| _cons | 4.975 ***<br>（1.872） | 4.897 ***<br>（1.847） | −0.675<br>（2.251） | −0.693<br>（2.249） |
| N | 404 | 404 | 404 | 404 |
| Wald 检验 | 90.50 | 103.08 | 2366.64 | 2424.92 |
| P 值 | 0.000 | 0.000 | 0.000 | 0.000 |

根据回归结果（1）和（2），商业与工业地价比值（CIr）以及住宅与工业用地价格比值（HIr）的系数均显著为正，表明两者对城市规模以上工业企业数量增长具有正向效应。在控制变量方面，当期产业结构变量（ind2）的系数显著为负，对城市规模以上工业企业数量呈显著负效应。劳动力价格变量（wage）的回归结果依然显著为负，表明工资水平上涨不利于城市规模以上工业企业数量增加。市场规模（pop）的系数显著为正，对城市规模以上工业企业数量具有显著正效应。对外开放度（fdi）的系数为正，且通过了显著性检验，说明 FDI 的进入推动了城市规模以上工业企业数量的增加。政府财政支出（czzc）的回归结果显著为负，而人力资本水平（colls）和土地开发程度（uas）均未通过显著性检验。基础设施水平（road）在结果（1）中显著为正，在结果（2）中则不显著。此外，根据回归结果（3）和（4），商业与工业地价比值（CIr）

的系数显著为正,对城市规模以上工业总产值具有正向效应;而住宅与工业用地价格比值(HIr)的系数虽然为正,但不显著。在其他控制变量方面,回归结果的变化不大,最明显的变化是劳动力价格变量(wage)的回归结果变得不显著了。

以上,我们使用动态面板模型对105个城市在2009—2013年间的地价比率与工业化的关系进行了探讨。我们从中找到了地方政府供地"两手"策略存在的证据,具体来说,在控制其他变量的情况下,商业地价(或住宅地价)与工业地价的差距越大,城市的工业增加值增长率越高。其中的机制在于:城市商住地价水平越高,当地政府就越有意愿和能力压低工业地价,以吸引工业企业入驻,工业产出相应地增长;而伴随着工业产出增长,城市的经济集聚力增强,商业活动和居住需求上升,这反过来又为当地政府抬高商住地价创造了条件。因此,在数据上就会表现为,在地价比率扩大的同时,城市的工业产出并不会受到负面影响。我们还发现,地方政府两手供地策略的效果在高行政等级城市中更为明显,这可能是由于行政级别越高,城市的经济越发达,城市商住地价也越高,地方政府就更有条件压低工业低价。同时,高行政等级城市政府掌握的各种经济资源较为丰富,制定相关政策的自由度较大,这些优势都会配合低工业地价吸引更多的企业到当地生产。按照前述机制,商住地价会被提升到一个更高的水平,使得地价比率与工业发展的正向关系在这些城市表现得更明显。

### 四、结论与政策含义

我国地方政府在以土地为政策工具推动本地发展的过程中普遍采取"两手"供地策略,即一方面抬高城市中心区商住地价,尽可能扩大土地财政收入规模;另一方面尽量压低工业地价以在工业引资竞争中胜出,实现经济增长目标,而土地财政收入规模的扩大为各地压低工业地价提供了条件和可能。本节的实证分析结果证实了这种"两手"供地策略对城市工业部门的影响,即城市商住地价上涨有利于地方政府压低工业地价,保持两种地价之间较大的差距,控制工业部门土地成本的上升速度,对工业部门发展具有正向促进作用。本节的研究表明,地价上涨对城市产业结构变动的影响是较为复杂的。地价的变动,特别是工业用地价格的变化更容易受到政府行为的影响,而这种影响的方向和力度有时与市场力量并不一致,可能导致低端的制造业撤不出,基于市场驱动的城市产业结构转换升级进程受阻。

本节的发现有较强的政策含义,地方政府以土地作为政策工具追求地方财政最大化和经济增长目标的行为,有可能造成对城市产业结构的扭曲,阻碍城市产业结构升级进程,为此,有必要从以下三个方面推进地方政府治理体系改革:第一,推进各级地方政府由发展型政府向服务型政府转变。随着向中高收入阶段迈进,我国应建立以提高人民群众真实福利水平为导向的地方政府绩效考评体系,促使各级政府从重视经济的增长转向致力于人的生活质量提升,实现包容性增长,扭转地方政府基于财政利益和 GDP 目标而形成的"经营城市和经营土地"的冲动。第二,建立事权与财权相匹配的公共财政体制。进一步完善多级财政分权体制,省、市、县(区、市)各级政府应分别有税基稳定的税种作为其主要财政来源,并通过转移支付体系,确保地方政府的财力与支出责任处于均衡状态。第三,推进农村集体土地制度改革。进一步明确集体土地财产权,允许集体建设用地直接入市交易,推进城乡建设用地"同权、同价、同责"。同时,限制地方政府征地的权力范围,重新制定征地补偿标准,将土地使用权补偿标准与土地用途转变所产生的级差收益挂钩,削弱地方政府进行土地经营的经济激励。第四,推进和完善我国地方发展规划立法工作,以法治化手段强化地方发展规划的严肃性,严格限定地方发展规划更改的条件。成立由政府部门代表、专家和公众代表组成,并且专家和公众代表委员人数应占大多数的城市规划委员会,地方任何规划决策应由其进行审议决定,防止出现"一届政府一个规划"的现象。

## 第二节　集体建设用地入市改革与城市产业结构

我国农村集体土地有规模地入市最早可以追溯到 20 世纪 80 年代,在改革开放的大背景下,广东、福建等沿海地区积极发展"三来一补"加工业和乡镇企业,形成了巨大的建设用地需求。在当时国家有关土地利用的法律法规不健全的情况下,村集体拥有集体土地利用的决策权,它们将村内各种存量建设用地以及违规占用的耕地作为新增建设用地流转给企业使用,导致大量集体土地进入市场。与国有土地相比,农村集体土地使用手续简单,成本较低,颇受企业青睐,进入市场的规模逐年扩大,并由沿海向内陆地区扩散,导致我国事实上存在一个规模庞大的隐性存量集体建设用地市场,正是这一集体建设用地市场的存在,在很大程度上促进了我国的工业化进程。与农村集体土地大规模隐性入市的实践相比,我国关于农村集体建设用地管理的制度变革则显得较为滞后。虽然我国农村集体建设用地入市改革试验已经进行了多年,但从中央到地方对是否允许以及如何推动农村集体建设用地合法入市问题仍未达成共识。1995 年,国家就开始在东南沿海、中部和东北等不同经济发展水平的地区进行农村集体建设用地入市的试点改革,以期通过试点为国家层面相关法律法规修订探索经验。但由于试点时间不长,以及存在土地入市交易市场化程度不足、土地收益分配矛盾较大和监管不力等问题,1998 年,《中华人民共和国土地管理法》二次修订时并未吸收有关改革经验。1999 年,国土资源部开始增加试点,并于 2002 年再次研究出台国家层面的规范性政策,但因为缺乏上位法支持,所形成的《规范农民集体所有建设用地使用权流转若干意见(讨论稿)》未能出台。2004 年,国务院出台的《关于深化改革严格土地管理的决定》,以及 2005 年国土资源部发布的《关于规范城镇建设用地增加与农村建设用地减少相挂钩试点工作的意见》,提出了"增减挂钩"以及"占补平衡"政策,为农村集体建设用地打开了间接入市的合法途径。虽然相关制度规范改革取得了阶段性进展,但未取得全局性的突破。2009 年以来,为了有效应对国际金融危机的冲击,我国实行了特殊的经济刺激政策,引发了新一轮城市扩张和建设高潮,导致各地征地规模不断扩大,地价迅速上涨,征地矛盾加剧。在城镇化加速推进的同时,农村地区日益呈现空心化倾向,大量农村集体建设用地闲置,推动农村集体建设用地入市再次成为政策关注的焦点。党的十七届三中全会提出要"建立城乡统一的建设用地市场","缩小征地范围",以及"在符合规划的前提下推动集体建设用地与国有土地享有平等权益",从总体上明确了农村集体建设用地入市改革的方向。据此,国土资源部形成了关于宅基地退出机制的意见,探索农村集体建设用地公开交易的模式。作为对国家政策调整的响应,浙江温州、安徽芜湖、广东南海和四川成都等地在农村宅基地流转和农村集体建设用地交易平台建设等方面进行了积极探索。截至党的十八大召开,我国农村集体建设用地入市改革已经试验了约20年,但从国家职能部门到地方各级政府对是否要突破既有法律规定,出台国家层面的农村集体建设用地入市管理办法仍未达成共识。

正是在上述背景下,党的十八届三中全会指出,允许农村集体建设用地合法依规进入土地市场,对降低用地成本、减少征地纠纷、盘活农村集体建设用地资产、从根本上改变城乡二元结构具有重要的意义。鉴于此,2014年12月,中办、国办联合印发《关于农村土地征收、集体经营性建设用地入市、宅基地制度改革试点工作的意见》,决定在全国选取33个县(市、区)行政区域进行试点,其中试点农村集体经营性建设用地入市的地区为15个,占这三项改革试点总数的45.5%。因试点涉及突破《中华人民共和国土地管理法》和《中华人民共和国城市房地产管理法》中的相关法律条款,国务院提请全国人大常委会授权在33个试点县(市、区)暂时停止实施《中华人民共和国土地管理法》第四十三条和第六十三条,以及《中华人民共和国城市房地产管理法》第九条关于集体建设用地使用权不得出让等的规定,明确在符合规划、用途管制和依法取得的前提下,允许存量农村集体经营性建设用地使用权出让、租赁、入股,实行与国有建设用地使用权同等入市、同权同价的政策。这次试点与以往改革最大的不同之处在于,改革由全国人大授权,试点目标直接指向具体法律内容的修改,对未来我国土地管理法律法规有关内容的调整将产生重要影响。实际上,自这项改革开展以来,国家加大了城乡土地制度改革力度,进一步明确了建立城乡统一的建设用地市场的改革取向。2016年3月通过的《中华人民共和国国民经济和社会发展第十三个五年规划纲要》中指出:"加快建立城乡统一的建设用地市场,在符合规划、用途管制和依法取得前提下,推进农村集体经营性建设用地与国有建设用地同等入市、同权同价。健全集体土地征收制度,缩小征地范围,规范征收程序,完善被征地农民权益保障机制。开展宅基地融资抵押、适度流转、自愿有偿退出试点。完善工业用地市场化配置制度"。2018年11月出台的《中共中央、国务院关于建立更加有效的区域协调发展新机制的意见》指出:"加快深化农村土地制度改革,推动建立城乡统一的建设用地市场,进一步完善承包地所有权、承包权、经营权三权分置制度,探索宅基地所有权、资格权、使用权三权分置改革"。

集体土地不能直接入市与政府对建设用地一级市场的垄断是一个硬币的两面,正是因为集体土地不能直接入市,各级政府才能代表国家行使征地权,并运用土地政策工具达成自身的政绩和财政目标。因此,对集体土地不能直接入市的现状进行改革,势必会打破政府对土地一级市场的垄断,形成多样化的土地供给渠道。这一方面有助于盘活存量集体建设用地,扩大土地供给,缓解日益增长的土地供需矛盾;另一方面也限制了政府策略性行为对土地价格的影响,有助于抑制地价的过快上涨,而无论是扩大土地供给,还是抑制地价的过快上涨,都将对地区产业结构产生重要的影响。作为这一轮土地制度改革的试点地区之一,广东省佛山市南海区土地制度变迁经验为我们提供了一个很好的案例,下面我们通过对南海区案例的分析,深入考察集体土地入市改革对地区产业结构演化的影响。

**一、集体土地隐性入市与地区工业化**

(一) 集体土地隐性入市的模式

广东省佛山市南海区地处经济发达的珠江三角洲地区,是我国改革开放以来工业化、城镇化率先发展的地区之一,早在 20 世纪八九十年代就与顺德、中山和东莞一起被称为广东经济发展的"四小虎"。迅速的工业化和城镇化进程形成了巨大的建设用地需求,以乡镇企业为主的各类非公有企业纷纷租地设厂,导致土地租金迅速上涨。1992 年,南海区土地年租金为 2000—5000 元/亩;到 1998 年,上升为 10000—20000 元/亩。在土地租金日益上涨的条件下,为了捕捉市场深化发展所带来的潜在土地收益,农村集体不愿意土地被政府征用,纷纷成立新的经济组织,将农民手中的土地集中起来统一对外出租,相当于在联产承包责任制之后对农村土地实施了新一轮的集中运营。1992 年,南海区便开始了以集体土地流转为核心内容的土地股份合作制改革。区下辖各村民小组、行政村等集体组织将村民占有的承包地、宅基地以及公益用地等集体土地进行量化折股,成立新的集体经济组织,原集体土地的使用者(即村民)成为新集体经济组织的股东,凭借所持有的股份获得集体分红收益,参与集体经济组织的管理。在行政村层面成立的新集体经济组织称为经济联社,在村小组层面成立的称为经济社。截至 2008 年,南海区共成立了 1765 个新集体经济组织,其中,全部 224 个村委会都设立了经济联社,41 个村小组设立了经济社。除了宅基地外,南海区所有土地都被集中起来交由经济联社或经济社统一管理,新集体经济组织开始扮演"地主"的角色,统一开展集体土地流转活动。

事实上,南海区通过土地股份合作制改革成功实现了集体土地的二轮流转(具体参见图 5-2)。在第一轮流转过程中,通过将农民占有的集体土地折价入股,农民将自己的土地使用权让渡给了集体经济组织,并获得股东身份和相应的股东权利。经过这轮流转,集体经济组织将原先由农民分散占有的土地使用权集中起来,实现统一的规模化经营,为农村集体土地大规模进入建设用地市场创造了条件。在成功地实现了土地集中之后,南海区集体经济组织便开始了第二轮集体土地流转,通过将农用地转变用途进入建设用地市场获取土地增值收益。一方面,各集体经济组织积极通过合法途径推动集体土地入市,利用国家征用土地的补偿资金和返还的建设用地指标发展乡镇企业,或以土地作价入股与其他投资主体合作兴办合资企业,将原先的农用地转变为集体建设用地;另一方面,还打着发展乡镇企业的旗号,将集体土地违规转变用途出租给其他经济实体使用,扩大了集体土地进入建设用地市场的规模。通过上述两轮集体土地流转,南海区农村集体建设用地规模迅速扩大,有力地促进了当地的工业化和城镇化进程;而集体土地潜在市场收益的实现也确保村民可以从集体经济组织中获得更多的分红收益,农村社区建设也获得了更多的资金保障。

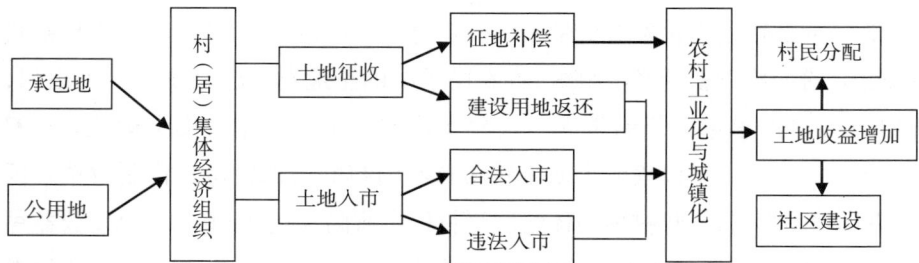

图 5-2　南海区集体土地隐性入市的途径

南海区农村土地的再集体化使得农村集体经济组织成为集体土地的入市主体，既提高了土地市场交易效率，也有助于农民土地权益的实现。根据相关法律规定，我国农村土地归农民集体所有，但是法律并未明确界定集体的含义，以及集体与农民之间的关系。改革开放以来，土地联产承包责任制的推行使得集体所有的农村土地实际上被农户分散地占有和使用，这就带来一个问题：究竟是集体组织作为所有者向市场供给土地，还是单个农户作为使用权人向市场提供土地？南海农村土地股份合作制改革对此提供了一个较好的答案。经过土地股份合作制改革后，村民并不直接向市场提供土地，而是将除宅基地以外的所有土地都流转给了集体股份合作组织，由集体经济组织集中运营来获取收益，而村民凭借股东身份分享集体分红收益，这为集体建设用地有序入市提供了有力的制度保障，具体表现在以下四个方面：（1）与单个农民相比，集体经济组织集中拥有的土地规模较大，容易进行成片规划和开发，因而也更容易与投资者的用地需求相匹配。南海区农用地总面积为411760.9亩，家庭承包经营的农户数为227985户，每户平均实际拥有土地仅为1.81亩，不仅面积较小，而且分布较为零散，难以进行成片开发，从而难以与投资者的需求相匹配。如果农户作为集体土地的供给方，投资者想要获得土地使用权就必须与数量众多的农户进行谈判，这会带来高昂的交易成本，降低土地交易的效率。相比之下，当所有土地流转给集体经济组织后，每个集体经济组织平均拥有的土地面积达240亩左右，并且集中连片，这样既更符合投资者的实际需求，也更容易实现土地经营的规模经济效应。（2）在集体经济组织作为土地供给方的情况下，投资者不再需要分别与众多的农户进行交易洽谈，这大大降低了交易成本，提高了集体土地入市交易的效率。此外，集体经济组织专门从事集体土地资产经营，具有专业化经营的优势，其市场信息搜寻和处理能力较强，在与土地需求方交易的过程中具有较强的谈判力量，更有助于集体土地潜在市场收益的实现，从而更好地保障农民的土地权益。（3）农村集体建设用地直接入市之后，其潜在的市场利润可能会吸引包括以囤积土地为目的的投机性资本在内的大量资本流入。在当前各地建设用地约束普遍较紧的情况下，拥有土地就意味着巨大的利益增值空间，这势必导致资本对土地的渴求。在集体土地入市的过程中，单个农民往往缺乏对土地当期收益和长远利益的理性权衡,容易受到市场短期利益的驱动出售土地,从而增加失地风险。而集体经济组织专注于集体土地资产的长期经营,不会因为短期利益而出售土地,在很大程度上有助于防范农民失地风险。

（二）集体土地入市对产业结构的影响

经过多年来的发展,以集体土地资产经营为主要业务的集体经济组织在南海区①已实现了全覆盖。根据 2010 年南海区农业局对辖区内农村土地流转情况的调查,南海区 227985 家农户承包经营的总面积为 411760.9 亩的农用地已全部流转到村(居)集体经济组织,全体农户均转为村(居)集体经济组织的股东。村(居)集体经济组织将集中起来的土地统一经营,主要用于出租发展第二、三产业以获取稳定的土地市场收益,导致集体土地大量进入建设用地市场。据调查,在本次试点改革前南海区集体经营性建设用地面积达 171.37 平方公里,占土地总面积的比重为 15.96%。南海区集体土地大规模入市有力地促进了当地工业化进程,非农产业比重迅速提升。

1979 年,南海县经济规模在全国县级行政区中相对较大,农业生产位于全国前列,工农业总产值按 1990 年不变价格计算达到了 14.3 亿元,拥有 326 家独立核算企业和一批社队企业。1980 年前后,南海县以实行家庭联产承包责任制为突破口,逐步建立起集体统一经营和家庭经营、统分结合的双层经营体制,推动农村的一系列改革,并于 20 世纪 80 年代中期明确提出"三大产业齐发展,六个层次(县、区、乡、生产队、经济联合体、个体)一齐上"的发展思路,全社会经济活力得到了充分激发,民营经济异军突起,国有经济、集体经济、外资经济纷纷发展起来,南海非农产业得到快速发展。从表 5-6 可以看出,1979 年,南海区第一、二、三产业发展相对较为均衡,三者占生产总值的比重分别为 26.52%、37.35% 和 36.13%。但此后,南海的工业化进程逐步加快,第二产业比重快速上升,第一产业比重明显下降,1998 年,南海区第一产业占

---

① 自改革开放以来,南海区行政辖区范围几经变化。1978 年为南海县,全县有平洲、盐步、里水、和顺、官窑、大沥、罗村、小塘、丹灶、西樵、九江、南庄、渔业共 13 个公社,221 个大队,3740 个生产队。1992 年 9 月 2 日,经国务院批准,撤销南海县,设立南海市(县级),由佛山市代管。2002 年 12 月 8 日,经国务院批准,撤销南海市,设立佛山市南海区,并将原隶属于南海市的南庄镇划入佛山市禅城区。本节所述数据分别对应于不同年份的行政区划范围,在 1978—2002 年间数据的统计区域口径并不完全一致。

国内生产总值的比重已经下降到 10% 以下，而第二产业比重上升为 48.86%。到 2010 年，南海区第一、二、三产业占生产总值的比重分别为 1.83%、61.42% 和 36.76%，工业已经成为南海区优势主导产业。

表 5-6 主要年份南海区产业结构 （单位:%）

| | 1979 | 1988 | 1998 | 1999 | 2000 | 2001 | 2010 |
|---|---|---|---|---|---|---|---|
| 第一产业 | 26.52 | 28.51 | 8.55 | 8.12 | 7.39 | 6.73 | 1.83 |
| 第二产业 | 37.35 | 45.29 | 48.86 | 48.31 | 48.15 | 49.71 | 61.42 |
| 第三产业 | 36.13 | 26.20 | 42.58 | 43.57 | 44.46 | 43.56 | 36.76 |

**二、集体土地入市与产业结构优化升级**

（一）集体土地权能不足对城市产业发展的影响

根据《中华人民共和国民法通则》和《中华人民共和国物权法》规定，所有权人对自己的不动产或者动产，依法享有占有、使用、收益和处分的权利，这是所有权的法定权能。财产所有权的一般前提就是占有，这是所有者直接行使所有权的表现。使用是权利人对财产的运用以发挥其使用价值，权利人可以自己使用，也可以授权他人使用。收益是指权利人通过对财产的占有、使用和经营等方式取得经济收益。处分是指权利人对其财产拥有事实和法律处置权，事实处分是指通过一定的行为对物进行处置，包括加工、改造、毁损等，法律处分是指依照法律的规定改变物的权利状态，包括转让、租借、抵押和继承等。上述 4 项权能的充分实现是产权完整性的要求，如果有任何一种或一种以上的权能不能充分实现，则说明产权是不完整的。从这一基本的产权逻辑出发，我们认为改革开放以来我国农村土地制度变迁主要沿着"逐步扩大农民对于土地的占有、使用、收益和处分权"这条主线展开，最终形成了以耕地承包、农村建设用地以及农村土地征收 3 项制度安排为核心内容的农村土地制度体系。在这一土地制度框架内，集体建设用地和国有建设用地的权能还存在巨大的差异，集体建设用地还不能直接进入建设用地市场，其占有、使用、收益和处分权能的实现还存在较大程度的限制。

我国现有土地征收制度未能公平地兼顾国家、集体和个人的利益。这意味着政府事实上垄断了非农建设用地供给的一级市场。由于政府对土地市场的垄断,在土地征收过程中,地方政府几乎具有单方面制定补偿标准的权力,不论农村土地的所有者(村集体)还是实际占用者(农民),在土地征收补偿谈判中都处于相对弱势地位,它们的议价能力受到了较大的限制。为了最大限度地获取土地市场溢价,扩大土地财政收益,地方政府倾向于执行较低的土地征收补偿标准,往往按照该土地一定年限的农业收益补偿被征地农民,导致农民并不能分享足够的土地市场增值收益。① 同时,《中华人民共和国宪法》及《中华人民共和国土地管理法》等相关法律、法规始终没有明确界定"公共利益"的确切内涵,致使各地政府在实际操作中大大跨越了公共利益的边界,不仅出于城市基础设施建设需要征收农村土地,而且在更多情况下因为招商引资和房地产开发等目的大规模征收农村土地,导致政府征地规模扩张过快。

集体建设用地权能不足实际上是对集体土地所有者权益的侵蚀,导致我国城乡建设用地市场的效率和公平损失,对城市产业结构变动产生了重要的影响。首先,在我国严格的耕地红线约束下,集体建设用地不能直接入市限制了建设用地市场的土地供给来源,导致我国建设用地供给趋紧,土地价格上涨,企业的用地成本上升过快。我国集体建设用地的存量较大,以本节重点研究的广东佛山南海区为例,南海区土地面积为 1073.82 平方公里,其中集体土地面积为 658.15 平方公里,约占土地总面积的比重为 61.3%;集体建设用地面积为 303.98 平方公里,约占土地总面积的 28.3%;其中,集体经营性建设用地面积为 171.37 平方公里,占集体建设用地总面积的比重为 56.4%。长期以来,由于这部分存量建设用地不能进入市场,我国各地区工业化、城镇化进程主要靠新增占用耕地来支撑,这一方面导致我国耕地保有量大幅减少,对耕地红线和粮食安全形成了较大冲击;另一方面导致未来经济发展所需的土地要素供给日益趋紧。以广东省为例,2000—2008 年,广东省耕地面积减少 29.7 万公顷,年均减少 3.3 万公顷。2008 年,广东省耕地面积仅有 283.1 万公顷,已经大大超前低于《广东省土地利用总规划》提出的 2020 年全省耕地

---

① 虽然 2013 年 3 月 26 日《中华人民共和国土地管理法》已删除了"原土地补偿费和安置补助费的总和不得超过土地被征用前三年平均年产值的 30 倍的土地管理规定",但是农民相对弱势的谈判地位仍然没有得到根本性改变,政府仍然享受了较大部分的土地市场增值收益。

面积不少于 290.87 万公顷的保护目标。在现有耕地资源不足的情况下,未来通过占用耕地取得建设用地的方式已经难以为继,建设用地指标约束趋紧将成为常态。土地供给紧张直接的后果就是土地价格上涨过快,企业用地成本上升,这形成了推动产业向外扩散的离心力,不利于城市制造业的发展。

此外,集体建设用地不能直接入市导致土地利用效率低下。在建设用地指标趋紧的同时,我国还存在大量的闲置和低效利用的土地,特别是集体建设用地闲置和低效利用造成的浪费和效率损失十分惊人。随着我国工业化和城镇化进程的加速进行,大量农村人口迁移到城市工作、定居,但由于集体建设用地市场的缺失,许多农村地区宅基地大量闲置,农村村落出现了不同程度的“空心化”现象。同时,在城市中的集体土地建设项目不仅报建手续烦琐,而且批准的容积率过低。例如,广东省各城市集体土地建设项目批准的容积率水平普遍在 1.0 左右,显著低于相近区位、功能相同的国有土地建设项目,这大大降低了土地资源的使用效率,导致单位土地面积的经济产出较低,降低了城市的产业发展效率。

(二) 南海区集体土地入市改革的经验分析

作为广东省唯一的试点地区,在本轮土地制度改革中,南海区承担了农村集体经营性建设用地入市的试点任务。为此,南海区于 2015 年 12 月出台了《佛山市南海区农村集体经营性建设用地入市管理试行办法》,为本辖区农村集体经营性建设用地入市提供总的政策指引,并在以后的时间内陆续出台了土地增值收益调节金与税费征收办法、农村集体经营性建设用地完善用地手续实施细则、农村集体资产管理交易办法、农村集体经营性建设用地入市监管指导意见、农村集体经营性建设用地抵押融资管理办法、农村集体建设用地片区综合整治指导意见等 11 份入市政策文件,形成了完整的农村集体经营性建设用地入市规则体系(具体参见表5-7)。从试点以来取得的成效来看,南海区所采取的各项改革举措具有较强的系统性、整体性和协同性,在有序拓展集体建设用地权能的同时,也有效地规避了可能的风险。

**表 5-7　南海区农村集体经营性建设用地入市基本规则**

| 项　目 | 内　　　容 |
|---|---|
| 入市范围 | 土地利用总体规划和城乡规划确定为工矿仓储、商服等经营性用途的存量农村集体建设用地,国有划拨留用地 |
| 入市主体 | 村(居)集体经济组织 |
| 入市方式 | 出让、租赁、作价出资(入股)、转让、出租和抵押等 |
| 入市年限 | 不得超过同类用途国有建设用地使用权出让的最高年限 |
| 入市价格 | 原则上不得低于农村集体经营性建设用地基准地价(基准租金)的70% |
| 入市交易方式 | 招标、拍卖、挂牌(含网上挂牌)及现场竞价 |
| 交易服务机构 | 南海区公共资源交易中心、各镇(街道)公共资源交易中心 |
| 到期处理 | 入市期满,农村集体经营性建设用地使用权、地上建筑物及附着物按出让、租赁、作价出资(入股)合同的约定处理,未约定的由村(居)集体经济组织无偿收回 |

1. 多规合一,合理确定集体土地入市范围

为了在政策上明确划分集体土地入市的范围,南海区利用"多规合一"试点的机遇,对城乡发展总体规划、土地利用规划等进行重新修编。为此,南海区专门招标聘请中介机构开展基础数据调查工作,对全区 1.5 万多个农村集体经营性建设用地调查单元进行上图入库,明确每一宗土地的地块位置、权属状况、土地面积、土地用途及开发利用情况等信息。同时,南海区通过召开征询会议、问卷调查、上门走访等形式,对农村集体、投资者、金融机构、管理部门等不同入市主体开展入市意愿调研,充分获取各类市场主体对入市试点改革的意愿与利益诉求,全面掌握农村集体经营性建设用地的利用现状。在做好基础性准备工作之后,南海区根据东、中、西三大片区不同的发展定位,统筹土地利用、城乡建设、产业发展等规划在空间上的融合协调,对农村集体经营性建设用地的规划进行调整,使其符合不同片区产业规划和城市规划要求,推进控制性详细规划编制全覆盖。

在规划修编的基础上,南海区将试点入市的集体土地限定为土地利用总体规划和城乡规划所确定的工矿仓储、商服等经营性用途的存量农村集体建设用地。而所谓存量农村集体建设用地是指以 2014 年度土地变更调查成果为基础,参照南海区标图建库成果确定的农村集体建设用地,包括手续完善的

农村集体建设用地、暂未完善用地手续的历史遗留农村集体建设用地。通过推进"多规合一"和规划修编，南海区强化规划对集体建设用地入市活动的引导和约束功能，避免了"一哄而上、遍地开花"的无序现象，有力地推进集体建设用地有序入市。

2. 鼓励入市方式多样化，提高市场交易效率

南海区集体建设用地的入市方式具有多样化的特点，具体包括一级市场上的出让、租赁和作价出资（入股）三种方式，以及二级市场上的转让、出租和抵押三种方式。作为农村股份制改革的结果，南海区农村集体土地均集中在集体经济组织手中，集体经济组织既是农村集体土地的所有者，也是农村集体土地的实际占有人。因此，集体经济组织作为所有者向市场供给土地的过程就构成了南海区农村集体土地入市的一级市场。在这一市场上，集体经济组织向市场提供土地的方式有三种：一是出让，集体经济组织将农村集体经营性建设用地使用权在一定年限内让与土地使用者，土地使用者向村（居）集体经济组织支付土地出让价款。出让年限一般不得超过同类用途国有建设用地使用权出让的最高年限；二是租赁，集体经济组织作为出租人将一定年限的农村集体经营性建设用地使用权出租给投资者使用；三是作价出资（入股），集体经济组织将一定年限的农村集体经营性建设用地使用权评估作价，作为出资与其他投资者共同举办联营企业，联营企业为集体土地的实际使用人。在一级市场上获得土地后，集体建设用地使用人还可以将土地再次入市交易，这构成了集体建设用地入市的二级市场。南海区将二级市场上的集体土地交易方式界定为转让、出租和抵押三种。转让是指土地使用权人将农村集体经营性建设用地使用权再转移的行为，具体包括出售、交换与赠予。出租是指土地使用者作为出租人将农村集体经营性建设用地使用权或随同地上建筑物及附着物出租给承租人使用。抵押是指土地使用权人可以将农村集体经营性建设用地使用权作为抵押向金融机构融资。上述多样化的入市方式有助于提高集体土地市场供需双方的匹配度，能够更好地满足集体土地所有者和使用者的利益诉求，提高了集体建设用地市场的交易效率。

目前企业普遍通过两种方式进入南海区集体土地市场：一是租赁方式。村集体经济组织在集体资产管理交易平台对拟入市集体建设用地进行招拍

挂,出租土地使用权,土地使用年限一般在 30—40 年之间。有意向的投资者通过交易平台竞拍,租金出价最高者获得,租金每年支付一次。项目建成后归集体经济组织所有,投资方取得土地出租期内物业的经营使用权,但只能以出租方式推向市场获取租金收益,而不能对外销售,土地到期后土地连同其上的物业均由集体经济组织收回。① 二是出让方式。这种方式介于上述租赁与国有土地出让方式之间,同样由集体经济组织在集体资产管理交易平台对拟入市土地进行招拍挂,出让 30—40 年的土地使用权。投资者通过集体资产交易平台竞拍土地,租金出价最高者获得。所不同的是,土地竞拍租金须一次性支付给村集体经济组织,这又与国有土地使用权出让相类似。同时,投资者获得土地出让期内该房地产的所有权,项目建成后可以向市场销售获利,购房者购买这类物业的流程与普通的商品房买卖无异,可以进行产权登记。但与普通商品房登记不同的是,购房者要向南海区不动产登记机构申请办理共用土地房产"两证合一"登记,并且在核发的房地产权证上注明"权属人对地上房产的持有年限不超过本宗地的出让年限,土地出让年限届满后,土地及地上建筑物、附着物由集体土地所有权人无偿收回",实际上购房者只获得了一定年限的物业所有权。

从已入市项目实际运作的效果来看,由于集体建设用地没有经过国家征用环节,投资者获得土地的租金价格明显较低。较低的土地成本使得项目建成后的租金以及销售价格也明显较低,通常只相当于同类地段普通商品房租金和售价的 40%—50% 左右,市场需求旺盛。这一方面有助于降低城市居民的居住成本,抑制房地产价格泡沫膨胀;另一方面增加了土地要素供给,降低了企业生产经营成本,有助于城乡实体经济发展。

3. 完善集体土地整备机制,推进集体土地统筹开发

针对农村集体经营性建设用地量大分散、利用低效以及配套设施不足的状况,南海区探索建立了农村集体经营性建设用地整备制度,成立集体土地整备中心。通过所有者托管的方式,集体土地整备中心将符合入市条件的集体经营性建设用地进行集中连片整理,统一招商入市,有效解决了以往集体土地

---

① 这与近期国家开展利用集体建设用地进行租赁住房试点的做法类似。

零星分散,难以利用的问题,实现集体土地开发利用的规模经济效应,提升了土地利用效率。在推进集体土地统筹开发的过程中采取了以下三点颇具地方特色的做法:(1)探索乡村片区综合整治模式。结合旧村(居)改造、村级工业园改造提升等需要,南海区通过土地权属调整、土地利用规划调整、城乡规划调整、地类调整等措施,对片区内土地重新划分宗地并确定产权归属,进行边界规整、地类调整复垦,配套基础设施后入市,有效克服了片区改造中涉及入市主体众多、权属交错、地类多样的不利因素,形成了符合规划、地块完整、配套完善的集体建设用地,畅通了集体土地入市途径。(2)制定产业载体项目土地利用特殊政策。在试点过程中,有不少干部对允许集体建设用地直接入市抱有较大疑虑,认为一旦政府不再垄断建设用地一级市场供给,政府可能会无法利用土地政策工具为本地经济发展服务。为此,南海区在试点中探索农村集体经营性建设用地产业载体开发与利用制度,支持本地区重点产业的发展,发挥土地利用政策对产业结构转型升级的引导作用。其基本做法是赋予2.5产业①载体项目用地及地上物业预售、分割登记、分拆销售的权利,土地开发者可以加快资金回笼,降低其资金成本,大大拓展了农村集体建设用地的权能,更好地释放了集体土地的市场价值。正因为如此,产业载体项目对集体土地所有者和投资者都更有吸引力,成为企业进入当地集体土地市场的主要方式。(3)着眼于城乡建设长远发展需要,探索建立公共用地预留制度。南海区在推进控制性详细规划城乡全覆盖的过程中,要求集体经济组织必须严格按照城乡规划要求,在使用、出让、租赁、作价出资(入股)农村集体经营性建设用地的同时,必须预留20%—25%的集体土地作为城乡公共基础设施和公共服务设施用地,从而实现集体建设用地与国有建设用地的"同权、同责"。

4.完善配套制度,规范土地入市行为

集体土地入市交易涉及多方利益,必须提高其规范化水平,否则很容易引发各方矛盾和问题,为此,南海区在以下三方面完善配套制度,规范集体建设用地入市行为:(1)建立统一的土地交易平台。南海区出台了《佛山市南海区

---

①　2.5产业是南海区政府鼓励发展的现代生产性服务业,指介于第二和第三产业之间的中间产业,既有商务服务、贸易、结算、现代物流等第三产业的职能,又兼备独特的研发、核心技术产品的生产等第二产业运营的职能。

农村集体资产管理交易办法》,在区、镇两级构建"一个平台、两级交易"的集体土地公开交易服务体系,完善农村集体经营性建设用地区级交易的审批流程和平台建设。明确划分区级交易和镇级交易的业务范围,要求入市土地面积达到一定标准(租赁 100 亩及以上或出让 50 亩及以上)或具有较大影响的项目用地入市,必须进入区级中心公开交易。同时,南海区还建立了农村财务监管平台,将农村集体经营性建设用地入市取得的收入纳入该平台监管,有效防止未经公开交易私下流转集体建设用地的行为。(2)制定基准地价,建立统一地价体系。随着集体建设用地市场的逐渐发育,市场对土地"同权、同价"的要求越来越强烈,因此,制定集体建设用地基准地价体系就十分必要。南海区对 2012 年首次颁布实施的集体建设用地基准地价进行更新修订,于 2015 年 11 月印发实施了《南海区 2014 年建设用地基准地价》,对国有建设用地基准地价和集体建设用地基准地价同时进行了调整,构建了统一的城乡地价体系,有效引导市场主体理性选择,提高了稀缺土地资源的空间配置效率。(3)建立统一的土地信息系统。为规范农村集体经营性建设用地数据信息管理,南海区建立了统一的农村集体经营性建设用地信息管理系统。这个系统主要具有以下三大主要功能:一是数据查询。依托全区农村集体经营性建设用地基础数据调查,形成全区集体经营性建设用地利用现状综合数据库,详细记录每宗集体经营性建设用地的面积、权属、利用现状等情况,提供实时数据查询。二是交易信息更新。将全区农村集体经营性建设用地的交易情况进行动态更新,并实现交易数据的查询、统计和汇总功能。三是开发利用监管。对农村集体经营性建设用地的入市开发利用、闲置监管等信息进行实时更新,成为政府对农村集体经营性建设用地入市监管的重要辅助手段。(4)建立集体土地入市全程监管体系。南海区在试点政策设计中,除了强调土地交易双方的主体责任外,特别注重政府相关职能部门的职责介入,以保证公开交易、合同履行、土地使用等环节的顺利推进,形成入市全程监管体系,出台了《佛山市南海区关于加强农村集体经营性建设用地入市监管的指导意见》。该意见在公开交易环节,要求加强交易审核、现场交易、交易价款缴纳等的监管,防止不公正交易行为的发生;在开发利用环节,要求由政府部门与交易双方签订土地开发协议、土地开竣工申报、建设项目现场核查、闲置土地查处等方式,加强对已入市农村集体经营性建设用地的开发利用监管,以促进土地的有效利用,防止集体土地闲置。

　　自 2015 年 12 月首宗集体经营性建设用地挂牌成交以来,南海区集体土地入市规模平稳增加。截至 2017 年底,共有约 50 宗集体土地成功入市,总成交金额约 50 亿元。这一方面提高了农村集体存量建设用地集约利用水平,提升了城市产业效率;另一方面也有效扩大了土地供给,抑制了土地价格的过快上涨,降低了企业的用地成本,并最终在一定程度上促进了南海区产业结构的优化升级。从表 5-8 可以看出,与全国大多数地区类似,南海区近年来房地产业发展迅速,房地产业占 GDP 的比重从 2007 年的 5.68%上升到 2016 年的 10.33%。但在房地产业快速发展的同时,南海区的房价和地价水平却呈现出温和的平稳上涨态势。2017 年第 3 季度,南海区商业用地价格(地面价)平均为 6635 元/平方米,居住用地价格为 5063 元/平方米,工业用地价格为 559 元/平方米,三类地价均显著低于同处于珠三角核心区的其他周边城市。相对稳定的地价水平对第二产业特别是工业发展十分有利,总体上看,2007—2016 年间,工业仍然是南海区最具优势的主导产业,2007 年工业占全区 GDP 的比重为 61.70%,到 2016 年虽然房地产业快速膨胀,但工业所占比重仍然高达 55.83%。同时,相对稳定的地价和房价也对服务业的发展有利。2007—2016 年间,南海区第三产业稳定快速地增长,2007 年第三产业占全区 GDP 的比重为 34.34%,到 2016 年这一比重上升到 39.84%。特别是自集体土地入市改革以来,有相当比重的入市土地被服务业所吸纳,南海区以现代物流、电子商务、金融为代表的现代服务业也得到了快速发展。

表 5-8　近年来南海区产业结构变化　　　　　　(单位:%)

| | 2007 | 2008 | 2013 | 2014 | 2015 | 2016 |
|---|---|---|---|---|---|---|
| 地区生产总值 | 1231 | 1491 | 2172 | 2189 | 2229 | 2411 |
| 第一产业 | 2.05 | 1.94 | 2.01 | 2.18 | 2.06 | 2.00 |
| 第二产业 | 63.60 | 64.25 | 52.06 | 59.60 | 59.59 | 58.16 |
| 工业 | 61.70 | 62.35 | 58.36 | 57.25 | 57.22 | 55.83 |
| 建筑业 | 1.90 | 1.89 | 1.70 | 2.34 | 2.41 | 2.33 |
| 第三产业 | 34.34 | 33.82 | 45.93 | 38.23 | 38.35 | 39.84 |

| | 2007 | 2008 | 2013 | 2014 | 2015 | 2016 |
|---|---|---|---|---|---|---|
| 批发和零售业 | 4.65 | 4.78 | 3.08 | 7.37 | 7.30 | 7.24 |
| 交通运输、仓储和邮政业 | 2.44 | 2.39 | 3.07 | 3.88 | 3.25 | 3.16 |
| 住宿和餐饮业 | 2.65 | 2.77 | 1.89 | 1.06 | 1.04 | 1.02 |
| 金融业 | 3.03 | 2.85 | 4.07 | 4.77 | 4.87 | 5.39 |
| 房地产业 | 5.68 | 5.73 | 8.21 | 9.18 | 9.75 | 10.33 |
| 其他服务业 | 15.89 | 15.30 | 17.60 | 11.87 | 12.00 | 12.61 |
| 营利性服务业 | 11.95 | 11.15 | 13.00 | 4.89 | 5.61 | 6.02 |
| 非营利性服务业 | 3.94 | 4.15 | 4.61 | 6.98 | 6.39 | 6.59 |

### 三、南海区集体土地入市改革深化的政策建议

（一）南海区集体土地入市改革存在的问题

自试点改革启动至今，南海区已基本建立起城乡统一的建设用地市场，基本实现了集体建设用地与国有建设用地"同权、同价、同责"。入市改革得到全国人大及国务院的授权，集体经营性建设用地入市的法律地位得到肯定，土地权能得到进一步释放，集体土地价值得到提升，建设用地市场供给渠道得到了拓展，土地供给规模增加，在很大程度上抑制了土地价格与企业用地成本的上升。同时，集体土地所有者和使用者对土地的认识和利用倾向正在发生质的转变，市场参与意识得到了进一步加强，集体土地的利用效率得到了进一步提升。虽然取得了上述成效，但南海区集体土地入市改革工作也暴露出一些问题，需要在今后的改革过程中进一步完善。

1. 入市范围问题

本次改革试点可入市的农村集体经营性建设用地被限定在存量农村集体建设用地范围内，即依据 2014 年度土地变更调查结果，变更调查中确定为集体建设用地的才可纳入存量范围。但是，根据广东省土地征收制度和南海区征地安置补偿的习惯做法，留用地安置（集体建设用地或国有划拨留用地）作为征地安置补偿方式之一在南海区得到广泛应用，在试点期间产生较大量的新增集体建设用地是必然的事实。作为村集体的发展用地，这些新增的集体

建设用地(含国有划拨留用地)如在手续完善的前提下不允许入市,或历史欠账的留用地在完善手续后不允许入市,不仅会造成土地闲置和资源浪费,也会严重影响农民收益。此外,数量更为庞大的农村宅基地和"小产权房"也不能入市,导致南海区本次改革试点的影响面和入市土地规模受限,未来尚需要更多的"突破"。

2. 土地使用权到期后的产权处置问题

在集体建设用地与国有建设用地能否实现"同权、同价"的问题上,二者最大的差异在于土地使用期限届满后产权的归属处置问题。由于南海区集体土地入市已探索 20 多年,农村集体对土地支配权的意识极为强烈,目前南海区的集体土地入市基本上均在合同中约定土地使用权到期后,土地及其地上建、构筑物无偿归集体所有。这与现有国有建设用地使用权到期后,"土地使用者需要继续使用土地的,应当至迟于届满前一年申请续期,除根据社会公共利益需要收回该幅土地的,应当予以批准"的规定存在极大差异,导致集体建设用地难以实现与国有建设用地的"同权、同价",也在一定程度上削弱了集体土地对投资者的吸引力,并进一步对集体土地进入市场的规模造成了负面的影响。

3. 土地增值收益调节金征收问题

与国有土地一样,集体建设用地在入市过程中也需要投入大量的财力、人力进行"三通一平"等配套基础设施开发,这就决定了入市收入不能仅仅由原集体土地所有者和使用者享受,必须将其中的一部分交由政府集中使用于基础设施建设和公共服务供给。这就是集体建设用地入市过程中必须要解决的"同责"问题,其解决的直接办法在于征收一定比例的土地增值收益调节金,而根本办法则在于完善土地增值收益在国家、集体和个人之间的分配机制。对于南海区而言,历史上的集体土地流转已形成相对固定的制度安排,特别是在村集体间已普遍形成流转免费的观念,土地流转收益完全由集体和农户享有,导致流转过程中原集体土地所有者和使用者只享受土地增值收益,而不承担相应的公共责任。虽然南海区以往曾多次以不同形式对集体建设用地流转增值收益收取一定费用,但村集体在享受"同权"的同时对"同责"的认识还不到位,这项费用不仅占土地流转收益的份额较小,而且实际收取难度极大。本次改革明确了土地增值收益调节金的收取,南海区制定出台了调节金与税费征收管理办法,从制度层面对入市环节的调节金及税费征收问题予以规范,但在实施中要扭转农村集体从流转免费到入市收费的观念还需要一个适应过程,也需要进一步的政策措施配套。

4. 城乡发展规划问题

当前我国在制定和实施城乡发展规划方面还存在不少问题,在很大程度上对集体建设用地入市、集体土地利用效率和城市化质量的提升造成了负面影响:一是各地区城乡发展规划基本上还未覆盖到农村地区。广大农村地区的居民点、耕种区、保护区等各类功能区建设还未真正纳入到统一的城乡规划体系中来,城镇建设是"一张图",而农村建设则是另外"一张图"甚至"没有图",导致城乡建设相互脱节,国土空间开发的一体化水平较低。二是行政规划主体超越法定权限,规划的制定过程缺乏足够的社会参与。各类规划通常在政府的主导下编制,社会公众、独立的专业机构、行业组织等参与程度不高,特别是广大农村地区的相关利益主体参与度较低,导致规划主要反映了政府的发展意图,未能凝聚足够的社会共识。三是在没有法律依据的情况下行政规划可以变更,行政规划"软约束"的情况较为普遍。行政机关不尊重规划结果,不按规划行政,乃至随意改变规划的情况也时有发生,导致"一届政府一个规划"的现象,不利于集体建设用地有序入市。

（二）深化集体建设用地入市改革的对策建议

根据中央要求和全国人大授权,这次 33 个县（区）分别进行农村土地征收、集体经营性建设用地入市和宅基地制度三项改革的试点任务到 2017 年底完成。2017 年 9 月,中央决定把土地征收制度改革和农村集体经营性建设用地入市改革扩大到全部 33 个试点地区,宅基地制度改革仍维持在原 15 个试点地区。通过总结这 33 个试点地区,特别是广东南海区的改革经验,我们认为在坚持"土地公有制性质不改变,耕地红线不突破,粮食生产能力不减弱,农民利益不受损"四条底线的前提下,应将下一步深化改革的重点放在进一步拓展集体建设用地的权能上,逐步消除集体建设用地和国有建设用地的权能差异,构建"同地同权同价同责"的城乡建设用地管理体系,提高城乡建设用地市场运行的效率,为地区产业结构优化升级提供必要的土地要素保障。

第一，推进农村土地资产再集体化。再集体化不是退回到过去计划经济时代的状态，而是通过集体产权制度改革将农村分散的土地再集中起来，为集体建设用地入市打好组织基础。南海区集体土地入市改革的一个重要经验就是当地很早就进行了以土地股份合作为核心的集体产权制度改革，农村分散的土地被高效地集中起来统一经营，而农民成为集体经济组织的股东。通过这一改革，一方面实现了农村集体土地的规模化开发，提高了土地入市和利用效率；另一方面也较好地保障了集体土地所有者和使用者的权益。可以说，南海区本轮存量集体土地入市改革之所以能取得成功，成熟的集体经济是重要的制度保证。因此，未来在深化集体建设用地入市改革的进程中，应高度重视集体经济组织的作用，通过土地股份合作将分散的农村土地再集中起来。

第二，扩大集体土地入市范围。通过对南海区的案例分析，我们可以看出这次改革过程中集体土地入市范围仍然较为有限，改革的影响面和实施效果存在较大的局限性。因此，今后可以考虑适当扩大集体土地入市范围。一要逐步扩大农村宅基地入市。目前我国建设用地总量已经超过 4.7 亿亩，其中，城镇用地（城市加建制镇）0.5 亿亩，独立工矿用地 0.5 亿亩，而村庄用地（不含独立于村庄之外的乡镇企业用地）则高达约 2.5 亿亩，其中绝大部分属于农民宅基地。而数量如此庞大的农村宅基地中有不少已丧失了居住功能，处于闲置状态，如果将这些闲置宅基地复垦可以增加相当数量的可耕地，这将释放巨大的可利用建设用地潜力；二要探索小产权房分类处置机制。当前我国各地区普遍存在各种类型的小产权房，小产权房不仅数量庞大，而且土地、权属关系复杂，汇集了大量社会矛盾，国家不可能长期忽视这一问题。因此，下一步应将探索小产权房分类处置机制提上议事日程，主要思路是对小产权房按照土地性质、是否符合规划、是否符合质量标准等进行科学的分类，针对不同类型的小产权房采取不同的处置办法，用市场化的手段盘活小产权房及小产权房用地；三要将留用地纳入存量农村集体建设用地入市范围，对因征地返还给村集体的新增集体经营性建设用地，在完善手续后允许入市。

第三，统一国有和集体土地使用权到期后的产权处置办法。2017 年 11月 27 日，《中共中央、国务院关于完善产权保护制度依法保护产权的意见》发布，明确提出要研究住宅建设用地等土地使用权到期后续期的法律安排，推动形成全社会对公民财产长久受保护的良好和稳定预期。为此，我们建议国家应合并研究集体建设用地和国有建设用地使用权期限届满后，土地及其地上建构筑物的产权处置问题，提供统一的解决方案。其基本原则应尽量使集体建设用地与国有建设用地在土地使用期限届满后产权的归属处置方式趋同，打破二元管理体制，为实现二者的"同权同价同责"创造条件。

第四，合理征收土地增值收益调节金。与国有土地一样，入市的集体建设用地也需要投入大量的财力、人力进行"三通一平"等配套基础设施开发，但与国有土地不同的是，集体建设用地使用权的出让者不是政府而是农民或集体组织，政府不能直接获取土地出让收入。这就决定了入市收入不能仅仅由原集体土地所有者和使用者享受，必须将其中的一部分交由政府集中使用于基础设施建设和公共服务供给。这就是集体建设用地入市过程中必须解决的"同责"问题，其解决的直接办法在于征收一定比例的土地增值收益调节金，而根本办法则在于完善土地增值收益在国家、集体和个人之间的分配机制。今后，国家要在改革过程中研究制定合理征收土地增值收益调节金的制度，明确集体土地入市收益在农村集体组织、农民和政府之间的分配比例，有效平衡国家、集体和个人之间的利益。

第五，加强各类发展规划的约束力。为了进一步提高集体土地利用效率和城市化质量，今后必须从中央和地方政府各个层面加强城乡各类发展规划的约束力：一是推进城乡发展规划全覆盖。要将规划完全覆盖到农村地区，真正实现城乡发展"一张图"，避免"两张皮"。二是加强规划制定过程的社会参与，提高规划的科学合理性。成立由政府部门代表、专家和公众代表组成，并且专家和公众代表委员人数应占大多数的城乡规划委员会，地方任何规划决策应由其进行审议决定，促使各项规划尽可能凝聚最大社会共识。三是推进和完善我国地方发展规划立法工作，以法治化手段强化地方发展规划的严肃性，严格限定地方发展规划更改的条件，杜绝各级政府以行政力量不当干预发展规划实施，防止出现"一届政府一个规划"的现象。

第六，建立协商征地制度。按照国家土地征收制度改革的要求，今后各级政府要逐步缩小征地范围，缩减征收规模。学术界甚至有人据此提出要将地方政府的征地行为严格限定于公共用途，明确政府征地权行使的合法基础在于征地用途的公益性和征地补偿的公平性,即只有公益性用地才纳入国家征地范围,并且政府对公益性用地征收也应按照其市场价值进行充分补偿。如果完全按照这种思路进行操作,我国各级地方政府促进本地经济发展的政策抓手将更加缺乏,为此,建议可探索建立协商征地制度,即在法律上不一定要将政府的征地权力严格限制在公益性用途上。政府可就工商业和城市开发用途与土地所有者进行自由协商征地,集体土地所有者可在集体土地直接入市和国家征用之间进行基于市场理性的选择。同时,完善国家、集体、个人的土地增值收益分配机制,实现土地增值收益在国家和集体之间分配比例的大体平衡,形成程序规范、补偿合理、保障多元的土地征收制度。

# 第六章　城市化投融资制度与
产业结构优化升级

## 第一节　我国城市化投融资制度安排分析

### 一、我国城市化进程中地方政府的支出责任

世界城市化发展的诺瑟姆曲线①表明:当一个国家城市化水平低于30%
的时候,其整体经济发展通常较为缓慢,农业在国民经济中仍占据主导地位;
当城市化水平超过30%时,其经济发展便跨越了第一个拐点,进入工业化高
速发展的阶段;而当城市化水平继续提高到超过70%之后,则经济发展面临
第二个拐点,整体经济发展趋于平缓,社会进入后工业化发展阶段(Northam,
1974)。当前我国城市化水平正处于第一拐点之后的工业化高速发展阶段,
在这一阶段,快速的工业化进程推动了城市化加速发展,每年我国均有大量人
口从农村流向城市,导致对城市基础设施、公用事业及公共服务的需求急剧增
长,亟待大规模增加公共资金投入。

自改革开放以来,我国中央和地方的关系模式总体上可以概括为"政治
上集中、经济上分权",各级地方政府基本上获得了本辖区内的经济管理自主
权,成为相对独立的行政主体,各级政府管理地方事务的职责范围也迅速扩
大。在这种背景下,城市化过程中所涉及的基础设施建设、公用事业发展及公

---

① 这是一个旨在揭示世界城市化发展共同规律的经验性统计描述,它是1979年由美国城
市地理学家诺瑟姆(Northam)首先发现并提出的。

共服务的提供等均成为地方政府的重要职责,相应地,我国各级地方政府也承担了越来越大的财政支出责任。在目前的体制框架内,我国各级地方政府所承担的责任包括法制性责任和行政性责任两类。法制性责任是指法律、法规明文规定的各级地方政府应该承担的责任,这涉及以下三个层面的法律规定:(1)宪法层面的规定。从《中华人民共和国宪法》的基本规定来看,我国是按照"中央统一领导、地方分级管理"的准则来进行中央政府和地方政府(省及省以下)的事权划分的。中央政府的财政支出责任主要包括涉及国家安全、国防、内政、外交、宏观调控、区域财力平衡、全国性及跨地区的基础设施建设、环境保护重点项目、大型国有企业设立与管理、协调地区间经济和社会事业发展、中央政府机关职能运转以及中央直接管理的事业发展等支出项目。通过承担上述财政支出责任,来保证国家经济社会运转的统一性和宏观调控的有效性。地方政府的主要责任包括区域性的经济发展、公共服务、结构调整、环境改善、本级机关的职能运转和直管事业的发展等支出项目,完善中观调控,以达到承上启下,增强行政效能,促进地方发展的目标。此外,基础教育、卫生防疫、生态环保等涉及全体国民的支出,由中央、省和市县政府共同协调承担,中央政府要在全国范围内进行统一规划、统一调控、统筹发展。(2)一般性法律层面的规定。《中华人民共和国地方各级人民代表大会和地方各级人民政府组织法》对各级地方政府的职责做出了相应的规定,具体如下:执行本级人民代表大会及其常务委员会的决议,以及上级国家行政机关的决定和命令,规定行政措施,发布决定和命令;领导所属各工作部门和下级人民政府的工作;改变或者撤销所属各工作部门不适当的命令、指示和下级人民政府不适当的决定、命令;依照法律规定任免、培训、考核和奖惩国家行政机关工作人员;执行国民经济和社会发展计划、预算,管理本行政区域内的经济、教育、科学、文化、卫生、体育事业、环境和资源保护、城乡建设事业和财政、民政、公安、民族事务、司法行政、监察、计划生育等行政工作;保护社会主义全民所有的财产和劳动群众集体所有的财产,保护公民私人所有的合法财产,维护社会秩序,保障公民的人身权利、民主权利和其他权利;保护各种经济组织的合法权益;保障少数民族的权利和尊重少数民族的风俗习惯,帮助本行政区域内各少数民族聚居的地方依照宪法和法律实行区域自治,帮助各少数民族发展政治、经济和文化的建设事业;保障宪法和法律赋予妇女的男女平等、同工同酬和婚姻自由等各项权利;办理上级国家行政机关交办的其他事项。(3)专门法律的规定。我国经济社会发展中一些特定领域、行业等的专门法律也对中央和地方政府的职责进行了划分,包括《中华人民共国教育法》、《中华人民共和国义务教育法》、《突发公共卫生事件应急条例》、《中华人民共和国环境保护法》等法律法规。

尽管上述三个层次的法律都对中央和地方政府的职责进行了划分,但界定得仍然比较笼统,在实际工作中很容易出现地方责任边界难以清晰地界定和地方责任扩大化的情况,导致地方政府职能泛化,政治、经济、文化、社会和生态建设无所不包。例如,《中华人民共和国地方各级人民代表大会和地方各级人民政府组织法》第五十九条第一款规定,省、市、县政府应执行本级人民代表大会及其常务委员会的决议,以及上级国家行政机关的决定和命令;第六十一条第一款规定,乡镇政府应执行本级人民代表大会的决议和上级国家行政机关的决定和命令。《中华人民共和国村民委员会组织法》也规定,村民委员会要接受乡镇政府的指导和帮助,协助乡镇政府工作。由于法律没有规定具体的某项责任只能下派到哪一级政府为止,而下级政府必须执行上级政府的决定和命令,完成上级政府交办的任务,因此,理论上讲,上级政府可以扩大化地将任务下派给下级政府,直到最底层的乡镇政府和村民委员会。此外,上级政府将任务转移给下级的另一条途径是党的系统,各级政府受同级党委的领导,而党的组织原则之一就是下级服从上级,所以上级政府的任务可以提交党委形成党的决议,或者上级政府的任务本身就是同级党委决议所提出的,这个决议可以下派给下级党委,再通过下级党委转移给下级政府,如此不断地向下转移,直至乡镇政府和村民委员会。这样在实际操作中,地方政府承担了大量法律法规没有明文规定,而由上级政府行政安排的职责。这类行政性职责一方面涉及的内容广泛,如招商引资、征地拆迁、计划生育、安全生产、环境保护和社会管理等;另一方面具有较大的不确定性,在不同时期会随着上级政府中心工作的变动而变化。并且,有时这类行政性职责还有严格的考核指标要求,有的甚至是"一票否决"。所有这些都导致公共管理责任过多地向地方下沉,各级地方政府承担了过度的职责压力。

## 二、我国地方政府支出责任与收入能力的矛盾

随着公共管理和公共服务供给责任的下沉,我国地方政府的投资权限也不断扩大。1993 年 11 月,党的十四届三中全会通过的《中共中央关于建立社会主义市场经济体制若干问题的决定》提出,要在投资领域实现市场对资源配置的基础性作用,将投资项目划分为公益性、基础性和竞争性三大类。公益性项目分别由中央政府和地方政府投资建设;基础性项目以政府投资为主,并广泛吸引社会资本参与投资;竞争性项目由市场主体投资建设,这一划分进一步明确了政府和市场、中央和地方的投资边界。与此同时,自 2001 年以来,对于不需要国家投资的城市基础设施、农林水利、社会事业、房地产开发、商贸设施五大类投资项目,投资总额在 2 亿元以下的,不必报中央审批,改为"谁投资、谁决策、谁收益、谁承担风险"的原则,地方政府出资的项目由地方政府审批。2004 年,《国务院关于投资体制改革的决定》①进一步规范了各级政府的投资行为。把政府投资限定在"主要用于关系国家安全和市场不能有效配置资源的经济和社会领域,包括加强公益性和公共基础设施建设,保护生态环境,促进欠发达地区的经济和社会发展,推进科技进步和高新技术产业化"。同时,进一步合理划分中央与地方政府的投资事权,中央政府投资除本级政权等建设外,主要安排跨地区、跨流域以及对经济和社会发展全局有重大影响的项目。这一原则性的划分在事实上进一步加大了地方政府在本辖区内经济社会发展过程中的公共投资责任。地方政府在辖区基础设施、公用事业、地方产业、生态环保、科技进步等多方面承担了越来越大的投资责任。

与不断扩大的财政支出责任相比,我国地方政府的财政收入权力配置则较为单薄,导致地方政府事权扩大与财力有限性之间的矛盾愈演愈烈。进入21 世纪以来,我国城市化步伐加快,每年新增城市人口约 1000 万人以上。伴随大量的人口向城市集中,原本有限的城市公共资源无法满足日益增长的庞大需要,地方政府被迫承担了越来越多的公共支出责任。从就业、养老、住房

---

①　《国务院关于投资体制改革的决定》由国务院于 2004 年 7 月 16 日以国发〔2004〕20 号文发布,主要内容包括深化投资体制改革的指导思想和目标、转变政府管理职能,确立企业的投资主体地位,完善政府投资体制、规范政府投资行为,加强和改善投资的宏观调控,加强和改善投资的监督管理等五部分内容,以及《政府核准的投资项目目录》附件。

保障、公共卫生、医疗保障、义务教育和文化服务等基本公共服务提供,市内道路、公交线路、交通干道设施、地下地面各类管道、桥梁、隧道等基础设施建设,到环境卫生,自来水、电力、煤气、热力的生产、分配和供应,污水、雨水排放与治理,文化体育场所、娱乐场所和公园建设,房屋修缮、邮政通信等公用事业的发展,都需要地方政府进行相应的投入,所需的资金规模巨大。

在地方政府财政支出范围和规模迅速扩大的同时,政府财政收入权力却不断集中上移,地方政府的收支缺口扩大。1994 年,我国分税制改革的一个重要结果就是,财权和财力明显向上集中,中央财政收入占全国财政收入的比重大幅提升,而地方财政收入所占比重相应地明显下降。首先,从财权上看,举债权属于中央,地方未经许可不得举债,1995 年颁布的《中华人民共和国预算法》第 28 条明确规定,除法律和国务院另有规定外,地方政府不得发行地方政府债券。① 地方政府也无税收立法权、开征权和政策管理权。根据我国宪法的规定,省、自治区、直辖市的人大及其常委会在不与宪法、法律和行政法规相抵触的前提下,可以制定地方性税收法规。但是在税收立法的实际过程中,这一项规定未能真正落到实处。② 而根据我国现行税收管理体制的规定,税收课征权也主要集中于中央,凡属税法的颁布、税种的开征与停征,由国务院报请全国人大常委会审议决定。其次,财力上移表现为中央政府本级收入占全国财政收入的比重大幅上升。自 1994 年实行分税制以来,我国现行税种被划分为中央税、中央与地方共享税、地方税三种,中央税收入归中央所有,地方税收入归地方所有,共享税收入分别按比例分配给中央与地方所有。我国国税系统主要负责征收中央税、中央与地方共享税,主要包括增值税、消费税、车辆购置税,铁道部门、各银行总行、各保险总公司集中缴纳的营业税、所得

---

① 近年来我国也在不断推进地方债发行的市场化改革。2014 年,财政部印发《2014 年地方政府债券自发自还试点办法》的通知,允许上海、浙江、广东、深圳、江苏、山东、北京、江西、宁夏、青岛试点地方政府债券自发自还,意味着我国地方债发行市场化改革迈出了实质性步伐。

② 国发〔1993〕第 85 号文件规定:"中央税、共享税以及地方税的立法权都要集中在中央。"几乎所有地方税种的税法乃至实施细则均由中央制定及颁布,只是把屠宰税、筵席税的某些税权下划到地方。全国人大除了授予海南省和相当于省级的民族自治区及深圳特区可以制定地方性税收法规外,其他的省、直辖市都无权制定地方性税收法规。因此,我国税收的立法权基本上都集中于中央。

税、城市建设维护税,中央企业缴纳的所得税,中央与地方所属企业、事业单位组成的联营企业、股份制企业缴纳的所得税,地方银行、非银行金融企业缴纳的所得税,海洋石油企业缴纳的所得税、资源税,外商投资企业和外国企业所得税,证券交易税(开征之前为对证券交易征收的印花税),以及个人所得税中对储蓄存款利息所得征收的部分。地税系统负责征收地方税,具体包括营业税、城市维护建设税(不包括上述由国家税务局系统负责征收管理的部分),地方国有企业、集体企业、私营企业缴纳的所得税,以及个人所得税(不包括对银行储蓄存款利息所得征收的部分)、资源税、城镇土地使用税、耕地占用税、土地增值税、房产税、城市房地产税、车船使用税、车船使用牌照税、印花税、契税、屠宰税、筵席税、农业税、牧业税及其地方附加。从税种特征来分析,规模大而稳定的主体税种被划定为中央税和共享税,税源小而分散的税种被划定为地方税,这就导致以税收收入为主的财政预算内收入向中央集中。

　　表6-1显示了我国历年中央、地方一般公共预算收支情况,从中可以看出改革开放以来我国中央和地方政府财政收支情况的动态变化。首先,从财政收入的角度来看,全国预算内财政收入向上集中的趋势明显,中央财政预算收入规模与所占比重迅速上升。1978年,中央财政收入为176亿元,占全国一般公共预算收入的比重仅为15.52%;而地方财政收入为956亿元,占全国一般公共预算收入的比重为84.48%。到分税制实施的1994年,中央财政收入上升为2907亿元,占全国一般公共预算收入的比重上升到55.70%;而地方财政收入为2312亿元,占全国一般公共预算收入的比重下降为44.30%。此后一直到2010年,全国一般公共预算收入分配均维持了中央所占比重大于地方的发展态势。自2011年起,这一态势有所改变,地方财政所占比重开始逐步地超过中央。2014年,中央财政收入为64493亿元,占全国一般公共预算收入的比重仅为45.95%;而地方财政收入为75877亿元,占全国一般公共预算收入的比重为54.05%。其次,从财政支出的角度来看,全国财政预算支出向地方下沉的趋势十分明显,地方财政支出规模与所占比重迅速上升。1978年,中央财政支出为532亿元,占全国一般公共预算支出的比重为47.42%;而地方财政支出为590亿元,占全国一般公共预算支出的比重为52.58%。到分税制实施的1994年,中央财政支出下降为1754亿元,占全国一般公共预算支

出的比重下降到30.29%;而地方财政支出规模上升为4038亿元,占全国一般公共预算支出的比重上升为69.71%。此后地方一般公共预算支出比重持续上升,到2014年,地方财政支出规模为129215亿元,占全国一般公共预算支出的比重高达85.13%;而中央财政支出规模为22570亿元,占全国一般公共预算支出的比重仅为14.87%。可见,与迅速增加的支出责任相比,我国地方政府的预算内财力并没有相应地增加,这势必导致较大的地方财政收支缺口,地方政府在推进城市化进程中普遍面临着较大的融资压力,这促使各地纷纷转而谋求拓展预算外收入来源,"以地生财"的土地融资模式便应运而生。

表6-1　我国历年中央地方财政收支情况　　（单位:亿元、%）

| 年份 | 一般公共预算收入 | 中央 | | 地方 | | 一般公共预算支出 | 中央 | | 地方 | |
|---|---|---|---|---|---|---|---|---|---|---|
| | | 金额 | 比重 | 金额 | 比重 | | 金额 | 比重 | 金额 | 比重 |
| 1978 | 1132 | 176 | 15.52 | 956 | 84.48 | 1122 | 532 | 47.42 | 590 | 52.58 |
| 1979 | 1146 | 231 | 20.18 | 915 | 79.82 | 1282 | 655 | 51.11 | 627 | 48.89 |
| 1985 | 2005 | 770 | 38.39 | 1235 | 61.61 | 2004 | 795 | 39.68 | 1209 | 60.32 |
| 1990 | 2937 | 992 | 33.79 | 1945 | 66.21 | 3084 | 1004 | 32.57 | 2079 | 67.43 |
| 1993 | 4349 | 958 | 22.02 | 3391 | 77.98 | 4642 | 1312 | 28.26 | 3330 | 71.74 |
| 1994 | 5218 | 2907 | 55.70 | 2312 | 44.30 | 5793 | 1754 | 30.29 | 4038 | 69.71 |
| 1995 | 6242 | 3257 | 52.17 | 2986 | 47.83 | 6824 | 1995 | 29.24 | 4828 | 70.76 |
| 2000 | 13395 | 6989 | 52.18 | 6406 | 47.82 | 15887 | 5520 | 34.75 | 10367 | 65.25 |
| 2001 | 16386 | 8583 | 52.38 | 7803 | 47.62 | 18903 | 5768 | 30.51 | 13135 | 69.49 |
| 2002 | 18904 | 10389 | 54.96 | 8515 | 45.04 | 22053 | 6772 | 30.71 | 15281 | 69.29 |
| 2003 | 21715 | 11865 | 54.64 | 9850 | 45.36 | 24650 | 7420 | 30.10 | 17230 | 69.90 |
| 2004 | 26396 | 14503 | 54.94 | 11893 | 45.06 | 28487 | 7894 | 27.71 | 20593 | 72.29 |
| 2005 | 31649 | 16549 | 52.29 | 15101 | 47.71 | 33930 | 8776 | 25.86 | 25154 | 74.14 |
| 2006 | 38760 | 20457 | 52.78 | 18304 | 47.22 | 40423 | 9991 | 24.72 | 30431 | 75.28 |
| 2007 | 51322 | 27749 | 54.07 | 23573 | 45.93 | 49781 | 11442 | 22.98 | 38339 | 77.02 |
| 2008 | 61330 | 32681 | 53.29 | 28650 | 46.71 | 62593 | 13344 | 21.32 | 49248 | 78.68 |
| 2009 | 68518 | 35916 | 52.42 | 32603 | 47.58 | 76300 | 15256 | 19.99 | 61044 | 80.01 |
| 2010 | 83102 | 42488 | 51.13 | 40613 | 48.87 | 89874 | 15990 | 17.79 | 73884 | 82.21 |

| 年份 | 一般公共预算收入 | 中央 | | 地方 | | 一般公共预算支出 | 中央 | | 地方 | |
|------|------|------|------|------|------|------|------|------|------|------|
| | | 金额 | 比重 | 金额 | 比重 | | 金额 | 比重 | 金额 | 比重 |
| 2011 | 103874 | 51327 | 49.41 | 52547 | 50.59 | 109248 | 16514 | 15.12 | 92734 | 84.88 |
| 2012 | 117254 | 56175 | 47.91 | 61078 | 52.09 | 125953 | 18765 | 14.90 | 107188 | 85.10 |
| 2013 | 129210 | 60198 | 46.59 | 69011 | 53.41 | 140212 | 20472 | 14.60 | 119740 | 85.40 |
| 2014 | 140370 | 64493 | 45.95 | 75877 | 54.05 | 151786 | 22570 | 14.87 | 129215 | 85.13 |

资料来源：历年《中国财政年鉴》。

### 三、我国城市化融资方式分析

我国快速的城市化进程，既形成了对科教文卫、社会保障、公共治安、生态环保等城市基本公共服务的庞大需求，也导致对配套基础设施建设的需要日益增加，而所有这些支出责任的承担主体是各级地方政府，各级地方政府必须为满足庞大的城市化资金需求进行融资。当前我国各级地方政府城市化融资主要有以下几种方式：

（一）地方财政预算内收入

地方财政预算内收入由地方税收收入、非税收入、税收返还和转移支付三部分组成。税收收入是地方政府基于公共权力和公共服务提供依法享有的财政收入，具有无偿性和强制性的特征，是地方政府较为稳定的收入来源，是地方公共预算资金的主要组成部分。非税收入是指除了税收以外的纳入预算管理的地方其他收入项目，主要包括各类专项收入、行政事业性收费收入、罚没收入和其他收入。税收返还和转移支付是指中央对地方的激励性税收返还以及各类一般和专项转移支付。表6-2统计了我国主要年份地方预算内收入情况，从中可以看出：税收收入是地方预算内收入的主体，2007—2011年，税收收入占地方预算收入的比重均在55%左右，此后虽然有所下降，但也维持在45%左右。中央政府的税收返还和转移支付也是地方预算内收入的重要组成部分，这部分收入所占比重平均超过了30%，而且近年来呈现出增加的趋势，2012年起该比重超过了40%。非税收入的规模则相对较小，占地方预算内收入的比重基本上稳定在13%左右。

表 6-2  我国主要年份地方预算内收入 （单位：亿元、%）

| 年份 | 税收收入 | | 非税收入 | | 地方本级收入 | 税收返还与转移支付 | | 地方财政预算内收入 |
|------|------|------|------|------|------|------|------|------|
| | 金额 | 比重 | 金额 | 比重 | | 金额 | 比重 | |
| 2007 | 19252 | 55.46 | 4321 | 12.45 | 23573 | 11138 | 32.09 | 34711 |
| 2008 | 23255 | 55.80 | 5395 | 12.94 | 28650 | 13028 | 31.26 | 41678 |
| 2009 | 26157 | 53.59 | 6446 | 13.21 | 32603 | 16204 | 33.20 | 48807 |
| 2010 | 32701 | 55.57 | 7912 | 13.45 | 40613 | 18229 | 30.98 | 58842 |
| 2011 | 41091 | 54.20 | 11343 | 14.96 | 52434 | 23378 | 30.84 | 75812 |
| 2012 | 47319 | 44.46 | 13759 | 12.93 | 61078 | 45361 | 42.62 | 106440 |
| 2013 | 53891 | 46.05 | 15120 | 12.92 | 69011 | 48019 | 41.03 | 117031 |

注：①表中"比重"项为各类收入占地方预算内收入的比重；②本表数据来源于有关各年的《中国财政年鉴》。

（二）地方政府性基金收入

地方政府性基金收入是指政府通过向社会征收基金、收费，以及出让土地、发行彩票等方式所取得的收入①，收入的目的是专项用于支持特定基础设施建设和社会事业发展。在各项基金收入中，土地出让金收入的规模最大，占地方政府性基金收入的比重最高。在我国现行土地产权制度条件下，土地出让金实际上是土地使用权资本化的增值收益，我国城乡二元土地制度使得农村土地使用权只具有生产要素的属性，而不能像城市国有土地使用权那样具有物权属性。各地政府通过低成本征收农村集体土地，将其转为城市国有土地后再出让，从而获得绝大部分土地市场化增值收益，实现了土地的初级资本化。土地出让金就是各地政府以土地所有者身份出让国有土地使用权所取得的收入，是土地出让收入收缴入库后，各地分别按规定比例计提国有土地收益基金和农业土地开发基金，缴纳新增建设用地土地有偿使用费后的余额。②

---

① 根据《2010 年政府收支分类科目》确定的收支范围，政府性基金主要包括：铁路建设基金、城市基础设施配套费、国家重大水利工程建设基金、水利建设基金、大中型水库移民后期扶持基金、地方教育附加、土地出让收入、彩票公益金等 42 项。目前《中国财政年鉴》统计的政府性基金收入项目共有约 30 项。

② 2007 年之前，土地出让收入先纳入预算外专户管理，再将扣除征地补偿和拆迁费用以及土地开发支出等成本性支出后的余额缴纳地方国库，纳入地方政府性基金预算管理。2007 年开始，国家对土地出让收入管理制度进行了改革，将全部土地出让收入缴入地方国库，纳入地方政府性基金预算管理，与公共财政预算分开核算，专款专用。

国有土地出让金收入主要用于征地拆迁补偿、土地出让前期开发、城乡基础设施建设、教育、医疗、水利、城镇廉租住房保障等支出,在地方可支配总财力中正扮演着越来越重要的角色。表 6-3 列举了我国主要年份地方政府性基金收入情况,从中我们可以清楚地看出我国地方政府性基金收入的基本特征,具体如下:(1)我国地方政府性基金规模较大,且近年来增长迅猛。2009—2013年间,我国地方政府性基金收入规模与地方税收收入较为接近。2009 年,政府性基金收入规模为 15827 亿元,税收收入为 26157 亿元,二者相差超过10000 亿元;到 2013 年政府性基金收入规模增加为 48030 亿元,税收收入为53891 亿元,二者之间的差距缩小为 5000 亿元左右。政府性基金收入的增长速度要快于税收收入的增长速度。(2)地方政府性基金收入以国有土地使用权出让金收入为主。近年来我国国有土地使用权出让金收入规模较大,历年占政府性基金收入的比重均在 80% 以上。2009 年土地出让金收入占地方政府性基金收入的比重为 88.24%;到 2013 年该比重有所下降,但仍高达81.35%。同时,在各类政府性基金项目中,土地出让金收入的增长速度也较快。2009 年土地出让金收入为 13965 亿元,到 2013 年土地出让金收入增加到 39073 亿元,相当于 2009 年的 2.8 倍。

表 6-3　我国主要年份地方政府性基金收入情况　(单位:亿元、%)

| 年份 | 收入合计 | 土地出让金收入 | 地方教育附加 | 城市基础设施配套费 | 车辆通行费 | 其他 | 比重1 | 比重2 |
|------|---------|--------------|------------|----------------|---------|------|-------|-------|
| 2009 | 15827 | 13965 | 178 | 337 | | 1347 | 88.24 | 32.43 |
| 2010 | 34342 | 28198 | 243 | 611 | | 5290 | 82.11 | 58.36 |
| 2011 | 38234 | 33166 | 688 | 857 | | 3522 | 86.74 | 50.43 |
| 2012 | 31806 | 27011 | 770 | 722 | 1196 | 2107 | 84.92 | 29.88 |
| 2013 | 48030 | 39073 | 1059 | 1251 | 1409 | 5238 | 81.35 | 41.04 |

注:①表中比重 1 为土地出让金收入占政府性基金收入的比重,比重 2 为土地出让金收入占地方预算内收入的比重;②数据来源于有关各年的《中国财政年鉴》。

(三) 地方政府性债务收入

地方政府性债务收入是各地政府所属的单位和机构(包括各类产业园区融资平台、城市建设投资公司、财务公司等)依赖自身的政府信用,或通过资产抵押,向金融机构以及其他单位和个人借入的债务,其中,以土地资产为抵押物的金融机构贷款和以土地资产为担保的城投债是地方政府性债务收入的主体。《中华人民共和国预算法》规定:"地方各级预算按照量入为出、收支平衡的原则编制,不列赤字,除法律和国务院另有规定外,地方政府不得发行地方政府债券。"在法律不允许政府借债的严格限制下,各级地方政府便替代性地组建名目不一的融资平台公司,通过土地等国有资产注入等方式进行运作,由其代替政府承担城市化过程中所涉及的政府性项目融资、投资和建设职能。

从表6-4的数据可以看出,近年来我国地方性政府债务的增长迅速,债务规模迅速扩大。2007年我国地方政府性债务余额为45098亿元,到2013年我国地方政府性债务余额增加为178909亿元,年均增速约为26%左右。随着债务规模的扩大,我国地方政府偿债率(债务与地方财政预算内收入的比率)也上升较快,2007年地方政府偿债率为129.92%,此后逐年攀升,到2011年达到188.65%,近两年有所下降,但仍维持在150%左右的高位,2013年为152.87%。可见,政府性债务已经成为我国各地政府城市化融资的重要渠道。

**表6-4　我国主要年份地方政府性债务情况**　　　　(单位:亿元、%)

| 年份 | 年末地方政府性债务余额 | 增速 | 当年新增 | 比重 |
|------|------------------------|------|----------|------|
| 2007 | 45098 | 26 | 9397 | 129.92 |
| 2008 | 55687 | 23 | 10589 | 133.61 |
| 2009 | 90168 | 62 | 34481 | 184.74 |
| 2010 | 107174 | 19 | 17006 | 182.14 |
| 2011 | 143021 | 33 | 35847 | 188.65 |
| 2012 | 158858 | 11 | 15837 | 149.25 |
| 2013 | 178909 | 13 | 20050 | 152.87 |

注:①表中2011年数据系笔者基于2007—2010年政府性债务实际增速,利用指数平滑法估算的结果;②表中比重即偿债率,为政府性债务占地方预算内收入的比重;③2013年数据为截至2013年6月末的数据;④2007年增速为2002—2007年的年均增长率;⑤本表数据来源于国家审计署2011年第35号《全国地方政府性债务审计结果公报》,以及2013年第32号《全国政府性债务审计结果公报》。

近年来我国地方政府债务性收入的主要获取方式为银行贷款、项目融资(BT)和发行城投债,在这三种方式中,土地作为地方政府的重要资产发挥着

极为关键的作用,具体如下:

(1)以土地为抵押物获得金融机构贷款。地方政府成立土地储备中心收储土地,将所拥有的土地注入到地方融资平台机构,地方融资平台机构以土地使用权为抵押物向银行等金融机构申请贷款,金融机构在地方政府出具相应的信用担保后,对抵押的土地价值进行评估,然后根据土地评估价的一定比例提供贷款。地方政府获得贷款后将其投资于待出让土地的"三通一平"、"七通一平"以及配套基础设施建设,促使地块升值,并将土地出让收益再用于土地收储和开发,如此就形成了"土地征收—抵押融资—土地开发—土地增值—高价出让"的地方政府经营土地的价值增值链条。地方政府通过反复的征地、卖地行为,一方面可以持续地获得更多的土地出让金收入,另一方面也可以扩大从金融机构获取贷款的规模。近年来我国房地产市场持续高热,房价和地价呈现出相互推涨的发展态势,房价上涨导致地价跟涨,而地价的上涨又导致房价进一步上升。在此背景下,地价急剧上涨意味着地方政府土地出让金收入迅猛增长,同时也意味着以土地使用权为抵押的贷款的安全性和收益性更高,这促使金融机构信贷资产配置进一步向具有政府背景的融资平台贷款,导致各地土地抵押贷款迅速膨胀。据统计,截至2013年6月底,我国地方融资平台金融机构贷款余额高达69704亿元。

(2)项目融资(BT)。在经济全球化日益加深的背景下,作为利用外资的一种新的形式,项目融资自20世纪80年代兴起以来,就越来越得到广泛的运用,成为大型基础设施工程项目的重要融资手段。BT融资模式的基本含义是:政府通过合同约定,将拟建设的某个基础设施项目授予企业法人投资,在规定的时间内,由企业法人负责该项目的投资和建设,建设期满后政府按照等价有偿的原则向企业法人收购该项目。由于基础设施类型、投融资回报方式、项目财产权利等因素的不同,项目融资方式也日趋多样化,包括BOT、BOOT、BOO、ROT等。在我国快速城市化过程中,各地政府也普遍运用BT方式为城市基础设施项目融资,BT融资的规模也增长较快。截至2013年6月,我国地方BT融资规模已达14763亿元。

(3)以土地收益为担保发行城投债。城投债是地方政府为了满足城市基础建设需要,通过城市建设投资公司向投资者发放具有固定收益,并按期还本付息的债务凭证。地方城投债兼具政府债券和企业债券的双重属性,其最大特点是发行时通常有各地政府的隐性担保,而地方政府提供的重要担保就是土地收益,这类债券的偿还不仅依靠投资项目本身所产生的收入,而且有地方政府的土地或其他国有资产收益作为支撑。因此,长期以来城投债受到市场投资者的追捧,规模迅速扩大。据不完全统计,到 2014 年 9 月底,我国城投债的存量余额已达 3.6 万亿元,占全部信用债余额的 30%。①

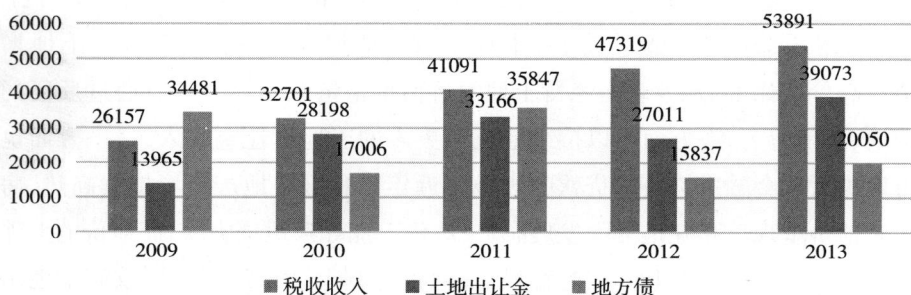

图 6-1　地方政府城市化融资主要渠道(亿元)

综上所述,在地方政府城市化融资渠道中,除了通常的税收收入以外,另一种重要的融资渠道就是土地资本化,包括通过直接出让土地获得出让金收入,以及以土地收益为抵押担保获取债务性收入。图 6-1 显示了近年来我国地方政府城市化融资主要渠道的收入来源状况,从中可以看出,每年新增土地出让金和地方债数额巨大,二者合计已明显超过税收收入。由于地方政府所收取的土地出让金中的绝大部分实际上也是由房地产开发企业所获得的金融机构贷款转化而来,因此,地方政府土地资本化规模的扩大实际上意味着地方政府、具有政府背景的各类平台公司以及房地产开发企业成为金融市场上重要的债务融资主体。此外,随着房价的上涨,居民购买房产的按揭贷款规模也不断扩大,我国居民部门的杠杆率不断攀升,如果考虑到长短期贷款、住房公积金贷款,我国居民部门债务占 GDP 的比重到 2017 年 7 月已经突破了 50%。这样,在金融资源有限的情况下,政府土地融资规模的扩张意味着其他市场主体可能面临着更为严峻的融资约束,企业获取金融机构信贷支持的难度加大。

---

① 参见《国际金融报》2014 年 11 月 3 日第 6 版。

# 第二节　土地融资与城市工业部门效率

正如斯蒂格利茨著名的预言"中国的城市化和以美国为首的新技术革命将成为影响人类 21 世纪的两件大事"所说的那样,近年来我国经历了一个罕见的快速城市化过程,我国城镇人口占总人口的比重从 2000 年的 36.2%,上升到 2016 年的 58% 左右,这意味着每年有 2000 多万人进入城市。快速的城镇化需要投入巨量的资金进行市政基础设施建设和增加公共服务供给,而这又需要有效的融资制度安排作为支撑。在一般预算内财政收入不敷所需和融资渠道缺乏的情况下,各地政府在推进本地区城市化过程中纷纷采用"以地生财"的土地融资策略,利用国有土地所有者的身份,通过土地收储开发后出让或抵押融资的方式获取所需资金。近年来,土地出让金收入和以土地为抵押物进行融资已经成为我国各地城市化的主要融资方式,各地土地出让收入和基于土地抵押的政府债务规模迅速飙升。2005 年我国土地出让金收入为 5505 亿元,到 2014 年增加为 42940 亿元,年均增速为 25.63%;与此同时,我国地方政府债务余额从 2000 年的 0.833 万亿元急速增加到 2013 年的 17.9 万亿元。一方面,政府所收取的巨额土地出让金基本上由房地产企业向金融机构借贷融资转化而来,而近年来地价和房价的累积循环因果式上涨引发了各地区房地产繁荣,吸引了大量资金通过房地产企业开发贷款和居民按揭贷款的方式进入房地产行业;另一方面,政府土地抵押融资所得资金主要投向道路、桥梁、电力、通信等市政基础设施及相关产业。这样在金融机构信贷规模既定的情况下,土地融资规模的扩张可能意味着制造业等实体经济部门可获得的融资规模减小,面临着较大的融资约束。融资约束趋紧对工业企业的固定资产更新、设备改造等长期投资和技术创新不利,可能阻碍了工业部门的效率提升,从而对工业部门的转型升级造成不利影响。

从理论研究的角度来看,目前已有一些文献关注到政府"土地融资"行为对我国经济结构与产业发展的影响,指出各地土地融资行为推动了地区房地产相关产业和工业的快速增长。曹广忠等(2007)指出,在土地财政的激励下,各地对制造业、建筑业、房地产业等一些快速产生 GDP 和财政收入的产业实行倾斜政策,导致地方产业结构可能出现过度"工业化"与"房地产业化"的倾向。陈志勇、陈莉莉(2011)的研究发现,财税体制的调整使得地方财政对房地产业的依赖较大,税收收入集权效应和土地房产财税收入的分权效应促使我国各地区加大了对房地产业的扶持力度,产业结构中房地产业所占比重上升。范剑勇、莫家伟(2014)的研究表明,我国各级政府债务不仅以直接投资的形式扩张地方经济规模,而且还会通过基础设施建设和压低工业地价的双重渠道吸引工业投资,推动本地工业增长。彭昱(2014)检验了土地资本化对产业结构的影响,认为土地资本化是近年来我国工业化快速发展的重要原因。李勇刚、王猛(2015)利用中国 1999 — 2013 年 35 个大中城市的面板数据,分析了土地财政对产业结构服务化的影响,发现土地财政虽然有助于加快工业化进程,但对产业结构服务化产生了显著的抑制作用,并且土地财政对产业结构服务化的影响还存在显著的区域差异,土地财政显著促进了东部地区产业结构服务化,但却对西部地区产业结构服务化形成了一定程度的阻碍。与他们的研究不同,吕炜、许宏伟(2012)认为,土地财政加剧了经济的波动,带来短期内政府公共支出增加和经济增长,但长期内并不必然促进经济增长,且会导致经济结构日趋不合理。王剑锋等(2014)从历史分析的视角出发,发现中国的土地财政内生于赶超型体制下的财政膨胀压力。土地融资型公共资本投资具有提高贸易部门产出的作用,其扩张属性容易导致我国产业结构失衡。陶长琪、刘振(2017)将土地因素引入 C–D 生产函数时,发现土地财政对产业结构合理化存在非线性效果,对东部和中部地区来说,当土地出让性收益分别低于其临界值时,土地财政促进产业结构趋于合理;而分别高于这两个值时,土地财政会抑制产业结构的合理演进。

可见,无论从实践还是理论的角度来看,以土地融资为主的城市化融资模式对我国各地区产业结构产生了重要的影响。下面我们拟就土地融资、工业企业面临的融资约束以及工业部门效率之间的关系进行深入分析,以揭示我国现阶段城市化融资模式对我国产业结构优化升级的实际影响,并在此基础上提出相关政策建议。

**一、城市化融资模式与产业结构升级**

产业结构升级是指一个国家(地区)整个产业体系由低技术水平、低附加价值状态向高技术水平、高附加价值状态演变的趋势,这种演变趋势至少包括以下两个维度的转变:一是产业结构转换,具体表现为国民经济结构中大类(SIC-1分类)、中类(SIC-2分类)、小类(SIC-3\4分类)行业、不同要素密集型行业以及不同生产效率行业的相对产出规模和比重的变化,这种变化反映了一个地区的产业结构调整状况。如果高生产率的行业产出比重上升,低生产率的行业产出比重下降,通常就意味着产业结构实现了优化;二是技术水平升级,其含义为伴随着经济发展各产业部门取得的技术进步。这两个维度变化的最终结果就是产业体系的生产效率和产品附加值的提高。

从理论上讲,产业结构升级的根源来自经济增长和技术进步所引起的商品和要素的供需变化。鲍莫尔(Baumol,1967)最早对此进行了分析,他在模型中假设经济体中存在着一个生产率持续增长的部门和一个生产率增长相对停滞的部门。当两个部门的技术进步速率存在差异时,两个部门之间的生产效率持续扩大,由此引发了生产要素在不同部门之间重新配置。同时,生产要素如何重新配置还取决于最终产品的替代弹性。如果替代弹性很高,那么低效率部门将逐步萎缩。相反,如果社会上对低效率部门存在刚性需求,那么相对价格的上升会诱使更多的生产要素流入低效率部门中。继承鲍莫尔的研究逻辑,阿科默克洛和格瑞尔利(Acemoglu and Guerrieri,2008)将技术进步理解为资本深化的过程,伴随着经济增长过程中的资本深化,劳动密集型部门和资本密集型部门之间的结构性变动会自发地发生,资本密集型部门的产出增长促使产业升级。此外,除了受自身经济所具有的动态特征影响外,一个经济体参与国际分工的方式对产业结构也具有很大的影响。全球价值链理论(Gereffi,1999)结合了贸易理论和波特(Porter)的竞争优势理论,着重从产业内的全球价值链角度,研究了国际分工对于国家产业结构和产业升级的影响。在这一范式下,发展中国家依赖于低级要素的比较优势,以代工方式进入全球价值链的加工制造环节;而发达国家凭借技术与品牌等高级要素优势,主导并控制着全球价值链上的研发、品牌或终端销售等高附加值环节,顺理成章地把各国置于全球价值链的"合理"分工联动格局。在这种情况下,发展中国家必须依赖全球价值链进行产业升级,而这种升级过程就表现为从产品全球价值链的低附加值环节向高附加值环节攀升的过程(Kaplinsky & Morris,2001;Humphrey & Schmitz,2002),而技术创新是推动企业向价值链高附加值环节跃升的根本动力。

可见,产业升级归根到底要受到一国技术创新活动规模和资本深化水平的影响,这有赖于企业对于技术研发(R&D)活动和生产装备的持续投入,而金融业的市场深化和企业融资约束的放松有助于企业扩大技术研发投入和资本深化,从而间接地推动产业结构的升级。企业技术研发活动(R&D)需要投入大量的资金,企业研发资金的来源不外乎内源融资和外源融资两个渠道,内源融资的增加有赖于企业自身的盈余积累,而外源融资的可获得性则会受到金融市场的特征的影响。与其他生产经营活动相比,技术研发活动的不确定性较大,所需资金的规模较大,资金占用时间也较长,难以靠企业的内源融资来满足。再加上大量的技术研发活动通常由新企业进行,这类企业内部的资本积累有限,因而对外部融资的依赖性更强。即使企业出于融资成本最小化的动机使用内部资本积累进行技术研发活动,这种研发融资策略也会降低企业内部资金的流动性,导致企业在新工艺的应用、新产品的生产方面和长期固定资产投入方面更大程度地依赖于外源融资。同时,企业对厂房、生产线和机器设备的投资不仅所需资金规模较大,而且期限较长,对外部融资的依赖也较大,尤其是新创企业更是如此。因此,外部融资约束的松紧会对企业的技术研发活动和长期固定资产投资产生重要的影响,并最终影响产业升级进程。

但是,为了支持地方政府以土地资本化为核心的城市化投融资模式,我国在实践中执行了金融抑制政策,导致一般的制造业企业,特别是非国有中小型制造业企业面临着严重的融资约束。理论上讲,金融抑制政策的核心是不同程度的金融管制,金融管制使得名义利率低于市场均衡利率水平,难以正确反映资本要素的稀缺程度。过低的贷款利率实际上使得借款人得到了大量的金融补贴,导致其对金融中介机构过度的贷款需求,过多的贷款请求只能依靠配给办法解决,此时管理当局所偏好的部门就可以获得更多的信贷供给。在图 6-2 中,DD 为资金需求曲线,SS 为资金供给曲线。如果不存在金融管制的情况,竞争性市场的均衡利率为 $I_e$,可贷资金总量为 $Q_e$。假设金融管理当局规定了存款利率上限 $I_1<I_e$，在这一利率水平下的信贷资金供给量和需求量分别为 $Q_2$ 和 $Q_1$，因为 $Q_2<Q_1$，面对过量的信贷需求，信贷市场将会出现信贷配给的情况。低水平的贷款利率强化了银行规避风险和保持流动性的偏好，只有那些低收益、低风险的项目才能得到贷款，而那些富有生产性但高风险的项目则难以获得贷款。金融机构乐于将大量资金通过超额准备金和政府证券的形式转让给货币当局进行政策性使用。与此同时，政府往往对商业银行的经营活动进行干预，商业银行被迫承担了大量"政策性"贷款项目，为那些政府偏好的企业和项目提供了大量的信贷补贴，以使其低效运行得以顺利进行。一些国有大企业、受鼓励的大型工程项目和与政府关系密切的企业等可以较为容易地获得金融机构贷款，而农业、小规模的制造业和服务型企业则很难获得信贷支持。[①]

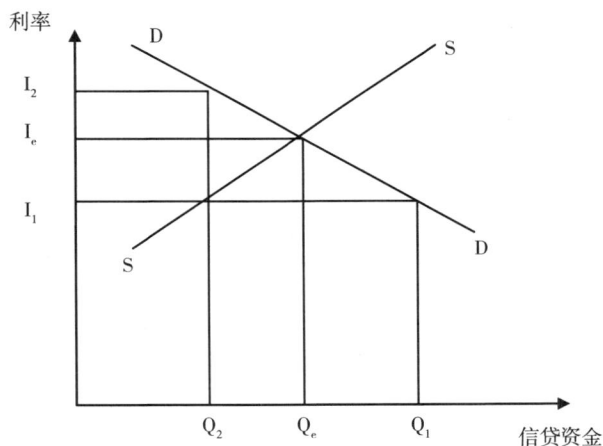

图 6-2　利率管制对信贷市场均衡的影响

在我国，由于金融抑制的存在，存款利率被严重地人为压低，这种价格低廉的资本被用于补贴以商业银行为主的金融机构，以及从金融机构那里获得贷款的地方政府部门、具有政府背景的融资平台机构以及相关房地产开发和基础设施建设企业等。在这种情况下，地方政府的土地融资规模快速增长，从

---

① 麦金农指出："有组织的银行业在向欠发达国家的经济内地渗透上，在为一般的农村地区，尤其是为小额借款人服务方面，是很不成功的。"［美］罗纳德·I.麦金农：《经济发展中的货币和资本》，卢骢译，上海三联书店、上海人民出版社 1997 年版，第 76 页。

表 6-5 的数据可以看出,总体上我国地方政府土地融资规模较大,占全社会融资总量的比重较高,并呈现明显的阶段性变化。2007 年以前,我国地方政府土地融资占全社会融资规模的比重在 15% 左右,并且除了 2003 年较低以外,各年的变化不大。但自 2007 年以来,地方土地融资规模迅速膨胀,占全社会融资总量的比重急速上升到 30% 以上,2011 年最高达到 57.75%;而同期我国的实际利率水平较低,2007 年、2008 年、2010 年和 2011 年实际利率均为负,2012 年和 2013 年的实际利率仅分别为 0.6% 和 0.38%。金融抑制所导致的低廉的资本价格,促使大量金融资源流向以土地为中心的产业园区开发和城市基础设施建设领域,而大量制造业企业,特别是非国有中小工业企业则难以获得银行信贷支持,面临着严重的融资约束。

**表 6-5　我国地方政府土地融资规模统计**　　　(单位:亿元、%)

| 年份 | 土地出让金 | 地方债 | 土地融资 | 社会融资 | 土地融资比重 | 实际利率 |
|---|---|---|---|---|---|---|
| 2002 | 2417 | 3504 | 3504 | 20112 | 17.42 | 2.78 |
| 2003 | 5421 | 3690 | 3690 | 34113 | 10.82 | 0.81 |
| 2004 | 6412 | 4662 | 4662 | 28629 | 16.28 | -1.63 |
| 2005 | 5884 | 5889 | 5889 | 30008 | 19.62 | 0.44 |
| 2006 | 8078 | 7439 | 7439 | 42696 | 17.42 | 1.05 |
| 2007 | 12217 | 9397 | 9397 | 59663 | 15.75 | -1.30 |
| 2008 | 10260 | 10589 | 23706 | 69802 | 33.96 | -2.80 |
| 2009 | 13965 | 34481 | 50308 | 139104 | 36.17 | 2.94 |
| 2010 | 28198 | 17006 | 51348 | 140191 | 36.63 | -0.82 |
| 2011 | 33166 | 35847 | 74081 | 128286 | 57.75 | -2.14 |
| 2012 | 27011 | 15837 | 47643 | 157631 | 30.22 | 0.60 |
| 2013 | 39073 | 20051 | 68081 | 173169 | 39.31 | 0.38 |

注:①2007 年以前各年的地方债数据系根据国家审计署 2011 年第 35 号《全国地方政府性债务审计结果公报》中有关年份的变化率计算而得;②土地融资规模为土地出让金收入与地方债规模之和;③实际利率为金融机构一年期存款利率减去通货膨胀率之差。

除了直接导致一般工业企业的融资缺口以外,我国地方政府土地融资规模扩张对工业部门升级的不利影响还表现在以下两个方面:第一,企业面临的融资约束在很大程度上是金融市场中存在的逆向选择与道德风险问题作用的结果,伴随经济增长的金融深化过程则有助于缓解上述问题,将社会资金更为有效地配置到技术创新和效率提升潜力更大的企业中去。但伴随着土地融资规模扩张的金融抑制政策削弱了金融市场的这一市场发现功能,引发金融市场的价格扭曲,不利于金融资源的合理配置。为了弥补在正规金融市场上面临的融资"缺口",不少工业企业转向非正规金融市场融资,特别是大量非公有中小工业企业更是如此,一方面导致融资成本上升,企业债务负担加重;另一方面降低了企业技术创新的净收益,抑制了企业进行技术投资的积极性。第二,土地融资规模的大小取决于土地价格和可供出让的土地面积,在土地面积既定的情况下,地价就成为土地融资规模的决定性因素。因此,为了扩大土地融资规模,各地政府采取了多种措施推动土地价格上涨,土地价格上涨又带动房价上涨,吸引了大量社会资金流入,导致近年来出现地价和房价的相互助推式轮番上涨的局面,这引发大量套利资金进入房地产市场。在这种情况下,不少非国有中小制造业企业纷纷将闲余资金投入到房地产领域谋取市场溢价收益,形成了对工业投资的挤出效应,导致工业企业用于本行业技术创新和设备更新的资金进一步减少。同时,由于地价和房价具有垄断定价的特征,只有下游垄断厂商才能通过加成定价的方式加以消化,而对一般的竞争性工业企业来说,地价和房价上涨意味着生产成本的上升和盈利能力的下降,这显然不利于工业企业的资本积累和再投资活动。图6-3形象地刻画了地方政府土地融资影响城市工业部门升级的传导机制,下面我们运用这一理论分析结果来实证检验土地融资对我国城市工业部门升级的影响。

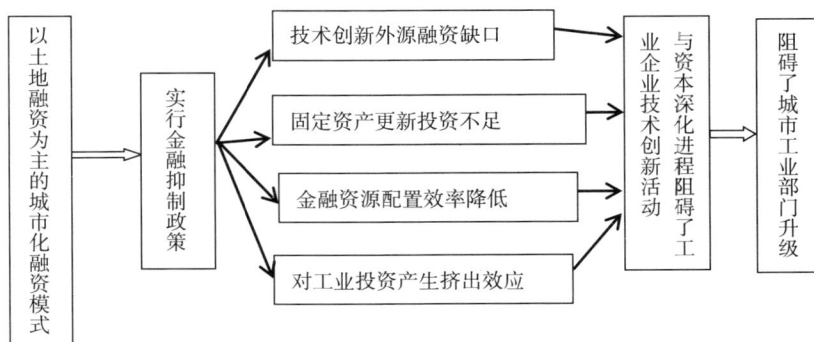

图6-3 城市化融资模式影响产业升级的作用机制

## 二、实证分析

为了检验我国各地政府土地融资对城市工业部门升级的影响,我们设置了以下计量模型:

$$Ie_{i,t} = \alpha_0 + \alpha_1 Lc_{i,t-1} + \sum \alpha_j Con_{j,it} + \mu_i + \tau_t + \varepsilon_{i,t} \tag{1}$$

方程(1)直接检验地方政府的土地融资行为( $Lc_{i,t-1}$ )对城市工业部门升级( $Ie_{i,t}$ )的影响,预期 $\alpha_1$ 的符号显著为负。$Cont_{j,it}$ 为影响城市工业部门升级的其他控制变量,$\mu_i$ 是不随时间而变化的城市个体效应,$\tau_t$ 是年份效应,$\varepsilon_{i,t}$ 是假定服从独立同分布的误差项。

(一) 核心变量

$Ie_{i,t}$ 是核心被解释变量,表示城市工业部门升级水平。在总结现有文献的基础上,我们认为产业升级归根到底是指具体行业的生产效率由低到高的变化过程,因此,我们用各城市工业部门的劳动生产率水平来衡量,具体计算公式如下:

$$v_i = \frac{P_i}{l_i} \tag{①}$$

$$x_i = \frac{p_i}{p} \tag{②}$$

$$V = \sum_{i=1}^{n} x_i v_i \tag{③}$$

式①中 $v_i$ 表示 i 行业的劳动生产率,$p_i$ 表示 i 行业的增加值,$l_i$ 表示 i 行业的就业人数。式②中 $x_i$ 表示 i 行业的增加值占全部行业总增加值的比重,$p_i$ 表示 i 行业的增加值,$p$ 表示全部行业的增加值的加总值。式③中 $V$ 表示一个地区全部行业劳动生产率的加权平均值,我们用它来衡量一个地区工业部门升级水平。[①]

$Lc_{i,t-1}$ 是核心解释变量,表示城市滞后一期的土地融资强度。根据前文的论述,土地融资包括土地出让金和地方债两部分,但由于城市层面地方债统计

---

[①]　产业升级的最终结果通常表现为效率的提升,也可用分城市工业部门的全要素生产率来衡量,但由于计算全要素生产率的数据要求较高。鉴于数据的可获得性并保证本研究所使用数据的统一性,我们用工业部门的全员劳动生产率来衡量城市工业部门升级水平。

数据缺乏,我们用各地土地出让金收入与预算内财政收入的比重来衡量各地区的土地融资强度。根据前文的理论分析,一个地区的土地融资强度越大,金融抑制程度就越高,一般工业企业就会面临着更为严重的融资约束,企业技术创新和长期固定投资的融资缺口越大,企业固定资产更新与技术创新活动受阻,从而不利于城市工业部门的效率提升。所以我们预计城市土地融资强度提高可能不利于工业部门的升级。由于土地融资对城市产业结构的影响往往不是立即发生的,所以我们在模型中使用其一阶滞后项进行检验。这样做的另一个好处是可以有效避免可能存在的内生性问题。我们将检验该变量是否与城市工业升级变量 $Ie_{i,t}$ 显著负相关。

（二）　内生性问题说明及控制变量选择

采用土地出让金收入占比来代理衡量城市土地融资强度会涉及多种内生性问题。为了减轻遗漏变量可能产生的内生性,我们根据以往文献,选择了以下影响城市产业升级的控制变量:(1)劳动力成本变量( $W_i$ ),用工业部门职工平均工资水平来衡量。虽然劳动力工资水平可能对企业的盈利能力形成冲击,但根据效率工资理论,劳动力工资水平上升通常意味着更高的人力资本水平和劳动效率。(2)本地劳动力质量( $Labor_{i,t}$ ),用接受高等教育人口占常住人口的比重来衡量,本地区劳动力供给质量越高,应越有利于工业部门生产效率提升。(3)工业固定资产水平( $Ria_{i,t}$ ),用工业部门人均固定资产投资来衡量。人均固定资产水平可以近似地反映工业部门的技术装备水平,人均固定资产水平越高意味着技术装备水平越高,工业部门的劳动生产率也应越高。(4)城市人口规模( $Popu_{i,t}$ ),反映了集聚经济效应。新经济地理理论指出,经济和人口集中所带来的金融外部性与技术外部性有利于厂商降低生产成本、提高生产效率。但这种正向的外部性也不是无限的,随着城市规模的扩张,非贸易品价格上涨、竞争加剧等不利于工业部门发展的力量开始增强。因此,存在一个城市规模的临界点,在临界点之前城市规模扩张有助于工业部门效率的提升,而过了这一点将不利于工业部门效率的提高。(5)实际利用外资水平( $Fdi_{i,t}$ ),用人均实际利用外资额来衡量。外资企业通常具有较大的规模、较高的技术水平,外资的进入一方面可能对同行业内资企业产生竞争效应,另一方面也可以通过上下游产业关联、技术外溢等途径对内资企业发展产生正面影响。我们将检验城市实际利用外资水平对工业部门效率提升的影响。(6)本地市场潜力($Lm_{i,t}$),用社会消费品零售总额来衡量。本地市场潜力越大,本地工业产品需求上的规模经济越容易形成,这对企业的生产经营活动具有重要的积极影响。(7)城市经济发展阶段变量($Pgdp_{i,t}$),用当期的城市人均 GDP 表示。通常情况下,城市经济水平越发达,工业部门的生产效率也越高。此外,考虑到城市产业升级可能具有很强的路径依赖特征,当期工业部门劳动生产率可能会受到上期劳动生产率的影响,我们在方程(1)中设置了城市产业升级的一阶($Stru_{i,t-1}$)自回归滞后项,来控制路径依赖对城市当期产业升级的影响。

关于由于互为因果而产生的内生性问题,我们主要使用目前广泛使用的系统 GMM 估计方法,该方法常用于解决大样本短时期(大 N 小 T)的面板数据存在的内生性问题。我们采用滞后的代理变量作为工具变量,尽可能缓解这一问题的困扰。在模型估计时,对主要变量取对数形式,以减少可能存在的异方差问题。

(三) 数据来源及统计描述

本节所使用的数据为我国全部地级及以上城市 2002—2013 年面板数据,其中,核心解释变量 $Lc_{i,t-1}$ 的数据来自《中国国土资源统计年鉴》,其他数据均取自《中国城市统计年鉴》。表 6-6 对各变量的数据进行了统计描述。

**表 6-6　各变量的统计描述**

| 变量名称 | 含义 | 单位 | 均值 | 方差 | 最小值 | 最大值 |
|---|---|---|---|---|---|---|
| $Ie_{i,t}$ | 工业部门劳动生产率 | 万元 | 702076 | 1485921 | 46660 | 4.80e+07 |
| $Lc_{i,t-1}$ | 土地出让金/预算内收入 | | 0.6069 | 0.4343 | 0.001 | 3.4945 |
| $W_i$ | 工业部门职工平均工资 | 元/人 | 26067 | 13929 | 1000 | 320626 |
| $Ria_{i,t}$ | 人均工业固定资产投资 | 万元/人 | 13877.06 | 13942.77 | 135.17 | 183980.80 |
| $Labor_{i,t}$ | 每万人在校大学生数 | 人 | 145.73 | 202.50 | .5920 | 1340.65 |
| $Fdi_{i,t}$ | 人均实际利用外资水平 | 万美元/人 | 124.45 | 244.45 | .01956 | 2400.45 |

| 变量名称 | 含义 | 单位 | 均值 | 方差 | 最小值 | 最大值 |
|---|---|---|---|---|---|---|
| $Popu_{i,t}$ | 城市人口规模 | 万人 | 429.99 | 338.72 | 16.37 | 8393.34 |
| $Lm_{i,t}$ | 社会消费品零售额 | 亿元 | 9397.29 | 10925.31 | 118.64 | 142788.80 |
| $Pgdp_{i,t}$ | 城市人均GDP | 元/人 | 26969.12 | 22809.18 | 1892 | 196728 |

（四）计量分析结果报告

1. 基准回归结果

表6-7前两列是固定效应回归结果,后两列是系统GMM回归结果,其中第一列只有核心解释变量,第二列增加了控制变量。所有回归均控制了年份和城市固定效应。其中,系统GMM估计都通过了Sargan检验,说明采用滞后期工具变量是有效的;与此同时,通过了差分方程中关于误差项本身一阶序列自相关、二阶序列不相关的原假设。下面我们主要依据SYS-GMM(4)的回归结果进行实证分析。

核心解释变量$Lc_{i,t-1}$对因变量$Ie_{i,t}$的影响符合我们的理论预期,其回归结果的系数为负,并且均通过了10%以上的显著性水平检验。这表明城市土地融资强度越大,工业部门的劳动生产率越低,地方政府的土地融资行为在一定程度上不利于城市工业部门升级。

在其他控制变量方面,城市经济发展阶段变量$Pgdp_{i,t}$的系数为正,且在1%水平上显著,说明城市经济所处的发展阶段对工业部门的生产效率影响较大,经济越发达的城市其工业部门劳动生产率也越高。城市人口规模$Pop_{i,t}$的系数为正,但未通过显著性检验,未能证实城市集聚经济对工业部门生产效率的积极影响。实际利用外资水平$Fdi_{i,t}$的系数为正,且在1%水平上显著,表明外资企业的进入对城市工业部门的效率提升具有较大的正向促进作用。劳动力成本变量$W_i$的系数为负,且不显著,表明我国城市工业部门职工工资水平并不符合效率工资假说。本地劳动力质量$Labor_{i,t}$的系数为正,且通过了5%显著性水平检验,表明本地劳动力质量对工业部门的劳动生产率具有一定的正向促进作用。工业固定资产水平$Ria_{i,t}$的系数为正,且在10%水平上显著,人均固定资产水平通常反映了工业的技术装备水平,技术装备水平的提高显然有助于工业部门效率的提升。本地市场潜力 $Lm_{i,t}$ 的回归结果与我们的理论预期不符,回归结果的系数为负,且在1%水平上显著。此外,城市上一期工业部门劳动生产率的系数显著为正,且系数值较大,表明城市当期产业升级水平在很大程度上会受到上期产业效率水平的影响。

表6-7　基准回归结果

| 因变量(lnie) | FE(1) | FE(2) | SYS-GMM(3) | SYS-GMM(4) |
|---|---|---|---|---|
| L.lnie | 0.610*** | 0.322*** | 0.765*** | 0.572*** |
|  | (0.016) | (0.024) | (0.119) | (0.144) |
| L.lnlc | −0.022* | −0.012* |  |  |
|  | (0.011) | (0.006) |  |  |
| lnlc |  |  | −0.101** | −0.067* |
|  |  |  | (0.0467) | (0.038) |
| lngdp |  | 0.356*** |  | 0.209*** |
|  |  | (0.063) |  | (0.080) |
| lnpop |  | 0.158** |  | 0.010 |
|  |  | (0.069) |  | (0.023) |
| lnfdi |  | 0.011 |  | 0.039*** |
|  |  | (0.009) |  | (0.015) |
| lnw |  | 0.020 |  | −0.008 |
|  |  | (0.053) |  | (0.087) |
| lnlabor |  | 0.030 |  | 0.032** |
|  |  | (0.023) |  | (0.014) |
| lnria |  | 0.149*** |  | 0.089* |
|  |  | (0.027) |  | (0.047) |
| lnlm |  | 0.001 |  | −0.168*** |
|  |  | (0.035) |  | (0.054) |
| 常数项 | 5.076*** | 2.733*** | 2.376 | 3.878** |
|  | (0.203) | (0.451) | (1.629) | (1.689) |
| 年份固定 | 是 | 是 | 是 | 是 |
| 城市固定 | 是 | 是 | 是 | 是 |
| 样本数 | 2817 | 2609 | 2816 | 2608 |

| 因变量（lnie） | FE(1) | FE(2) | SYS−GMM(3) | SYS−GMM(4) |
|---|---|---|---|---|
| $R^2$ | 0.668 | 0.701 | | |
| AR(1)_p | | | 0.000 | 0.000 |
| AR(2)_p | | | 0.051 | 0.211 |
| Hansen_p | | | 0.111 | 0.136 |
| Chi$^2$ | | | 27.93 | 26.97 |

注：＊、＊＊和＊＊＊分别表示在10%、5%和1%的显著性水平下显著，括号内数字为标准误。AR(1)_
p以及AR(2)_p分别表示Arellano-Bond的一阶和二阶自相关检验系数的P值，结果表明差分方
程的残差存在二阶自相关性。Hansen检验表明本节的工具变量有效。L.表示一阶滞后因子。

**2. 稳健性检验**

我们还进行了以下三种稳健性检验，主要是将核心自变量用土地出让
金/预算内收入（lnlc）进行替换后再进行计量检验。在预算内财政收入水平
既定的情况下，变量lnlc与土地出让金、土地出让面积和土地出让价格高度相
关，因此，我们分别用土地出让金（lnlt）、土地出让面积（lnlta）和土地出让价格
（lnprice）来替换核心自变量。回归结果汇总于表6-8，从中可以看出三项回
归结果与基准检验基本类似，表现出较好的稳健性。

在回归结果（1）中，核心自变量土地出让金变量lnlt的系数为负，且通过
了5%水平的显著性检验，表明城市卖地收入越高，越不利于工业部门的效率
提升。城市经济发展阶段变量$Pgdp_{i,t}$的系数为正，在10%水平上显著，显著
性水平比基准检验有所下降。城市人口规模$Pop_{i,t}$的系数为正，并且通过了
10%显著性水平检验，城市集聚经济对工业部门生产效率的积极影响得到了
验证。实际利用外资水平$Fdi_{i,t}$的系数为正，显著性水平为10%，比基准检验
有所降低。劳动力成本变量$W_i$的回归结果与基准检验相同，系数依然为负，
且未通过显著性检验。本地劳动力质量$Labor_{i,t}$的系数为正，但显著性水平有
所降低。工业固定资产水平$Ria_{i,t}$的系数为正，且在10%水平上显著，与基准
检验结果相同。本地市场潜力$Lm_{i,t}$回归结果的系数为负，但不显著。

在回归结果（2）中，核心自变量土地出让面积lnlta的系数为负，且通过了
10%水平的显著性检验，表明城市卖地面积越大，越不利于工业部门的效率提
升。城市经济发展阶段变量$Pgdp_{i,t}$的系数为正，在5%水平上显著，显著性水

平比基准检验有所下降。城市人口规模 $Pop_{i,t}$ 的系数为正，并且通过了10%水平的显著性检验，也证实了城市集聚经济对工业部门生产效率的积极影响。实际利用外资水平 $Fdi_{i,t}$ 的系数为正，但显著性水平降低为10%。劳动力成本变量 $W_i$ 的回归结果与基准检验相同，系数依然为负，且未通过显著性检验。本地劳动力质量 $Labor_{i,t}$ 的系数为正，但显著性水平降低为10%。工业固定资产水平 $Ria_{i,t}$ 的系数为正，通过了10%水平的显著性检验，与基准检验结果相同。本地市场潜力 $Lm_{i,t}$ 回归结果的系数为负，且在5%水平显著，与基准检验类似。

表6-8 稳健性检验结果

| | （1）<br>lnlc 换成 lnlt | （2）<br>lnlc 换成 lnlta | （3）<br>lnlc 换成 lnprice |
|---|---|---|---|
| L.lnie | 0.796*** | 0.805*** | 0.618*** |
| | （0.136） | （0.087） | （0.191） |
| lnlt | −0.097** | | |
| | （0.045） | | |
| lnlta | | −0.072* | |
| | | （0.042） | |
| lnprice | | | −0.078* |
| | | | （0.041） |
| lngdp | 0.141* | 0.120** | 0.213** |
| | （0.082） | （0.061） | （0.099） |
| lnpop | 0.088* | 0.042* | 0.015 |
| | （0.052） | （0.022） | （0.026） |
| lnfdi | 0.010* | 0.013* | 0.026* |
| | （0.004） | （0.007） | （0.013） |
| lnw | −0.008 | −0.040 | −0.128 |
| | （0.097） | （0.085） | （0.233） |
| lnlabor | 0.002* | 0.012* | 0.035* |
| | （0.001） | （0.006） | （0.018） |
| lnria | 0.045* | 0.053* | 0.031* |
| | （0.023） | （0.027） | （0.016） |

续表

| | （1）<br>lnlc 换成 lnlt | （2）<br>lnlc 换成 lnlta | （3）<br>lnlc 换成 lnprice |
|---|---|---|---|
| lnlm | −0.041 | −0.077** | −0.140** |
| | （0.058） | （0.034） | （0.069） |
| 常数项 | 控制 | 控制 | 控制 |
| 年份固定 | 是 | 是 | 是 |
| 城市固定 | 是 | 是 | 是 |
| 样本数 | 2608 | 2608 | 2636 |
| AR（1）_p | 0.000 | 0.000 | 0.000 |
| AR（2）_p | 0.064 | 0.065 | 0.304 |
| Hansen_p<br>（或 Sargan_p） | 0.335 | 0.851 | 0.445 |
| Chi$^2$ | 17.81 | 14.43 | 16.11 |

注：①估计方法为 SYS-GMM；②＊、＊＊和＊＊＊分别表示在 10%、5%和 1%的显著性水平下显著，括号内数字为标准误；③AR（1）_p 以及 AR（2）_p 分别表示 Arellano-Bond 的一阶和二阶自相关检验系数的 P 值，结果表明差分方程的残差存在二阶自相关性；④Hansen 检验（或 Sargan 检验）表明本节的工具变量有效。L.表示一阶滞后因子。

在回归结果（3）中，核心自变量土地出让价格 lnprice 的系数为负，且通过了 10%水平的显著性检验，表明城市地价越高，越不利于工业部门的效率提升。城市经济发展阶段变量 $Pgdp_{i,t}$ 的系数为正，在 5%水平上显著，显著性水平比基准检验有所下降。城市人口规模 $Pop_{i,t}$ 的系数为正，未通过显著性检验，与基准检验相同。实际利用外资水平 $Fdi_{i,t}$ 的系数为正，但显著性水平有所降低。劳动力成本变量 $W_i$ 的回归结果与基准检验相同，系数依然为负，且未通过显著性检验。本地劳动力质量 $Labor_{i,t}$ 的系数为正，但显著性水平降低为 10%。工业固定资产水平 $Ria_{i,t}$ 的系数为正，通过了 10%水平的显著性检验，与基准检验结果相同。本地市场潜力 $Lm_{i,t}$ 回归结果的系数为负，且在 5%水平上显著，与基准检验类似。

综上可见，我国各级地方政府以土地融资为主的城市化融资模式不仅加重了自身的债务负担，导致了金融风险积累，还会对城市工业部门的效率改进具有明显不利的影响。政府土地融资行为加重了我国金融抑制程度，一般工业企业面临着严重的融资约束,企业的技术创新活动和资本深化过程难以获得有效的金融支持,这使得工业部门的效率提升在一定程度上受到了抑制,城市工业部门的升级进程因而也受到了一定程度的阻碍。我们的发现具有较强的政策含义,其关键在于通过进一步改革,推进城市化融资模式的创新,打破各地对土地融资的过度依赖,减轻金融抑制对工业企业技术创新和设备投资的影响。

# 第三节　土地财政与我国大中城市"去工业化"

自 1988 年土地有偿使用制度确立和 1994 年财政分税制改革以来,以土地出让收入、房地产等相关行业税费和土地抵押融资为主要内容的"土地财政"便成为我国地方政府财政收入体系的重要组成部分。特别是近年来土地财政规模迅速扩大,在我国地方政府财政收入中所占份额快速提高。例如,2010 年和 2011 年,全国土地出让成交总价款分别为 2.7 万亿元和 3.15 万亿元,分别相当于 2000 年的 48 倍和 56 倍,占当年地方财政总收入的比重均为50%左右。

随着收入规模的持续扩张,土地财政的经济后果早已不限于财政体制本身,对我国城市产业结构的演进产生了越来越重要的影响。地方政府对土地财政的追求使得以房地产价格为主要内容的城市拥挤成本( congestion cost)[①]上升过快,部分抵消了城市集聚经济的好处,从而对用地需求较大的制造业发展造成了较大的负面影响。为了扩大以房地产业为主的营业税税基,地方政府采取多种倾斜措施推动本地区房地产及相关行业的发展,积极引导生产要素流向房地产业,造成房地产价格上涨,房地产及相关行业产出在城市产业结构中所占比例升高,对制造业部门形成了挤出效应。此外,为了在资源总量有限的条件下尽量扩大土地出让收入规模,地方政府有较强激励维持本地区房

---

[①]　根据新经济地理理论文献,拥挤成本通常包括土地、房屋和水电等非贸易品价格和劳动力成本的上升,以及企业之间市场竞争强度加大而导致的盈利水平下降,本文则主要关注土地、房屋价格的影响。

地产价格的上升态势,这一方面提高了劳动力的生活成本,降低了劳动力的实际工资水平,阻碍了劳动力流动和城市人力资本的积累;另一方面导致企业生产经营成本上升,制造业投资水平下降。因此,我们可以合理地推测,财政分权安排和土地财政规模的持续扩大不利于城市制造业部门的发展,从而可能在中等收入阶段就过早地引发我国大中城市的"去工业化"进程。① 那么,我们的这一推测能够得到实际数据的验证吗? 我国现行分权体制下土地财政对城市产业结构的动态演进究竟会产生什么样的影响呢? 下面我们就对上述两个问题进行深入的研究。

本节聚焦土地财政、房地产价格与产业结构变动这样一个逻辑链条,分析土地财政对城市产业结构的影响,对此,现有文献还没有予以足够的关注。首先,虽然近年来研究土地财政的文献较多,但文献主要集中关注以下两个方面问题:一是土地财政形成的体制性因素。分税制下地方政府财权和事权不匹配所造成的财力缺口,土地制度、地方竞争和地方政府政绩考评体系等被认为是导致土地财政的重要制度性因素(陶然等,2007;孔善广,2007;吴群、李永乐,2010;张青、胡凯,2009;张莉等,2011)。二是土地财政所带来的经济影响。一方面,有的文献认为土地财政对经济发展具有积极影响,如扩大政府财力、推动城市化发展、促进投资和地区经济增长等(樊继达,2011;张晓玲等,2011;杜雪君等,2009;陈志勇、陈莉莉,2011;唐在富,2012);另一方面,也有不少文献指出,土地财政也对我国经济发展产生了一系列负面影响,包括房价上涨、财政风险积累、居民消费抑制以及城市土地扩张等(刘玉萍等,2009;梁若冰,2009;周彬、杜两省,2010;吕炜、许宏伟,2012;郭志勇、顾乃华,2013)。其次,近期也有少量文献关注房地产价格上涨对产业结构的影响,黄少安等(2012)在研究土地财政与企业税收之间"租税替代"的过程中,发现房价上升导致我国工业企业的利润率下降,这可能意味着房价上涨对工业部门的发展不利。中国经济增长前沿课题组(2011)基于我国省级地区数据的实证分析

---

① 最近一段时间以来,国内"鬼城"频现或许正是这一"去工业化"进程的真实写照。据新浪财经网报道,随着房价的不断上涨,中国有越来越多的城市或者地区被贴上"鬼城"的标签。据《国际金融报》记者初步统计,目前,被外界称之为"鬼城"的地方已近40处,几乎遍布半个中国(资料来源:http://finance.sina.com.cn/china/20130322/011914914210.shtml)。

发现,地价上升过快导致各地工业占 GDP 的比重下降,地价上升引发我国省级地区产业结构的"去工业化"趋势。王珺等(2013)认为,城市地价上升对传统工业部门形成挤出效应,推动城市产业结构从第二产业占主导地位向第三产业占主导地位转变。通过以上简要的梳理,我们可以发现,现有文献还未能将土地财政、房地产价格与产业结构变动纳入到一个统一的分析框架中进行研究,正是在这样的文献背景下,本节计划提出一个分析土地财政、房地产价格与城市产业结构变化的统一的理论框架,以揭示土地财政影响我国城市产业结构演进的内在逻辑与机制。我们的逻辑是:土地财政引发了城市房价上涨,而城市房价上涨又不利于城市工业部门发展,导致大中城市的"去工业化"。下面我们将利用我国 35 个大中城市的相关数据,对上述土地财政作用于城市产业结构的传导机制进行实证检验,以更进一步地揭示我国地方政府"以地生财"的融资行为对不同类型城市产业结构的影响。

**一、土地财政与城市产业结构:一个简要的分析框架**

我们从外部经济和拥挤成本两个维度来分析土地财政对城市产业结构的影响,并建立一个简要的分析框架。首先,经济和人口的集中会在城市形成外部经济效应,其来源有三个方面:一是共享。城市集中而有规模的市场有助于供应者利用生产的内部规模经济,允许厂商根据购买者的需求提供高度专业化的商品与服务。同时,城市基础设施等生产资料的共享,降低了厂商的生产成本。二是匹配。城市较大的市场规模和良好的市场基础设施可以降低要素资源的交易费用,提高市场供需双方的匹配效率。特别是,企业更容易招募到所需职工,劳动力也更容易找到就业机会,实现人力资本投资的市场价值。三是学习。城市密集环境中所具有的知识转移基础设施和制度、频繁的人际交流以及知识多样性等特征,提高了知识创造、扩散和使用的效率,有助于厂商进行技术创新和提升劳动力人力资本水平。其次,经济和人口的集聚也会给城市带来拥挤成本。一方面,经济活动的高度集中导致对土地、房屋与公共服务等非贸易品的需求急剧上升,从而引发各类非贸易品价格上涨;另一方面,厂商和人口的集中导致企业争夺市场份额的竞争加剧,并引发交通拥挤和环境污染等问题。在此,我们集中关注城市拥挤成本中的土地和房屋价格(我们统称为房地产价格)。房地产价格上涨既给企业带来了巨大的成本压力,降低了企业的盈利水平,抑制了企业投资,也提高了劳动力的居住、通勤等生活成本,降低了城市实际工资水平,不利于城市人力资本积累。外部经济和拥挤成本会随着城市规模的变化而变化,二者不同的力量对比对厂商和要素所有者的区位决策具有不同的影响,并影响到城市产业结构的动态变化。

理论上讲,外部经济可以区分为两种:一是源于行业内部的专业化经济(MAR 外部性),这时同行业的企业能从相互接近中获得好处;二是源于不同行业相互溢出的多样化经济(Jacobs 外部性),这时多样化的产业集中会给企业带来益处。外部经济的类型不同,它们对产业的空间布局也会产生不同的影响,并最终会影响一个城市的产业结构。城市的外部经济类型与城市规模紧密相关,小城市有限的市场规模难以支持多样化产业发展的需要,在小城市将不存在相互溢出效应的多个产业集中在一起,只会导致成本上升而不会产生额外的收益。因此,每个城市都要专业化于一个可以产生外部性的部门,这时城市间的专业化分工实现了资源配置的空间效率,在给定总需求的情况下,专业化于不同产业的城市有着不同的最优规模。相反,大城市较大的市场潜力为多样化产业的发展提供了足够的需求支撑,因此随着城市规模的扩大,产业结构的多样性就越强,这时多样化经济就起着更为重要的作用。大城市多样化的环境对于孵化新产业和新兴企业的成长十分重要,新兴部门通常在多样化程度较高的大都市进入市场,在企业孵化成功,进入可以进行标准化生产的成熟发展阶段后,生产会出现分散化趋势,企业逐渐向中小城市和外围地区转移,在那里它们可以更好地利用专业化经济。

因此,我们可以将外部经济类型与拥挤成本结合起来以分析城市产业结构变动的逻辑和机制。我们根据外部经济类型和房地产价格高低的不同组合,构建了本节的理论框架,具体参见图 6-4。根据图 6-4,我们可以发现随着城市规模扩张,城市产业结构演变存在四种类型和状态,具体如下:(1)在第Ⅰ象限,在城市化的早期,城市规模较小,专业化经济居于主导地位,房地产价格也较低。此时,城市主要从事专业化、标准化、技术成熟的加工制造业。(2)在Ⅱ象限,城市规模扩大,多样化经济效应作用增强,但房地产价格上升较慢。这时城市对外部资本和劳动力的吸引力较大,多元产业发展与技术创新活跃,有助于城市制造业与现代服务业的发展。(3)在第Ⅲ象限,随着城市规模的扩大,房地产价格上升也较快,房地产价格的快速上涨对制造业部门产生了较大的不利影响:一是由于土地的垄断供给,城市房地产价格实际上是一种垄断价格,只有具有垄断定价能力的厂商才能将上涨的成本通过加成定价的方式进行转移。相对于服务业来说,更多的细分工业行业属于竞争性部门,它们会因为成本上升过快而失去竞争力,只有那些能够将房地产价格通过加成定价的方式进行转移的垄断型企业,可以规避房地产价格上升的不利影响。二是与服务业企业相比,工业厂商的用地规模较大,土地投入占生产成本的比重较高,因此,城市房地产价格快速上涨加重了企业的用地成本,对工业厂商的不利影响更为严重。三是房地产价格上升意味着城市的生活成本提高,工人的实际工资下降,如果上升的生活成本不能被城市的外部经济收益所弥补,劳动力就会选择退出。特别是人力资本水平不高的中低端劳动力对抗生活成本上升的能力较低,他们更容易因为房地产价格上升从城市撤出。与服务业部门相比,制造业厂商需要雇用大量的中低端劳动力,生活成本的上升限制了城市这部分劳动力的供给水平。同时,生活成本上升还提高了劳动力市场的期望工资水平,这又反过来提高了企业的用工成本,进一步加重了制造业厂商的困难。四是在房地产价格快速上涨的条件下,房地产及其相关服务行业的盈利水平提高,引发了大量投资进入房地产及其相关服务领域,导致房地产及相关服务行业的规模膨胀,对工业部门投资形成挤出效应。综合上述四方面影响,在房地产投资持续扩张的情况下,城市工业部门产出相对于服务业部门的比重势必会下降,城市产业结构会出现"去工业化"现象。(4)在第Ⅳ象限,在城市规模仍然较小,经济集聚水平较低的情况下,房地产价格上升过快,导致标准化、技术成熟的制造业厂商和中低端劳动力均难以在城市生存,城市制造业衰退;而由于小城市的市场潜力有限,服务业发展也会受到极大的限制,这两种情况加在一起就会引发产业的空心化现象。

以上四种情形,从静态来说可以看成为不同城市化制度安排下城市产业结构存在的四种模式:第Ⅰ、Ⅱ象限是标准城市经济理论所揭示的两种模式,其中,第Ⅰ象限代表了小城市专业化生产模式,即小城市专业化与标准化制造业发展;第Ⅱ象限代表了大城市多元化生产模式,即大城市成功实现了现代服务业和制造业的融合发展。第Ⅲ、Ⅳ象限则反映了城市产业结构演化对标准经济理论的偏离,直观地刻画了两种城市"去工业化"现象。其中,第Ⅲ象限代表大城市过度服务化发展模式,城市制造业衰退,而以房地产及其相关行业为代表的服务业膨胀;第Ⅳ象限代表小城市产业空心化发展模式,小城市服务业畸形发展,工业化进程受阻。此外,从动态视角来看,图6-4描绘了不同城市化制度安排下城市产业结构演进的不同路径:Ⅰ→Ⅱ的变动是标准经济理论所阐述的城市产业结构演化路径,伴随着城市规模的扩张,城市产业结构成功实现了优化升级。而Ⅰ→Ⅲ(大城市过度服务化)和Ⅰ→Ⅳ(小城市产业空心化)的变动是加入了制度变量后城市产业结构的演化路径,这两种路径均具有较强的"去工业化"倾向。

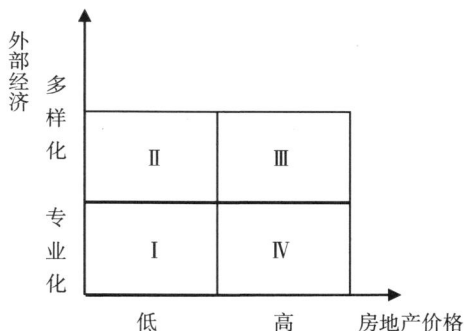

图6-4　城市产业结构演变的分析框架

## 二、土地财政影响城市产业结构的理论分析

在我国城市房地产价格会受到市场机制和政府协调两种力量的影响:一方面,随着城市规模的扩张,人口和经济活动的大量集中导致房地产需求膨胀,形成了推动房地产价格上涨的力量;另一方面,房地产价格还会受与城市化相关的制度安排的影响,特别是财政分权体制下地方政府的"土地财政"对城市房地产价格的影响尤为巨大。"土地财政"是指地方政府利用土地管理权而进行的相关财政收支和利益分配活动,即地方政府通过土地使用权出让、房地产相关行业税费和土地抵押融资三种方式获取财政收益,扩大本级财政支出能力。"土地财政"的形成是我国经济转轨时期一系列制度安排共同影

响的结果①,它主要通过影响房地产价格来对城市产业结构变动造成影响。随着我国地方政府对土地财政的依赖性日益增强和土地财政规模持续扩大,地方政府有极强的动机推动并维持城市房地产价格的上涨,可能导致城市产业结构沿着图6-4中的Ⅰ→Ⅲ(大城市过度服务化)和Ⅰ→Ⅳ(小城市产业空心化)演变,从而可能引发我国城市的"去工业化"现象。下面我们就对"土地财政"通过影响房地产价格对城市制造业发展施加不利影响的机制进行理论分析。

(一) 模型设定

由于要分析土地财政、房地产价格与城市产业结构之间的关系,我们假设城市经济系统中存在劳动力、地方政府和制造业厂商三个行为主体,它们具有不同的目标函数。

1. 劳动力

劳动力是典型的消费者,追求个人消费效用的最大化,假设其效用函数为柯布—道格拉斯形式,则其消费决策问题为:

$$Max.\ U_i = U_i(C_i, H_i) = C_i{}^{\alpha} H_i{}^{\beta} \tag{1}$$
$$s.t.\ C_i + p_h H_i = I_i$$

其中,$C_i$为对工业制成品的消费,其价格已单位化为1,$\alpha+\beta=1$;$H_i$为住房消费面积,$I_i$为该消费者总收入。$p_h$为房价,由以下房地产厂商利润公式给出:

$$\pi_h = p_h Q - C_h(Q) - Q T_h \tag{2}$$

在此我们假设房地产厂商只需要土地投入,其中,$Q$为房屋竣工面积,$C_h$为除土地之外的其他成本,$T_h$为每单位房屋建筑面积的土地成本。假设住房市场是完全竞争的,当均衡时厂商利润为零,则市场出清时,$Q = H = NH_i$,其中$N$为劳动力数量。由(2)式可得均衡时房屋的价格为:

$$p_h = C_h(H)/H + T_h \tag{3}$$

2. 地方政府

党的十九大已把习近平新时代中国特色社会主义思想作为我国经济社会

---

① 这些制度安排包括财政分权制度、土地征用制度、土地收益分配制度、土地储备制度、政府绩效考评制度以及地方政府监督机制等,由于我们主要关注土地财政的经济后果,本书对此不作详细讨论。

发展的总体指导思想,以习近平总书记为核心的党中央更提出了"五位一体"总体布局和"四个全面"战略布局的发展思路,这要求各级政府必须追求包括经济增长、社会稳定、生态良好和资源节约等多元化的发展目标。为此,为了便于分析,我们假定地方政府的目标是促进辖区经济和社会事业①的发展,只有这样地方官员才有较好的政绩表现和更高的晋升机会,而地方经济和社会事业的发展离不开持续的财政投入。因而,我们假定地方政府的效用函数采用以下形式:

$$U_g = (f_s)^\delta (f_e)^\varepsilon \tag{4}$$

其中,$U_g$ 为地方政府的效用函数,$f_s$ 为地方社会事业发展水平,$f_e$ 为地方经济发展水平,$x$ 为地方财政支出,地方财政收入分为土地出让收入 $HT_h$,以及除土地出让收入以外的其他财政收入 $T_0$,包括其他税费和上级政府的转移支付收入等。因此政府面临的预算约束为 $x = HT_h + T_0$。假定在通常情况下,政府财政支出对地方经济社会发展具有正向促进作用,因而有:$\dfrac{\partial f_s}{\partial x} > 0, \dfrac{\partial f_e}{\partial x} > 0$。

假定 $f_e = \varphi(\dfrac{hT_h}{\lambda} + T_0)$、$f_e = \varphi(\dfrac{hT_h}{\lambda} + T_0)$ 为线性函数形式,即:

$$f_s = \varphi x,\ f_e = \varphi x \tag{5}$$

3. 制造业厂商

本节假定制造业厂商采用以下规模报酬不变的科布—道格拉斯生产技术:

$$Y = k^\gamma l^{1-\gamma} \tag{6}$$

其中,$Y$ 为厂商的产出,$k$ 和 $l$ 分别为租用的资本和劳动投入,$\gamma \in (0,1)$ 为资本可获得的产出份额。产出品价格为 $p = 1$,若令 $r$ 为资本的租用价格,$w$ 为劳动力市场工资,则厂商的利润函数可以表示为:

$$\pi = Y - rk - wl \tag{7}$$

(二)模型求解

1. 劳动力

对于式(1),消费者在收入和工业品价格外生的条件下,根据住房价格选择

---

① 社会事业包含教育、医疗卫生、社会保障、社会稳定以及生态环保等事关地方辖区居民福利水平的地方公共物品。

消费组合以最大化其效用水平,通过构造拉格朗日函数,可得消费者均衡为:

$$C_i^* = \frac{\alpha I_i}{\alpha + \beta} \tag{8}$$

$$H_i^* = \frac{\beta I_i}{p_h(\alpha + \beta)} \tag{9}$$

将(3)式代入(9)、再联合(8)式代入(1)式,得到消费者的间接效用函数为:

$$V_i = \left(\frac{\alpha I_i}{\alpha + \beta}\right)^\alpha \left(\frac{\beta I_i}{[C_h(H)/H + T_h](\alpha + \beta)}\right)^\beta \tag{10}$$

将(10)式对土地价格求导得到:

$$\frac{\partial V_i}{\partial T_h} = \left(\frac{\alpha I_i}{\alpha + \beta}\right)^\alpha \beta \left(\frac{\beta I_i}{[C_h(H)/H + T_h](\alpha + \beta)}\right)^{\beta - 1} \left(\frac{-\beta I_i}{[C_h(H)/H + T_h]^2(\alpha + \beta)}\right)$$

$$\tag{11}$$

从式(11)的结果可以看出,$\partial V_i / \partial T_h < 0$,即土地价格 $T_h$ 上升时,消费者的效用水平 $V_i$ 下降,这会通过以下两个途径对城市制造业的发展形成不利的影响:第一,在劳动力工资水平既定的情况下,城市土地价格的上升会导致工人的实际工资水平下降,这一方面降低了工人的效用水平,城市对劳动力的经济吸引力下降,导致劳动力外流;另一方面以房价为代表的生活成本上升,导致劳动力在其他消费支出和人力资本投资上的能力降低,从而不利于城市人力资本水平的积累。第二,在房价上涨的条件下,城市制造业厂商如果要维持对劳动力的吸引力,就必须提高工资水平,而这样就会大大提高企业的生产成本,导致企业的盈利水平下降。

2. 地方政府

对于式(4),将式(5)和预算约束式代入可以得到:

$$U_g = \varphi^\delta \varphi^\varepsilon (HT_h + T_0)^{\delta + \varepsilon}$$

联立式(3)意味着:

$$U_g = \varphi^\delta \varphi^\varepsilon [Hp_h - C_h(H) + T_0]^{\delta + \varepsilon} \tag{12}$$

将式(12)对 $p_h$ 求导可以得到:

$$\frac{\partial U_g}{\partial p_h} = (\delta + \varepsilon)\varphi^\delta \varphi^\varepsilon [Hp_h - HC_h(H)]^{(\delta + \varepsilon) - 1} H \tag{13}$$

根据式(13)的结果可知,$\partial U_g / \partial p_h > 0$,即城市房地产价格越高,地方政府的效用水平也越大,因此,地方政府具有推动城市房地产价格上涨的内在激励,造成这一结果的原因在于地方政府的土地财政及其相关制度安排,具体如下:第一,为了获取高额的土地出让收入,地方政府有极强动力推动房地产价格上涨。自1994年以来,我国全面推广以分税制为核心的财政分权改革,并实行中央对地方税收返还和转移支付制度。分税制的实施使得中央政府占财政收入的比重日渐上升,地方政府财政收入比重下降。在财权上移的同时,地方政府的事权并未相应地减少,反而承担了越来越多的公共服务供给责任,地方财政支出的压力迅速增大。为了应对不断上涨的财政支出压力,在预算内收入增长有限的情况下,地方政府便把扩大预算外收入规模作为缓解财政压力和弥补财政缺口的重要途径。由于分税制改革并未涉及预算外和非预算资金,上级政府一般不对预算外资金的分配和使用进行干预,更谈不上对预算外和非预算资金进行规范化管理,这就为各地方政府将预算外和非预算资金作为财政增长重点创设了制度空间。而土地出让收入是地方政府以国有土地管理者的身份,将一定期限的土地使用权出让给土地使用者时向其一次性收取的全部价款,长期以来一直作为预算外资金而存在,地方政府对其有足够的自主支配和使用权①,因此,地方政府有较强的激励努力扩大土地出让收入。地方政府可以通过两种方式扩大土地出让收入,一是提高土地供应数量,二是推高房地产价格。但我国一直存在人多地少的矛盾,且绝大部分土地是农用地,由于面临粮食安全问题和实施严格的耕地保护制度,我国建设用地的稀缺性日益凸显,地方政府很难通过提高供地数量来扩大土地出让收入。因此,为了在资源数量有限的情况下尽可能扩大土地出让收入,地方政府不得不竭力推动房地产价格上涨。第二,为了扩大房地产相关行业的税费收入,地方政府也有较强动力推动房地产价格上涨,以扩大税基。分税制的实施使得税收收入

---

① 2006年,国务院印发了《关于规范国有土地使用权出让收支管理的通知》(国办发〔2006〕100号),该通知规定,自2007年1月1日起,土地出让收支全额纳入地方基金预算管理;收入全部缴入地方国库,支出一律通过地方基金预算从土地出让收入中予以安排,实行"收支两条线"管理模式。这份文件虽然打破了土地出让金归地方政府自由支配的做法,而代之以中央统一监管下的基金式管理模式,但并未改变其作为地方主力财源的角色。

分配明显向中央倾斜,导致房地产相关行业税费成为地方政府继土地出让收入之后最重要的收入来源。按照我国目前的税制,房地产业链条中的土地使用权出让、建设施工、房地产转让和保有等环节共涉及营业税、城市建设维护税、教育费附加、企业所得税、个人所得税、土地增值税、城镇土地使用税、房产税、印花税、耕地占用税和契税 11 个税种。而根据分税制制度设计,除了企业所得税和个人所得税由中央和地方分享外,其余税种收入均归地方政府所有。此外,与房地产相关的行政性收费主要有 3 类:一是国土管理部门的收费,包括耕地开垦费、管理费、房屋拆迁费、拆抵指标费、新增建设用地有偿使用费等;二是财政部门的收费,包括土地使用费、土地租金;三是其他部门的收费,包括农业、房产、水利、交通、邮电、文物、人防、林业等部门,这些部门也在土地征用、出让和房产交易过程中收取相关费用。这些收费不仅数额较大,而且名目庞杂,收入和支出的透明度较低,是地方政府偏爱的收入来源。第三,地方政府为了利用扩大土地抵押融资规模,也有动力推动房地产价格的上涨。根据《中华人民共和国预算法》的规定,地方政府不能直接向银行借贷。为了规避法律规定,地方政府纷纷成立土地储备中心、城市建设投资公司,或借助各类产业园区实体平台,以土地为抵押物向银行等金融机构进行信贷融资,用以弥补财政支出缺口和扩大城市基础设施投资。随着土地供应招拍挂制度的改革,通过土地储备进行抵押融资已成为地方政府经营土地,获取财政收入的重要手段。而在土地面积既定的前提下,土地融资的规模取决于地价水平的高低,因此,为了扩大土地抵押融资规模,地方政府便采取多种措施推动地价上涨,形成土地出让收入和抵押融资相互推高的累积循环效应。通常情况下,地方政府以储备土地作抵押获得银行贷款后,一方面将贷款用于城市的基础设施建设,另一方面将资金投入到土地征收和开发上,用于征地补偿和所谓的"三通一平"、"五通一平"或"七通一平"等活动,而无论是城市基础设施建设还是土地开发,都会导致地价的上涨,从而有助于地方政府获取更多的土地出让收入和抵押贷款。

3. 制造业厂商

制造业厂商选择 $k$ 以实现利润最大化目标,即:

$$k = Y^{\frac{1}{\gamma}} \left( \frac{\gamma}{1-\gamma} \right)^{\frac{1-\gamma}{\gamma}} \left( \frac{w}{r} \right)^{\frac{1-\gamma}{\gamma}} \tag{14}$$

从式(14)可以看出,资本存量 $k$ 对资本租用价格 $r$ 的弹性为 $-(1-\gamma)/\gamma<0$,表明当资本租用价格上升时,厂商会降低资本存量。

此外,根据加速投资原理,企业的当期投资水平主要决定于产出的变化,即:

$$I_t = \nu \left[ Y_{t+1} - (1-\theta) Y_t \right] \tag{15}$$

其中, $\nu = \left( \frac{\gamma}{1-\gamma} \right)^{\frac{1-\gamma}{\gamma}} \left( \frac{w}{r} \right)^{\frac{1-\gamma}{\gamma}}$ , $0 < \theta < 1$ 为产量调整系数, $I_t$ 对资本租用价格 $r$ 求导可得:

$$\frac{\partial I_t}{\partial r} = - \left[ Y_{t+1} - (1-\theta) Y_t \right] \cdot \left( \frac{\gamma}{1-\gamma} \right)^{\frac{1-\gamma}{\gamma}} \cdot \left( \frac{1-\gamma}{\gamma} \right) \cdot \left( \frac{w}{r} \right)^{\frac{1-\gamma}{\gamma}-1} \cdot \frac{w}{r^2} < 0 \tag{16}$$

从式(16)可以看出,厂商的当期投资水平也与资本的租用价格负相关,资本租用价格 $r$ 上升时,企业的当期投资水平会下降。可见,城市房地产价格上升会推高资本租用价格,导致制造业厂商的存量资本和当期投资下降,进而导致产出下降。

在现实市场中,有的厂商是资本的拥有者,并不租用资本进行生产。这些厂商会基于成本和需求的预期对资本存量和投资规模进行调整,但是资本的调整是有成本的。考虑到调整成本的存在,则厂商面临的最优投资规划问题为:

$$Max \sum_{t=0}^{\infty} \frac{Y_t - wl - I_t - C(I_t)}{(1+r^*)^t} \tag{17}$$

其中,资本价格为1,利率固定为 $r^*$ ,不考虑折旧,则资本存量与投资的关系为:

$$k_{t+1} = I_t + k_t \tag{18}$$

对式(18)约束条件下的拉格朗日函数求解,可得式(17)最优化的一阶条件为:

$$1 + C^{'}(I_t) = (1+r^*)^t \lambda_t \tag{19}$$

对式(19)进行变型可以得到:

$$I_t = C^{t-1} \left[ (1+r^*)^t \lambda_t - 1 \right] \tag{20}$$

其中，$\lambda_t$ 为拉格朗日乘子，进一步设 $q_t = (1 + r^*)^t \lambda_t$，则式（20）可以简化为：

$$I_t = C^{t-1}(q_t - 1) \tag{21}$$

$q_t$ 表示增加 1 单位投资对厂商利润现值的影响，如果 $q_t$ 较高，厂商就会倾向于增加资本存量；而如果 $q_t$ 较低，厂商就会选择减少资本存量。根据托宾的 $q$ 理论，$q_t$ 代表新增资本的市场价值与资本重置成本的比例，资本的重置成本越高，$q_t$ 越小；反之，$q_t$ 越大。城市房地产价格上涨直接抬高了资本的重置成本，而重置成本升高将会导致 $q_t$ 变小。根据式（21）可知，在这种情况下，制造业厂商会减少投资，从而不利于城市工业部门的发展。

### 三、实证分析

（一）计量模型设置与变量选取

我们要检验的核心命题是，我国地方政府的土地财政行为会引发城市房地产价格上涨，进而对城市制造业的发展形成了不利的影响，导致我国城市的"去工业化"现象。因此，我们首先检验土地财政是否会引发城市房地产价格上涨，其次检验房地产价格上涨对城市制造业发展的影响。为此，我们设置了以下两个方程来实证检验土地财政是否会导致城市的"去工业化"：

$$HP_{it} = \alpha_i + \beta_{it} X_{it} + \sum_{k=1}^{K} \delta_{k,i} Z_{k,it} + \varepsilon_{it} \tag{1}$$

$$Y_{it} = \varphi_i + \varphi_{it} P_{it} + \sum_{k=1}^{K} \gamma_{k,i} W_{k,it} + \mu_{it} \tag{2}$$

$$i = 1, \cdots, n \; ; \; t = 1, \cdots, T \; ; \; k = 1, \cdots, K$$

其中，变量 $HP$ 表示城市的平均房价；$Y$ 表示城市产业结构，$X$ 表示地方政府的土地财政水平，即地方财政对土地相关收入的依赖程度；$Z$ 为影响城市房价的其他控制变量；$W$ 为影响城市产业结构的其他控制变量；$\varepsilon$ 和 $\mu$ 表示残差项。下标 $i$ 表示城市，$t$ 表示年份，$k$ 表示控制变量的数量。

在方程（1）中，因变量（HP）为城市商品房平均销售价格。在土地财政变量（LR）的选取方面，囿于数据的可获得性，我们无法掌握各城市预算内以及预算外财政收入总额及分项目情况，因而无法获得各地房地产相关行业的税费收入,以及土地抵押融资的数额。为此,我们将土地财政变量(LR)设定为土地出让金收入与 GDP 的比值,这一指标越高说明地方政府越依赖于土地财政。根据本节的理论模型,我们预期它与城市的房地产价格正相关。在控制变量方面,我们从供给与需求两个角度共选择了 4 个影响房地产价格的控制变量。衡量需求因素的变量主要包括以下 3 个方面:一是城市人口数量(POP),用城市常住人口指标加以衡量。一般来说,城市人口越多,对房屋的潜在需求就越大,因此,我们预期它与城市房价正相关。二是城镇居民家庭可支配收入(DI),反映了城市居民的实际支付能力,可支配收入水平越高,居民的实际支付能力越强,因此,变量 DI 应与 HP 正相关。三是房地产价格的滞后项(HP-lag)。房地产不仅仅是一般消费品,它还可以作为投资品,投资需求对房地产价格也具有重要影响。这种投资需求通常会受到预期的影响,如果房价呈现出上涨趋势,投资需求就会因为涨价预期而增加;反之,如果房价出现下跌态势,房产投资需求就会因为降价预期而减少。为了衡量投资需求对房地产价格的影响,我们在计量模型中引入房价的滞后项,并期望它与当期房价存在正相关关系。从供给的角度来看,住房供给的数量(CA)是最重要的因素,本节用住房的竣工面积来加以衡量。住房竣工面积越大表示住房的市场供给越多,在需求不变的条件下,房屋价格将下降,因此,我们期望其与城市房价负相关。各变量的含义具体参见表 6-9:

表 6-9　各变量的含义

| 变量名称 | 定义 | 单位 | 时间序列 | 数据来源 |
|---|---|---|---|---|
| IS | 第二、三产业增加值之比 | – | 1999—2011 | 《中国城市统计年鉴》 |
| HP | 商品房平均销售价格 | 元/m² | 1999—2011 | 《中国房地产统计年鉴》 |
| LR | 土地出让成交价款 | 万元 | 1999—2011 | 《中国国土资源年鉴》 |
| POP | 城市年末总人口 | 万人 | 1999—2011 | 《中国城市统计年鉴》 |
| DI | 城市居民家庭可支配收入 | 元 | 1999—2011 | 《中国区域经济统计年鉴》 |
| CA | 房屋竣工面积 | m² | 1999—2011 | 《中国房地产统计年鉴》 |
| W | 职工平均工资 | 元 | 1999—2011 | 《中国城市统计年鉴》 |
| DEN | 城市总人口/建成区面积 | 人/km² | | |

续表

| 变量名称 | 定义 | 单位 | 时间序列 | 数据来源 |
|---|---|---|---|---|
| BA | 建成区面积 | $km^2$ | 1999—2011 | 《中国城市统计年鉴》 |
| RD | 人均城市道路面积 | $m^2$ | 1999—2011 | 《中国城市统计年鉴》 |
| BUS | 每万人拥有公共汽车数目 | 辆 | 1999—2011 | 《中国城市统计年鉴》 |
| HUM | 每万人中大学生的数目 | 个 | 1999—2011 | 《中国城市统计年鉴》 |
| EDU | 中小学师生比 | — | 1999—2011 | 《中国城市统计年鉴》 |
| MED | 每万人拥有病床数目 | 张 | 1999—2011 | 《中国城市统计年鉴》 |

在方程(2)中,我们用城市第二产业与服务业的增加值比重来衡量城市产业结构变量 IS。我们主要分析城市拥挤成本和集聚经济两种力量对比对城市产业结构所施加的影响。在拥挤成本方面,我们用 HP 来衡量城市非贸易品成本,根据本节的理论假设,我们期望它与城市产业结构变量 IS 负相关。在控制变量方面,我们用职工平均工资水平(W)来衡量城市劳动力成本。同时,我们还选取了六个反映城市规模和集聚经济效益的变量,具体包括:城市人口密度(DEN),用城市常住人口除以建成区面积而得;人均实有道路面积(RD);公共交通服务水平(BUS),用每万人拥有公共汽车数量表示;人力资本集中度(HUM),用每万人拥有高等学校学生数来表示;教育服务水平(EDU),用普通中小学专任教师数与在校生数之比来表示;医疗卫生服务(MED),用每万人拥有医院、卫生院床位的数量来表示。① 由于上述 6 个城市集聚经济变量既有助于制造业的发展,也对服务业发展有利,因此它们与城市产业结构变量 IS 的关系有待检验。

(二) 计量分析结果报告

我们选取了 35 个大中城市样本进行计量分析,考虑到 35 个大中城市之间存在不可观测的个体差异,在计量方法上,我们采用了固定效应模型(FE

---

① 不少文献在研究城市规模和集聚经济时使用过相同或类似的指标,具体可参见 Au and Henderson(2006a,2006b)、Baum-Snow(2007)、Davis and Henderson(2003)、Henderson(2003)、王小鲁(2010)以及中国经济增长前沿课题组(2011)等文献。

Model）来处理 1999—2011 年 35 个城市的面板数据。在表 6-10 中,FE(1)主要观察城市房价是否与土地财政存在显著的相关关系,结果证实了这种关系。FE(2)将房价的滞后项以及其他控制变量放入到回归模型中,除了房价的滞后项以外,我们将其他几个控制变量均视为外生的。同样,在表 6-11 中我们先检验房价对城市产业结构的影响,然后逐步添加其他控制变量得到 FE(3)、FE(4)、FE(5)。通过比较 5 个方程的结果,我们发现模型的回归结果基本上稳定,可以作为实证分析的依据。

表 6-10　土地财政对房价的影响

|  | FE(1) | 显著性 | FE(2) | 显著性 |
|---|---|---|---|---|
| LR | 0.995 | ***<br>(0.18) | 0.592 | ***<br>(0.17) |
| lnHP_lag | 0.998<br>(0.02) | *** | 0.712<br>(0.03) | *** |
| lnPOP | | | 0.128<br>(0.05) | *** |
| lnDI | | | 0.321<br>(0.04) | *** |
| lnCA | | | −0.015<br>(0.02) | ** |
| Cons. | 0.070<br>(0.12) | | −1.211<br>(0.27) | *** |
| Overall $R^2$ | 0.964 | | 0.945 | |
| Obs. | 420 | | 420 | |
| Groups | 35 | | 35 | |

注:*、**、***分别表示在 0.1、0.05、0.01 水平上统计显著;括号内数字为回归系数对应的标准差;Cons.表示回归截距,Obs.表示观测个数,Groups 表示观测个体的组别,即 35 个城市。下表同。

从表 6-11 可以看出,计量回归结果基本符合我们的理论预期。土地财政变量 LR 的系数为正,且在 0.01 水平上显著,表明地方政府对土地财政的依赖是推高城市房价的重要因素。同时,市场需求力量对城市房价也发挥着重要影响。城市人口数量 POP 和城市居民家庭可支配收入变量 DI 的系数均为正,且都在 0.01 水平上显著,表明城市居民的住房需求对房价上涨具有较大的正向推动作用。反映市场预期的城市房价滞后项 HP-lag 的系数也为正,且在 0.01 水平上显著,表明市场投资需求也在很大程度上推动了城市房价上涨。此外,反映住房市场供给规模的房屋竣工面积变量 CA 的系数为负,并且通过了 0.05 水平的显著性检验,说明住房供给水平对城市房价具有明显的负向抑制作用。

表 6-11　房价对城市产业结构的影响

| | FE(3) | 显著性 | FE(4) | 显著性 | FE(5) | 显著性 |
|---|---|---|---|---|---|---|
| IS_lag | 0.644<br>(0.04) | *** | 0.646<br>(0.04) | *** | 0.631<br>(0.04) | *** |
| lnHP | −0.046<br>(0.01) | *** | −0.117<br>(0.03) | *** | −0.099<br>(0.03) | *** |
| lnW | | | 0.070<br>(0.03) | ** | 0.087<br>(0.03) | ** |
| DEN | | | | | −0.018<br>(0.02) | |
| lnRD | | | | | −0.025<br>(0.03) | |
| lnBUS | | | | | −0.025<br>(0.03) | |
| lnHUM | | | | | −0.009<br>(0.02) | |
| lnEDU | | | | | −0.060<br>(0.09) | |
| lnMED | | | | | −0.052<br>(0.03) | * |
| Cons. | 0.688<br>(0.11) | *** | 0.558<br>(0.13) | *** | 0.998<br>(0.52) | * |
| Overall $R^2$ | 0.840 | | 0.825 | | 0.809 | |
| Obs. | 420 | | 420 | | 420 | |
| Groups | 35 | | 35 | | 35 | |

从表 6-11 可以看出,计量分析的结果也符合我们的理论预期。在 3 个方程中,我们的关键解释变量城市商品房平均销售价格 HP 的系数均为负,而且都在 0.01 水平上通过了显著性检验。这表明房价与被解释变量 IS 之间存在着稳定而显著的负相关关系,房地产价格的上涨会导致工业产出的相对比重

下降,从而引发城市的"去工业化"现象。将这一回归结果与前表联系起来,我们就可以清楚地看到土地财政推高城市房价,进而引发城市"去工业化"的作用机制。此外,在其他控制变量方面,城市产业结构的滞后项 IS_lag 在 3 个方程中的系数均为正,且都在 0.01 水平上显著,说明上一期产业结构变量对城市当期产业结构具有重要的正向影响。职工平均工资变量 W 的系数均为正,且通过了 0.05 水平的显著性检验,说明职工平均工资变量与城市产业结构变量 IS 正相关,这就与一般的理论预期相反。一般来说,工资水平上升降低了工业企业的盈利能力,并诱发工业企业从城市撤出,从而降低城市工业的产出比重。反映城市集聚经济的六个变量的系数均为负,但除了反映医疗卫生服务条件的变量 MED 以外,其他变量均未通过显著性检验,说明我们的检验没有证实城市集聚经济对产业结构调整的影响。但这并不意味着城市的产业结构与城市集聚效应无关,从理论上讲,这几个城市集聚经济变量既对制造业发展有利,也对城市服务业发展具有积极影响,要想厘清它们对工业和服务业的具体影响,可能需要重新设置计量模型。因此,从总体上看,基于 35 个大中城市数据的实证检验基本上可以支持我们的推论,即土地财政通过推高城市房价引发了大中城市的"去工业化"进程。

我国各级地方政府对土地财政的过度依赖,有可能导致城市产业结构的演变偏离标准经济理论的预期路径,导致大城市过度服务化和小城市产业空心化两种不利于我国整体产业结构优化升级的"去工业化"现象。本节的理论和实证分析揭示了土地财政、房价上涨和城市产业结构变动之间的内在逻辑关系,验证了土地财政对我国城市产业结构所造成的扭曲。事实上,在我们所讨论的作用机制之外,土地财政至少还会通过两个途径对城市产业结构造成扭曲性影响。其一,土地财政的扩大使得地方政府掌握大量预算外资金,这部分资金的实际投向会对地方产业结构产生重要的影响。近年来我国各级地方政府将土地财政的大部分收入投向了土地收储、土地开发和城市基础设施,刺激了房地产、建筑业的繁荣,从而带动了建材、塑料、五金、电器等相关低端制造业部门的发展,对其他行业的发展形成了挤出效应。其二,伴随着土地财政的房地产价格上涨,推高了资本租用价格和重置成本,导致厂商减少存量资本和流量资本,工业部门的投资减少,产出下降。

## 四、结论与政策含义

本章的发现具有重要的政策含义,为了减轻地方政府土地融资对城市产业结构的扭曲,特别是对城市工业部门发展所造成的不利影响,有必要从以下几个方面推进地方政府治理体系改革,改进地方政府城市化融资机制:

第一,推进各级地方政府由发展型政府向服务型政府转变。随着向中高收入阶段迈进,我国应建立以提高人民群众真实福利水平为导向的地方政府绩效考评体系。居民真实福利水平不仅与各地区人均名义收入水平有关,也与各地区土地、房屋、公共服务和生态环境等非贸易品价格有关,我们可以将其简单地表示为本地区人均名义收入与非贸易品价格之间的比值,这个比值越大,人们的幸福程度越高;反之,人们的幸福程度越低。多年来我国各级地方政府在推进城市化过程中存在着"见物不见人"的问题,各地纷纷相互复制产业园区建设、房地产开发和城市扩张等粗放的经济发展方式,落后地区虽然通过工业化与城市化实现了经济加速增长,名义收入水平获得了提高,但人们的真实福利水平并未获得相应的提升。其原因在于伴随着经济的增长,各地区土地、房屋等价格上升也很快。这不仅导致企业成本提高,对经济可持续发展造成了很大的冲击,也导致人们生活成本迅速上升。同时,过于强调经济总量增长的政策思路相对忽视了基本公共服务和生态环保等公共产品的供给,导致区域公共产品供给严重滞后于经济发展,人们要想享受高质量的公共产品必须付出较高的成本。因此,在区域经济规模扩张的同时,本地非贸易品价格上升也很快,导致人们的真实福利水平并未同步上升。党的十九大报告郑重地向全世界宣示了我国已进入社会主义发展的新时代,在新时代我国社会主要矛盾已经转化为人民日益增长的美好生活需要和不平衡不充分发展之间的矛盾。人民美好生活需要日益广泛,不仅对物质文化生活提出了更高要求,而且在民主、法治、公平、正义、安全、环境等方面的要求日益增长。新时代我国区域发展也应紧紧围绕这一社会主要矛盾的变化,致力于满足人民群众日益增长的美好生活需要。因此,新时代要求我们必须转变发展理念,强调在经济取得稳定增长的同时提高人们的真实福利水平。只有这样才能促使各级政府从重视经济的增长转向人的生活质量提升,实现包容性增长,扭转地方政府基于财政利益和 GDP 目标而形成的"经营城市和经营土地"的冲动。

第二,建立事权与财权相匹配的公共财政体制。随着政府职能的转变,各级地方政府所要承担的公共服务责任势必进一步增加。为此,要进一步完善中央、省以及省以下多级财政分权体制,省、市、县(区、市)各级政府应分别有税基稳定的税种作为其主要财政来源,并通过转移支付体系,确保地方政府的财力与支出责任处于均衡状态。房产税具有税源稳定、征收成本低和不易转嫁等特点,在未来可以在很大程度上替代土地融资,今后应成为地方税的主体税种。为此,要加快开征房产税的立法进程,推动房产税早日落地,通过开辟新的财源引导各地政府把注意力从经营土地转到优化本地制度环境和公共服务上来。

第三,拓宽城市建设资金来源渠道。要根据城市化过程中不同建设项目的具体情况,合理利用银行信贷、国债、国际金融组织和外国政府优惠贷款,鼓励引入各类投资基金,采取上市、特许经营等形式推进资产证券化融资,大力推进项目融资和PPP投融资模式,扩大社会资金参与城市化基本建设的规模。此外,要扩大地方市政公债发行试点,规范和扩大地方政府基于基础设施建设的发债权。应允许条件许可的地方政府拥有一定的基础设施建设公债发行权,通过合理设置地方基础设施建设公债,进一步规范地方财政收支行为,合理弥补财政收支缺口,破解土地融资所引发的地方债务膨胀、债务隐性化等问题。

第四,拓展工业企业融资来源渠道。一要完善信贷资金向实体经济融通机制,降低贷款中间环节费用,引导金融机构针对不同企业合理定价。发展政府支持的融资担保机构,鼓励各地设立政府性担保基金,探索运用资本注入、再担保、风险补偿等措施,提高融资担保机构为战略性新兴产业、小微企业服务的积极性。二要大力发展新金融组织,稳妥推进民营银行、村镇银行、小额贷款公司、信用担保公司、农村资金互助社、金融租赁公司、融资租赁公司等新型金融机构的发展,进一步完善城镇金融服务体系。三要推进金融产品创新,鼓励金融机构开发符合我国特色产业、优势产业和传统产业升级需求的多样化信贷产品,引导和带动金融机构将更多信贷资金投向实体经济部门。四要加快发展具有中国特色的多层次资本市场,规范发展区域性股权市场和私募股权投资基金,鼓励场外股权交易市场发展,积极为中小工业企业、非公企业和创新型企业提供直接融资服务。改革完善公司信用类债券发行管理制度,合理扩大债券市场规模。加快债券产品创新,发展股债结合品种,探索高风险高收益企业债、项目收益债、永续债、专项企业债、资产支持证券等。

第五,完善农地征用补偿制度,阻断地方政府的卖地取财机制。在分类确权登记的基础上,进一步明确农民土地的物权性质,扩大承包地和宅基地的权能,逐步使农村集体建设土地拥有与国有土地平等的财产权利,逐步建立城乡统一的建设用地市场,让农民直接参与一级市场谈判。同时,限制地方政府征地的权力范围,削弱地方政府作为建设用地经营者的角色。重新制定征地补偿标准,改变土地出让收入一次性收取的方法,并将土地使用权补偿标准与土地用途转变所产生的级差收益挂钩,降低地方政府征地的收益。

# 第七章　城市群发展制度与城市产业结构

## 第一节　城市群产业结构的理论分析

### 一、城市体系中的产业分工机制

（一）产业专业化与多样化分工的机制

阿代尔—拉姆汗和藤田（Abdel-Rahman and Fujita,1993）通过一个一般均衡模型,分析了城市体系中城市的专业化与多样化产业分工的逻辑机理。在他们的分析框架中,经济体是由一个包括多个城市的城市体系构成的,城市是由城市开发者(开发商或城市政府)建造的,这个经济体生产两种商品 X 和 Z,这两种商品在城市间可以零成本地进行自由贸易。城市开发者可以选择生产两种商品中的一种或者全部,每个城市开发者通过选择商品以及人口的数量来最大化他的净利润。由于城市开发者在产品市场中是完全竞争者,当市场均衡时,其利润为零。生产在城市的 CBD 进行,工人从其居住地到 CBD 工作需要通勤时间,通勤时间减少了其可以用于劳动的时间。商品的生产仅需要投入劳动力要素,包括固定的劳动力需求和可变的劳动力需求。为简化分析,设定两种商品的生产所需要的可变成本是相等的,由于固定生产成本的存在,每种商品的生产都具有产业内的规模经济。专业化生产(城市只生产一种商品)和多样化生产(城市同时生产两种商品)所需要的可变劳动力的数量是相同的,因此,在多样化生产中,由于对固定成本的节约,存在着范围经济。在这样一个分析框架下,他们证明了,在规模经济(向心力)相对于通勤成本(离心力)较低时:如果两种商品多样化生产的最大人均产出水平相对于专业化生产的最大人均产出水平都较低,就仅有分别生产这两种商品的专业化城市存在;如果两种商品多样化生产的最大人均产出水平和每种商品专业化生产的最大人均产出水平的比例相对于消费者对相应商品的支出比例较高,就仅有同时生产两种商品的多样化城市存在;如果两种商品多样化生产的最大人均产出水平相对于某种商品(如 X)专业化生产的最大人均产出水平较高,而多样化生产的最大人均产出水平和另一种商品(如 Z)专业化生产的最大人均产出水平的比例相对于消费者对 Z 商品的支出比例较低,城市体系中就会有同时生产两种商品的多样化城市及生产 X 商品的专业化城市存在;反之,就会有多样化城市及生产 Z 商品的专业化城市存在,同时,就城市规模而言,多样化城市总是大于专业化城市。阿代尔—拉姆汗和藤田的研究解释了城市间产业专业化与多样化分工的产生条件,城市间的专业化与多样化产业分工,一方面取决于范围经济和规模经济的相对大小,以及消费者对不同商品的需求;另一方面也和城市的通勤成本有很大关系。

(二) 管理与制造功能的分工机制

杜兰顿和普加(Duranton and Puga, 2005)分析了大城市和小城市在总部及商务服务和加工制造之间的功能分工的事实及机制。他们指出,城市的部门专业化水平呈下降趋势,而功能专业化水平呈上升趋势。从 1977 年至 1997 年 20 年间,不同规模城市用基尼系数来衡量的制造业平均部门专业化水平从 0.430 降至 0.392;而 1950 年用行政和经理人员占生产工人的比率来衡量的功能专业化水平在不同城市中差别不大,到 1980 年城市间的差异明显上升了,更大的城市更加专业于管理功能,而较小的城市更加专业于生产功能。到 1990 年,这一趋势更加明显,9 个最大城市的行政和经理人员占生产工人的比率比全国平均水平高 39%,而非城市地区(人口在 67000 人至 75000 人之间)和人口低于 25 万人的城市地区,却分别比全国平均水平低 49.5%和 20.7%。杜兰顿和普加认为,这种转变和企业组织的变化紧密地联系在一起,这种变化主要表现为企业管理部门和生产部门日益明显的分离趋势。他们构建了一个多部门模型来分析这种联系。每一个企业可以通过把生产基地和管理总部一体化地布局在一个地区来节省管理成本和获取收益。然而,根据不同的城市体系结构,他们也能够从将管理总部和生产部门布局于不同地区中获益。这是因为拥有更丰富商业服务供给的城市,在总部服务的运营方面成本更为低廉;而在有更多同一产业生产部门集中的地区,由于对中间投入品的共享,厂商节省了生产成本。同时,更大的城市往往是更加拥挤的城市,有更高的生活成本,而中小城市的生活成本较低,这引发了工人在城市和产业间的流动。当与异地管理和生产活动相关联的成本较高时,企业是一体化的,给定分享中间投入品的收益和都市拥挤成本,企业总部和生产工厂会集中在一个部门专业化的城市。但是,当与异地管理和生产活动相关联的成本降低到一定水平时,企业的组织和城市体系的结构都会经历深刻的变化,以前总部和生产一体化的企业变成了多单位的组织。此时,在区位选择中他们会把总部和生产工厂分开设立,把总部设立在商务服务雇员丰富的城市,把生产工厂设立在最终产品制造中同一产品部门专业化程度更高的城市。由于大量的企业做出了相似的组织和区位的选择,这又反过来影响了城市雇佣人员的结构,而这又使企业组织形式的变更更加有利可图。这一过程引发了城市专业化方向的转变,城市从部门专业化转变为功能专业化:不同部门的总部和商务服务聚集在少数大城市中;而由于不能支付足够的工资来弥补大城市高昂的拥挤成本,其制造工厂转移并集聚在较小规模的城市。

总之,杜兰顿和普加(2005)的研究阐释了不同规模城市功能专业化发展的逻辑机制。大城市商务服务集中,在提供总部服务方面更具有成本优势;小城市集中了大量部门专业化的中间投入品生产,在最终产品的制造方面更有成本优势。因此,随着基础设施网络的完善和通讯技术进步所带来的异地管理成本的下降,企业的管理部门和生产部门会在空间中发生分离,管理功能聚集于大城市,制造功能聚集于小城市,从而形成大小城市间在总部管理与生产制造功能之间的分工。

(三) 创新和制造功能的分工机制

一系列实证文献表明,多样化的都市环境有利于创新(Harriso et al.,1996;Kelley and Helper,1999;Feldman and Audretsch,1999)。杜兰顿和普加(2001)分析了其微观基础。他们认为,大城市的多样化环境在便利搜寻和实施创新方面所扮演的角色与小城市的专业化环境在大规模生产方面所扮演的角色相结合,引发产品生命周期中的生产加工环节从多样化城市向专业化城市转移,从而促使产业多样化的大城市扮演了新企业新产品创新"苗圃"的功能。他们的分析建立在两个基本认识的基础上:一是当更多本地企业使用相同类型的流程时,由于它们可以分享中间投入品,其成本是递减的;二是城市的拥挤对城市规模扩张施加了限制。他们把流程创新和这两个基本因素相结合,形成了一个分析框架。假设一个新的企业需要经过试验来实现其最大的潜能:企业家有一个方案,但不知道将要生产出来的产品在使用什么零部件、雇用什么样的工人等方面的所有细节,在很多可能实施这一方案的流程中,有一个比所有其他的流程都要更好。这一理想的生产流程在不同企业中是不同的,一个企业可以通过以任意一个本地已使用的生产流程来制造产品原型的方法来发现其理想的生产流程,如果这一流程不合适,企业可以尝试不同的流程。一旦企业确定了其理想的流程(这发生在使用了这一流程生产产品原型或在用尽了所有的可能性之后),它就可以开始大规模地生产其产品。从当地的生产流程中任意选择流程进行学习和企业的转移成本相结合,就创造了大城市多样化的动态优势。每一时期,都会有一些企业由于种种原因倒闭,投资最优化会确保它们被生产新产品的新企业所取代;而且,自由迁徙使得所有城市中的工人都具有相同的福利,新的城市能够被竞争性的开发者创造出来。在这样的情形下,专业化城市与多样化城市共存是一个稳定且唯一的结果,这是由于每个企业发现当搜寻其理想流程时位于多样化城市,之后便迁移到所有企业都使用相同类型生产流程的专业化城市最符合其利益。在学习阶段,位于多样化城市可以被视为一项投资,由于所有企业相互施加拥挤成本,只有那些使用相同类型流程的企业才能创造出节约成本的本地化经济,这导致多样化城市具有相对较高的生产成本。但是,企业在搜寻其理想流程的过程中承担这些成本是值得的,因为他们在找到其理想的流程之前要尝试一系列的流程,而多样化的城市给他们创造了在每次流程尝试后无须进行成本高昂的迁移的条件,在这个意义上,多样化的城市扮演了一个企业"苗圃"的角色。一旦企业经过试错发现了其理想的生产流程,它就不能再从多样化的环境中受益,在这一阶段,在迁移成本不太昂贵的条件下,企业就会为了规避由于使用不同类型流程的企业的集中所导致的拥挤成本,而迁至可以分享专业化利益的小城市。

　　总之,杜兰顿和普加(2001)的分析揭示了,在产品生命周期的早期阶段,企业需要通过搜寻和试验来完善其生产流程,由于大城市的多样化环境所带来的便利,在这一阶段,大城市是成本相对较低的生产区位。而在产品生命周期的成熟阶段,由于对相同中间投入品的共享,小城市的专业化环境是成本相对较低的生产区位,从而导致了大小城市在创新和制造方面的分工。

(四)　大小城市间生产效率的差异

　　罗森瑟和斯特朗奇(Rosenthal and Strange,2004)指出,平均而言,更大的城市通常有更高的劳动生产率。贝伦斯等(Behrens et al.,2014)认为是集聚经济(Agglomeration economics)、筛选(sorting)和选择(selection)三种因素的相互作用导致了这样的结果。集聚经济是指外生于企业、随城市规模递增的规模经济;选择是指更有天赋的人会在开始就选择居住在更大的城市中;筛选是指更大的城市有更大规模从而竞争也更强的市场,从而只有最有效率的企业才能在竞争中生存下来,得以在大城市中运营。这三种因素之间具有互补性:更大城市中具有更强的筛选功能,这意味着只有更具天赋的个人在开始时才会选择定居在这里;更多的有天赋的个人的存在会增强筛选效应,即有更多有天赋的个人、选择更强的城市最终也会聚集更多能够支付更高工资的,有更高效率的企业。反过来,更高的工资水平也吸引了更多的劳动力进入,从而使这些城市变得更大,从而进一步增强了城市的集聚经济效应。上述过程的最终结果就是更大的城市通常拥有更有效率的企业、更有天赋的劳动力以及更高的劳动生产率。

　　鲍德温和大久保(Baldwin and Okubo,2006)把梅利茨(Melitz,2003)引入企业异质性的垄断竞争模型和新经济地理学的资本松脚(Footloose Capital)模型(Martin and Rogers,1995)结合起来的分析表明,传统新经济地理模型关于同质性企业的假设是没有必要的,对于效率最高的企业而言,规模大的地区是最有吸引力的,异质性企业的区位选择的结果就形成了劳动生产率高低不同的企业在大小城市之间的分布。

**二、城市经济互动与产业结构**

城市间的经济互动一方面表现在城市间的分工,另一方面表现在城市间要素资源的集聚与扩散。前文已对城市间产业分工的理论分析与经验事实进行了综述,下面我们对城市间经济集聚与扩散的机制与后果进行简要的分析。

(一) 贸易成本与地区间经济集聚

迪克西特—斯蒂格利茨(Dixit and Stiglitz,1977)的垄断竞争模型结合了消费者对多样化的偏好和企业的规模收益递增,从理论上揭示了经济集聚的基本动力。克鲁格曼(Krugman,1980)在 DS 模型的基础上,在要素不可流动的条件下加入了贸易成本,构建了 DSK 模型(迪克西特—斯蒂格利茨—克鲁格曼)。在 SDK 模型中,贸易使消费者可以获得更多种类的产品,如果没有规模经济,每个地区都可以生产所有的产品,从而地区之间不存在贸易,DSK 模型揭示了消费者对多样化的偏好与生产中的规模经济相结合,是地区之间通过贸易产生经济互动的原因。但 DSK 模型所揭示的是没有要素流动、仅有商品流动的国家之间的经济互动,而一个国家内部地区或者城市之间的经济互动不仅包括了商品流动,而且包括了生产要素的流动。

赫尔普曼和克鲁格曼(Helpman and Krugman,1985)的本地市场效应模型(HME)分析了地区之间没有劳动力的流动、仅有资本流动的情形。在这样的条件下,某地区的需求随着市场规模的扩大而扩大,规模经济使厂商在产量增长的同时生产成本下降。因此,选址于市场规模较大地区比选址于市场规模较小的地区会给企业带来更大的利润。但是,随着选址于规模较大市场的企业数量增加,企业之间的市场竞争也会加剧,这就阻碍了企业进一步向较大的市场集聚,这两种相反力量的共同作用导致了本地市场效应的形成,即市场规模较大的地区能够吸引超过其市场份额的企业份额。

克鲁格曼(Krugman,1991b)则进一步在引入了部分人口流动的基础上,建立了分析经济集聚的中心—外围(CP)模型。在 CP 模型中,劳动力包括技能劳动力和非技能劳动力,非技能劳动力不可流动,在两个地区平均分布;技能劳动力可以在地区间自由流动,居住在某地区的技能劳动力份额是内生的。CP 模型说明了经济集聚的力量来自消费者对产品多样化的需求及生产中规模经济的相互作用:市场规模较大的地区会引发更多的厂商选择该地区作为自己的生产区位(后向联系),这增加了对劳动力的需求,提高了其工资水平,降低了工业制成品价格指数,从而提高了工人的实际工资水平,吸引劳动者向该地区流动(前向联系)。同时,劳动者数量的增加又使工资水平趋向于降低,企业大量集中也产生市场拥挤效应,再加上企业对不可流动劳动力(农民)的需求,一并形成了推动经济向外扩散的离散力量。当产品间的差异化程度很高(满足黑洞条件)时,经济集聚的力量很强,无论贸易成本有多高,经济均呈中心—外围的分布结构。当产品间的差异化程度不是很高时(黑洞条件不满足),贸易成本就成为集聚力量和分散力量间的调节者:当贸易成本较高时,经济在空间上呈均匀的对称分布格局;随着贸易成本的下降,集聚力量在增强,中心—外围结构就成为可能;而随着贸易成本的进一步下降,当低于某一临界值时,集聚力量进一步增强,中心—外围结构便成为唯一的均衡结果。总之,中心—外围模型说明了地区之间的贸易成本是地区间经济互动的基本影响因素之一,贸易成本的下降会增强地区的经济集聚力量,引发经济活动特别是制造业在空间上的集中。上述过程对城市体系内不同地区的产业结构具有重要的影响,特别是在工业化加速发展阶段,随着地区间基础设施网络的完善,以及区域一体化制度的实施,地区间贸易成本趋于下降,制造业活动会大量向少数具有"第一性优势(first nature)"①的城市集中,导致这些地区的制造业比重上升,而其他地区的制造业比重下降,初级产品生产份额增加。

(二) 通勤成本与城市间经济集聚

塔布奇和蒂斯(Tabuchi and Thisse,2006)对中心—外围模型的不足进行了充分的分析。他们认为,现代空间经济的主要特点是由多样化的大城市和专业化的小城市所构成的城市体系,新经济地理学(NEG)的主要任务就是解释这一生产和消费模式的形成机制。克鲁格曼(Krugman,1991)的中心—外围模型认为,产业的空间集聚是由于集聚力量和分散力量两种相反力量的相互作用形成的,集聚的力量来自在工业部门工人自由流动的前提下消费者对多样化的偏好以及生产中的规模收益递增,分散的力量来自农民的不可流动性以及运输成本,农业部门或者土地密集型部门的存在是标准的中心—外围模型的重要特征。但是首先,农民被假设在区域和部门间是不可自由流动的,这个假设很不合理,因为农民的跨区域和跨部门流动恰恰是工业化和城市化

---

① 所谓第一性优势是指一个地区的区位条件、要素禀赋等先天性优势因素。

的源起力量。其次,即使"农业"仅仅是土地使用密集型产业的代名词,这样的生产部门在现代经济中的比重也在迅速下降。最后,在克鲁格曼的模型中,不可移动部门的规模必须足够大才能使分散作为一种均衡的结果出现(否则就只有集聚)。因此,由于依赖不可移动部门来解释城市化进程,中心—外围模型其实不能很好地解释城市化和发达经济体的运行机制。而且,中心—外围模型的可移动部门仅包含一个产业部门,而一个产业的模型不能很好地解释不同的产业所表现出的不同的空间分布模式。

在深入分析中心—外围模型的应用性不足的基础上,塔布奇和蒂斯认为,在现代城市化条件下,包括居住成本和通勤成本在内的城市生活成本在消费者的支出中占有很大的比重,在发达国家中超过了 1/3 甚至能达到一半,而且这一成本伴随着城市的规模扩张而增加。基于此,他们把由通勤成本所决定的城市生活成本作为驱使经济活动分散的离心力,用于分析通勤成本与地区专业化和城市层级的关系。他们对新经济地理学分析模型的假设条件进行了一些必要的变更。一方面,按照区域经济学的传统,他们忽略了农村部门并假设所有的工人和企业都是自由流动的;另一方面,推动经济分散的力量来自随着人口规模增大而上升的城市成本。他们在单个产业模型的基础上,把分析扩展到两个产业的模型,分析两个最终产品运输成本有差异的产业部门的生产区位选择问题。在单个产业分析中,与典型的中心—外围模型相同的是,随着运输成本的下降,产业出现了从分散到聚集的突然变化;与典型的中心—外围模型不同的是,随着通勤成本的下降,这个模型表现出了从分散到集聚的演进过程,而在高度工业化经济中,经济活动的相对集聚是客观的现象。由于模型处理方面的困难,他们考察了特殊的但很有意义的两部门经济,其中一个部门的运输成本为零,而另一个部门的运输成本为正,在这样的经济中,如果通勤成本高于某一临界值,经济是完全分散的;如果通勤成本低于某一临界值,经济是完全集聚的;当通勤成本取中间值时,运输成本为正的部门是完全聚集的;当通勤成本在这个范围内下降时,运输成本为零的部门的产出份额会在运输成本为正的部门完全聚集的地区逐渐提高。改变模型的设置,考察两个最终产品运输成本相同但可替代性有差异的产业,可以得到类似的结果。这一模型的分析结果意味着,在产业存在差异的条件下(这是必然的),市场自发运行的结果就会导致城市层级的出现,较大的城市会供给更多不可贸易的商品(运输成本为正的产品),从而使它能够吸引更多的可贸易商品份额(运输成本为零的产品),这在很大程度上推动了城市产业结构的演变。

上述模型进一步揭示了影响城市体系内经济集聚与扩散的力量,除了 CP 模型所讨论的运输成本以外,以通勤成本为主的其他空间成本都会对产业的集聚与扩散发挥重要影响。

(三) 土地要素与城市间经济集聚与扩散

新经济地理学经典模型的一个重要不足是忽视了土地的生产要素角色,而城市经济学也只是注意到了土地在居住消费中所扮演的角色。随着生产对土地要素使用的增加,其价格必然会上升,因此,土地成本就成为推动产业空间结构转换的重要力量。普留吉和塔布奇(Plüger and Tabuchi,2010)在赫尔普曼(Helpman,1998)模型的基础上,对土地在产业空间分布中所扮演的角色进行了扩展分析。赫尔普曼(1998)模型只考虑了土地的生活性使用,而普留吉和塔布奇模型则同时考虑了土地的生活和生产性使用,并在此基础上分析了贸易的自由化对经济均衡路径的影响。在土地消费占消费支出的比重较低和土地成本占生产成本适中的条件下,经济空间发展呈现为一条钟形的曲线:经济活动在高贸易成本下是分散的;随着贸易成本的下降,呈现出部分的集聚;随着贸易成本的进一步下降,经济活动再次逐步地分散化。他们也批评了已有的讨论经济空间发展呈现出钟形曲线的文献,认为这些文献受克鲁格曼模型(1991b)的影响,都把企业对部分不可移动劳动力的需求看成促使经济分散的力量,然而,这种认识是非常主观的,在移民限制日趋减弱的情况下,这种理论假设与产业发展的现实相脱节。因此,在他们的模型中,只有土地要素是不可流动的,土地价格成为驱使经济活动分散的力量,并引发城市体系产业结构的变化。

普留吉和塔布奇假设经济活动空间由两个地区构成。消费者消费制造品,具有多样化偏好,但也消费非工业制成品同时也是非贸易商品的住房。企业是垄断竞争者,每个企业生产一种差异化的商品,生产是规模报酬递增的,生产中要使用劳动和土地两种要素,两者都进入固定和可变成本,地区之间的贸易存在冰山型的贸易成本,劳动力在地区间可以自由流动。

在上述一系列假设前提下,和 HME 模型类似,区域($\theta_A = 1/2$)的消费函数可以表示为:

$$U_i = \frac{1}{\alpha^\alpha (1-\alpha)^{1-\alpha}} h_i^\alpha m_i^{1-\alpha}, m_i = \left( \int_0^{n_i} m_{ii}(v)^{\frac{\sigma-1}{\sigma}} + \int_0^{n_j} m_{ji}(v)^{\frac{\sigma-1}{\sigma}} \right)^{\frac{\sigma}{\sigma-1}}$$

其中 $h_i$ 代表对住房的消费。预算约束可以表达为:

$$Y_i = r_i h_i + \int_0^{n_i} p_i(v) m_{ii}(v) \, dv + \int_0^{n_j} p_i(v) m_{ji}(v) \, dv$$

其中 $r_i$ 是单位土地的价格。根据消费者的最大化条件,可以求出需求函数:

$$h_i = \frac{\alpha Y_i}{r_i}, m_i = \frac{(1-\alpha) Y_i}{G_i}, m_{ji}(v) = (1-\alpha) p_j(v)^{-\sigma} G_i^{\sigma-1} Y_i$$

$G_i$ 为与 HME 模型相似的价格指数。间接效用函数可以写成:

$$V_i = \frac{Y_i / L_i}{r_i^\alpha G_i^{1-\alpha}}$$

假设两地有相同的土地禀赋 S,土地的总量被个人平均拥有,因此,地区 i 的租金收入与其人口成比例。地区 i 的收入因此可以写成:

$$Y_i = w_i L_i + S(r_i + r_j) \frac{L_i}{L_i + L_j}$$

生产需要可变投入与不变投入,可变投入和不变投入都需要土地和劳动,都以 CD 函数的形式构成,设 $0 \leqslant \beta \leqslant 1, 0 \leqslant \gamma \leqslant 1$ 分别代表土地在可变成本和不变成本中的成本比例,则生产产品 V 的企业成本函数可以写成:

$$TC_i(v) = w_i^{1-\beta} r_i^\beta q_i(v) + a w_i^{1-\gamma} r_i^\gamma$$

$q_i(v)$ 是企业 v 的产量。冰山型运输成本用 $\tau \geqslant 1$ 表示。以价格上加 ^ 表示生产价格,从而有:$p_i(v) = \hat{p}_i, p_j(v) = \tau \hat{p}_j$,市场出清意味着:

$$q_i(v) = m_{ii}(v) + \tau m_{ij}(v)$$

位于地区 i 的企业 v 的利润可以表示为:

$$\pi_i(v) = [\hat{p}_i - c_i] q_i(v) - a w_i^{1-\gamma} r_i^\gamma$$

$c_i = w_i^{1-\beta} r_i^\beta$ 是边际成本。和 DS 模型相似,根据利润最大化条件,可以求得:

$$\widehat{p_i} = \frac{\sigma}{\sigma - 1} c_i$$

根据零利润条件,可得:

$$w_i^{1-\gamma} r_i^{\gamma} = \frac{\widehat{p_i} q_i(v)}{\sigma a}$$

首先考虑当两地的劳动力供给给定条件下的短期均衡,根据劳动力市场的均衡条件可以求出:

$$L_i = \delta_1 n_i \left( \frac{r_i}{w_i} \right)^{\gamma}, \text{其中} \delta_1 \equiv \alpha [(1 - \gamma) + (1 - \beta)(\sigma - 1)]$$

根据土地市场均衡条件可以得到:

$$S = \delta_2 n_1 \left( \frac{r_i}{w_i} \right)^{\gamma - 1} + \frac{\alpha Y_i}{r_i}, \text{其中} \delta_2 \equiv \alpha [\gamma + \beta(\sigma - 1)]$$

设区域 1 的劳动力为计价物,从而有 $w_1 = 1$。求解劳动力市场和土地市场均衡条件以及收入水平,可得:

$$n_1(w_2) = \delta_1^{\gamma-1} \delta_2^{-\gamma} L_1^{1-\gamma} \left[ \frac{(1 - \alpha) \delta_2(L_1 + L_2) S}{(\alpha \delta_1 + \delta_2)[(L_1 + (1 - \alpha) L_2) + \alpha L_2 w_2]} \right]^{\gamma}$$

$$r_1(w_2) = \frac{(\alpha \delta_1 + \delta_2) L_1 [(L_1 + (1 - \alpha) L_2) + \alpha L_2 w_2]}{(1 - \alpha) \delta_1 (L_1 + L_2) S}$$

$$Y_1(w_2) = \frac{[\delta_1(L_1 + (1 - \alpha) L_2) + \delta_2 L_1] + (\alpha \delta_1 + \delta_2) L_2 w_2}{(1 - \alpha) \delta_1 (L_1 + L_2)} L_1$$

地区 2 的企业数、土地租金和收入与上面的式子类似。利用以上式子,我们可以求得决定地区 2 工资水平的隐性条件:

$$Z(w_2; \alpha, \beta, \gamma, \Phi, L_1, L_2) = 0$$

其中 $\Phi \equiv \tau^{1-\delta}$,是贸易成本的反向指标。代入 $w_2$,短期均衡的其他值均可以求出。

在长期中,劳动力是可以流动的,为了便于分析,把经济的劳动力供给总量标准化为 1,从而有:$L_1 + L_2 = 1$,用 $\lambda$ 表示区域 1 劳动的比重,一个空间均衡出现在 $\lambda^* \in (0,1)$,使得 $\Delta V(\lambda) \equiv V_1(\lambda, w_2(\lambda)) - V_2(\lambda, w_2(\lambda)) = 0$;或者 $\lambda = 0$,使得 $\Delta V(\lambda) \leq 0$;或者 $\lambda = 1$,使得 $\Delta V(\lambda) \geq 0$。和 CP 模型相似,按照

藤田等(Fujita et al,1999)的设定,假设调整过程由以下动态方程控制:

$$\frac{d\lambda}{dt} = \lambda(1-\lambda)\Delta V(\lambda)$$

这个方程表明,当劳动力在地区1比在地区2获得更大的效用时,地区1的劳动力比重上升。如果给定任何边际的偏离,上式能够使均衡恢复,该均衡就是局部稳定的。运用塔布奇和曾(Tabuchi and Zeng,2004)的定理2可以表明,该模型有至少一个稳定的内部均衡,使得可流动的代理人的效用均等化,然而对于所有的系数值,可能存在多重的稳定均衡。

不同于标准的 NGE 模型,在该模型中,完全集聚不是一个稳定的均衡,因为一个移民将会从土地的消费和生产中获得很高的效用。

对称分布总是一个均衡结果,但并不总是稳定均衡。对称打破方程可以表示为:

$$B(\alpha,\beta,\gamma,\sigma,\varphi) \equiv \frac{d\Delta V(\lambda)}{d\lambda}\bigg|_{\frac{1}{2}} = A_2\varphi^2 - 2A_1\varphi + A_0(1-A_0)$$

其中:$A_0 \equiv 1 - \{(1-\alpha)[\gamma+\beta(\sigma-1)]+\alpha\sigma\}$,$A_1$、$A_2$也是由参数所决定的常数。如果 $B(\alpha,\beta,\gamma,\sigma,\varphi) < 0(>0)$,则对称均衡是稳定(不稳定)的。为使 $B(\alpha,\beta,\gamma,\sigma,\varphi) = 0$ 在 $\varphi \in (0.1)$ 内有(两个)解,下列不等式需成立:$A_1^2 - A_2A_0(1-A_0) > 0$,且 $0 < A_1/A_2 < 1$。这样可以证明:(1)当 $A_0 < 0$ 且上述不等式不成立时,对于所有 $\varphi \in [0,1]$,对称均衡都是稳定的。(2)当 $A_0 < 0$ 且上述不等式成立时,对于较小的 $\varphi$(运输成本较高时),对称均衡是稳定的;对于中间值的 $\varphi$,会出现部分集聚;对于较大的 $\varphi$,对称均衡是稳定的。在此条件下,产生了空间经济分布的钟形曲线。(3)当 $A_0 > 0$ 时,对于较小的 $\varphi$,会有部分集聚;对于较大的 $\varphi$,对称均衡是稳定的。

普留吉和塔布奇模型的重要意义在于,当把土地这一不可贸易要素的生产和生活性使用纳入空间经济模型时,就会得到较为接近现实的经济在地区(城市)间集聚与分散的模式,从而揭示了土地的生产和生活性使用与贸易成本的共同作用,使经济活动在城市间随着贸易成本的下降呈现出分散、向中心城市部分集聚、又趋向于从中心城市向外围城市扩散的空间发展态势,土地的使用在城市间的经济互动中扮演着重要角色。

　　综合本章第一节和第二节对区域经济理论最新进展的回顾,我们认为城市经济互动与产业升级是相互影响、相互促进的。首先,在单位贸易成本和通勤成本较高、经济活动对土地要素使用较多的条件下,经济活动是分散的。在经济活动需要使用一定数量土地的前提下,随着单位贸易成本和单位通勤成本的下降,由于规模经济和多样化偏好共同作用所产生的集聚向心力增强,经济活动趋向于向大城市集聚;但随着大城市经济集聚规模的扩大,企业间竞争加剧,总通勤成本、土地成本等离心力快速增大,当离心力和向心力趋于相等时,就实现了经济活动在城市间分布的均衡,这时大城市集中了更大比重的经济活动,而小城市和其他地区则仅分布较小比例的经济活动。如果单位贸易成本和通勤成本继续下降,以上过程会重复进行,经济活动在大城市的集中程度会进一步提高,直至达到最高的经济集中度。此后,随着单位贸易成本和通勤成本的下降,离心力超过了向心力,从而经济活动就从大城市向中小城市扩散,大城市经济活动所占比重下降,中小城市经济活动所占的比重上升,从而大城市经济集聚的向心力和离心力都下降,但向心力的下降快于离心力的下降,直至向心力和离心力重新趋于相等。随着单位贸易成本和通勤成本的继续下降,以上过程会重复发生,经济活动会进一步从大城市向中小城市扩散。

　　其次,把城市间产业分工和城市间经济互动分析相结合,我们可以发现区域一体化发展与城市产业结构演变之间的过程机制。伴随着区域工业化的推进,经济活动向城市集中,在各产业规模经济较弱时,各地区、各城市通常具有多样化的产业结构,区域专业化分工的程度较低。随着规模经济的增强,各城市的专业化程度在提高,城市的专业化分工为产业内外部性的充分发挥创造了条件,促进了产业效率的进一步提高。随着交通、通讯、信息技术进步与相关基础设施网络的完善,单位贸易成本和通勤成本不断下降,产品价值链的各个环节在空间的分离成为可能,从而促进了总部管理和生产加工活动在城市间的分工,初始规模经济优势较大的城市在这一分工过程中集中了较多的总部管理活动,从而成为高生产率的中心大城市,而生产率较低的生产加工功能则逐渐向其他城市转移,这些城市成为主要承担制造功能的专业化中小城市。在这种城市间经济互动的过程中,一方面,大城市生产率较低的制造活动被生产率较高的研发和服务活动所置换,其有限的土地空间得到了更高效率的使用,从而实现了产业结构的优化升级;另一方面,承接大城市生产制造功能转移的中小城市也由于获得了生产率较高的增量经济活动,也实现了产业的升级。由此可见,在城市分工深化过程中,城市间的经济互动最终促进了城市体系整体的产业技术进步和产业结构优化升级。

## 第二节　地价扭曲、城市分工与
## 城市群产业结构优化

从发达国家的实践来看,产业结构变动与城市化是高度相关的,二者的关系在不同的经济发展阶段具有不同的特点。在工业化的初期,产业结构的变动导致人口和经济活动向城市集中,带动了城市化的发展;而在工业化的中后期,人口和经济集中改变了产业发展所面临的要素供给和市场需求条件,又会反过来影响产业结构的变动。当城市经济密度达到一定水平之后,劳动力和资本等可流动要素在城市体系内流动愈加频繁,大小城市之间的产业分工就会出现,大城市的产业结构呈现出以创新和服务为主的多样化特征,而中小城市的产业结构则表现出明显的以标准化制造业为主的专业化特征。这种经济活动集中带来的城市形态调整和城市间产业分工,会推动服务业发展和制造业创新活动的出现,从而在整体上促进了城市群产业结构优化(Beyers,1993;Illeris,1996;Glaeser,2003;Duranton and Puga,2001;Moretti,2004;Deismet and Fafchamps,2005;Anderson,2006)。

然而,就现实来说,中国城市化的事实特征在于中国城市经济集中度偏低,城市分工受到抑制,功能层次不明显,以及大小城市产业结构趋同(Henderson,2007,2009;陆铭、陈钊,2009;王小鲁,2010;范剑勇、邵挺,2011;孙久文、原倩,2014),导致在大都市圈难以形成合理的空间结构,城市群产业结构难以实现充分的优化升级,使全国产业结构的国际竞争力低下(袁志刚、绍挺,2010)。城市体系的这种特征直接导致了第三产业特别是生产性服务业发展缓慢和制造业创新能力不足。这是因为,一方面,经济集中度偏低表明城市经济还没有集聚到最佳的规模,而服务业特别是生产服务业的发展需要经济密度达到一定水平后才能发展起来;另一方面,大小城市产业结构趋同也意味着城市分工受到抑制,经济资源的空间配置存在较大程度的重复与浪费,使得所有的产业在空间上都没有获得充分的外部经济,从而在整体上制约了城市体系产业结构优化进程。大城市存在大量的低端标准化制造活动也不利于创新资源的集中,创新的外部性得不到充分发挥,不利于自主创新水平的提升,大城市充当产业结构调整发动机的功能因而受到了限制。那么,究竟是什么因素阻碍了城市分工,并导致上述问题的存在呢?

当城市化水平达到一定高度之后,城市环境对企业不仅意味着可以享受外部性收益,还意味着要承担越来越高的拥挤成本(congestion cost),特别是城市地价上涨所带来的成本压力。在城市空间有限的条件下,由于土地的不可再生性与不可流动性,当大量资本为了追求外部性收益涌入城市时,整个城市的土地价格在需求增加的驱使下将持续上升。地价上升将对那些难以通过加成定价方式转移土地成本压力的竞争性制造部门形成挤出效应,从而迫使一部分利用成熟技术从事标准化制造的厂商从城市迁出,转移到土地价格相对低廉的中小城市。在一国内部劳动力可以通过自由流动大大缩小地区之间实际工资差距的情况下,这意味着地价是决定城市分工的基础性力量。随着城市经济密度的上升,地价上涨将会推动资本进行跨区域流动,进而带动劳动力流动,促进城市分工,城市体系的产业结构也将会发生调整。当每一个城市的产业结构与其地价水平相适应时,城市体系的产业结构便实现了优化,即高地价城市与高效率产业相匹配,而低地价城市与低效率产业相匹配。但是,上述地价推动资本流动的机制隐含了另一个重要假设,即地价的高低完全取决于市场供求关系的力量对比,这样地价才会随着城市经济密度的增加而同步上升。但是在我国,地价不仅取决于市场力量的作用,还在很大程度上受到政府行政力量的影响。在本地政绩目标和财政利益的驱使下,为了增加本地区的经济吸引力,减缓资本外流的进程,我国各级地方政府往往采用压低工业用地价格的方式来招商引资,扩大本地工业投资,工业投资的扩大既可以增加相关税收收入,又可以为本地区服务业发展提供支撑,从而促进地区经济增长。这种地价扭曲行为使得工业地价在一定程度上脱离了市场力量的影响,导致了制造业资本黏性,阻碍了制造业资本的跨区流动和城市体系内产业分工,并最终对城市产业结构优化产生重要的不利影响。本节将对上述地价扭曲影响城市分工与产业结构优化升级的机制进行理论与实证分析,并在此基础上提出相关政策建议。

就研究进展而言,目前已有一些文献分析了我国城市分工与城市群产业结构问题,但还未能将这两个问题纳入一个统一的分析框架进行研究。首先,一些文献着重关注城市群功能分工问题,设计了相应的功能分工度量方法,对我国城市群功能分工问题进行分析。这些文献要么对我国城市群功能分工进行了定性的描述(魏后凯,2007;张若雪,2009;苏红键、赵坚,2011;齐讴歌等,2012),要么利用国家和区域层面的数据对我国城市群分工水平进行度量(李学鑫、苗长虹,2006;赵勇、白永秀;2012;骆玲、史敦友,2015),但均未对城市功能分工背后的形成机制进行可验证的分析,也没有将城市功能分工与城市群产业结构优化联系起来进行分析。其次,一些文献分析了城市功能专业化及其经济影响。王猛等(2005)的研究发现,城市功能分工显著促进了经济增长。苏红键等(2011)发现城市产业专业化水平、职能专业化水平与城市经济增长呈显著的非线性关系。赵勇和魏后凯(2015)分析了政府干预、城市群功能分工与区域差距之间的关系,发现在空间功能分工受到抑制的情况下,政府干预反而会抑制地区差距的加剧,有助于实现经济增长与地区差距的平衡。进一步地,部分文献更加聚焦于城市功能分工对城市产业发展的影响。杜兰顿和普加(2005)指出,信息技术进步和基础设施网络改进降低了企业远程管理成本,促进了城市分工,导致均衡的城市产业结构变迁。张若雪(2009)认为,制造业从中心城市向外围城市转移的成本下降,引起城市功能分工程度上升,提高了城市圈的技术进步率。贺灿飞(2012)基于全球500家跨国公司数据,分析了中国城市功能专业化趋势,发现处在城市体系高端的城市具有吸引价值链高端功能的竞争力,呈现一定的功能专业化趋势。宣烨等(2014)认为,城市间生产性服务业层级分工通过专业化分工、空间外溢效应以及比较优势的发挥提升了制造业生产效率。与本节主题较为接近的是柴志贤和何伟财(2016)的研究,他们实证检验了城市功能专业化对产业效率的影响,发现城市功能专业化显著推动了生产性服务业的效率增长,而对工业效率表现一定的抑制效应。但是,他们没有分析城市功能分工的影响因素,并且他们的检验是基于单个城市数据样本做出的,难以真正反映城市群大小城市分工和经济互动对产业结构的影响。最后,一些文献也关注了城市房价或地价对产业结构变动的影响,并形成了一个基本共识,即大城市房价或地价上升到一定水平后会推动一部分制造业和劳动力向中小城市转移,并推动了区域产业结构升级(邵挺、范剑勇,2010,2011;高波等,2012;王珺等,2013;杨亚平、周泳宏,2013)。这些文献在讨论房价或地价对产业结构的影响时,同样也着眼于单个城市的产业结构变动,未能从大小城市分工与经济互动的角度来研究城市体系产业结构优化问题。同时,就我们所知,除了笔者的研究以外(赵祥、曹佳斌,2017),目前还没有文献分析我国各级地方政府的地价扭曲行为对城市产业结构的影响。由于存在人为的价格扭曲,地价对要素流动的影响会偏离标准理论所描述的理想状态,这会在一定程度上阻碍资本和劳动力要素在城市体系内的自由流动,不利于城市体系内产业与功能分工,从而可能不利于城市体系产业结构优化。

正是在上述研究背景下,本节将地价扭曲、城市功能分工和城市体系产业结构优化升级纳入到一个统一的分析框架进行研究。考虑到在城市经济理论中,产业功能分工主要发生在大小城市之间,本节将考察城市群中心城市与其他城市两两之间的地价差异与城市效率的关系。这相对于现有研究来说,可能更贴近城市经济理论的逻辑,也更准确地揭示了城市群产业结构的变化态势。同时,我们将我国转型期的制度因素纳入到标准的城市经济学理论框架内进行分析,揭示了我国特殊的城市化背景下生产要素的流动机制,特别是不可流动要素土地的价格对城市分工的影响。这深刻揭示了我国各级地方政府对土地政策工具应用的经济影响,有助于提升城市经济学理论对我国现实的解释力。

**一、分析框架**

资源配置的效率不仅取决于其在产业部门之间的分布,而且取决于它在城市之间的分布。通过调整资源在城市间的配置,实现城市产业分工,是推动产业结构优化的一条有效路径。近年来我国城市化进程加快,企业和人口正快速向城市聚集,城市在推动我国产业结构优化过程中的作用日益突出。那么,城市分工的逻辑是什么? 城市分工的经济后果是什么? 下面我们就通过文献梳理对这两个问题做出回答。

（一）城市分工与城市群产业结构优化升级

不同规模的城市与不同的外部性相匹配，因此，为了实现提高城市体系产业结构优化的目标，城市的分工是必要的。城市分工对产业结构优化升级具有重要的积极影响。一方面，城市的最优规模取决于它的功能，大城市的规模较大，功能较全，这使得它在产业结构优化升级中通常发挥了龙头作用；另一方面，要真正使大城市成为地区产业结构升级的龙头，也需要在大小城市之间实现分工与合作。

1. 大城市是城市群产业结构优化的源头

大城市的规模较大，是多元服务和创新中心，这使得大城市在产业结构优化中通常发挥了源头作用，它可以通过服务和创新辐射带动整个城市群产业结构的优化升级。首先，生产性服务业发展对产业结构优化升级具有至关重要的作用，这是因为一方面生产性服务业本身就是产业结构高级化的结果，只有在一个地区工业化水平达到一定高度以后，生产性服务业才能发展起来；另一方面，生产性服务业的发展也有助于提高制造业生产过程的迂回程度和产品的附加值，从而形成制造业与服务业相互促进的正向累积循环发展效应。相对于中小城市而言，大城市多样化的市场环境更有利于服务业尤其是生产服务业的发展，其原因有三个方面：一是生产性服务业最为重要的特征是生产者和使用者需要面对面地直接接触，这时人的运输成本是最为昂贵的，特别是当需要频繁的交流时。因此，为了接近客户需求以求节省运输成本，生产性服务业倾向于高度集中在大城市（Illeris，1996；Glaeser，2003）。二是生产性服务业与信息交流和创新关系密切。在大城市的环境中，信息交流更为便捷，创新的可能性也更大（Marshall and Wood，1992）。三是服务业尤其是生产性服务业对人力资本的依赖性很强。大城市的人力资本水平较高，而且表现出一种自我强化的趋势，这也是服务业往大城市集中的原因（Moretti，2004）。不少经验研究证实了大城市生产性服务业发展的优势。拜耶斯（Beyers，1993）发现，在 20 世纪 80 年代中叶的美国，90%的生产性服务业集中在大都市区，大都市区生产性服务业就业占总就业的 53%。在联邦德国，生产性服务业的就业主要集中分布在汉堡、法兰克福、慕尼黑和纽伦堡几个大都市区，而靠近东德和捷克边界的广大非都市区则鲜有生产性服务业布局（Gabe and Strambach，1993）。在 20 世纪 90 年代初的北欧，70% 以上的生产性服务业都集中在各国的首都，在首都和一些经济较发达的大都市区，生产性服务业的区位商大于 1；而在那些非都市区中，生产性服务业的区位商均小于 1（Illeris and Sjoholt，1995）。英国和加拿大生产性服务业的空间布局也存在相似的情况（Gillespie and Green，1987；Coffey and Mcrae，1990）。

其次，大城市在技术创新中也扮演着举足轻重的角色。其一，大城市的产业结构是更为多样化的，而小城市的产业结构是更为专业化的。大城市多样化的环境对于孵化新产业和复杂技术更有效，而中小城市则更适合从事标准化产品的批量生产（Duranton and Puga，2000，2001）。其二，一个城市的人力资本水平决定了它吸收和使用新技术的能力，因此，人力资本水平对于城市的创新至关重要（Armstrong and Taylor，2000）。大城市的人力资本水平不仅通常更高（Mckinsey Global Institute，2009），而且城市的人力资本水平表现出一种自我强化的趋势，即初始人力资本水平越高，其后人力资本的积累越快（Moretti，2004）。其三，大城市通常集中了更多的中间服务，例如专利代理人和律师等。这为创新活动顺利获取和维护产权提供了保障，使得创新活动进一步向大城市集中（Lamoreaux and Sokoloff，1999）。各国城市发展的实践较好地揭示了大城市在创新上的优势。普瑞德（Pred，1973）发现，在 19 世纪初的美国，纽约、费城和波士顿这三个最大的城市的注册专利占了全国的 20% 以上。绍克洛夫（Sokoloff，1999）则进一步发现，在 19 世纪末和 20 世纪初，美国的注册专利集中在新英格兰、中大西洋地区和东北部地区，而且人均专利水平和城市规模呈正相关，因此，创新可能更倾向于集中在大城市。马莱基和瓦莱娅（Malecki and Varaiya，1986）的研究则从动态上揭示了地区间的创新顺序通常是从较大的、人口更多的地方开始，然后才会逐步波及到较小的区域。

2. 城市分工与产业结构优化升级

城市不是孤立存在的，通过要素和产品的流动，不同规模的城市相互联系形成了城市体系（Abdel-Rahman and Anas，2004）。由于城市间的相互联系，一个城市中集聚的经济活动的规模、结构与效率会受到它周围城市的影响。经验研究表明，在都市圈范围内，不管制造业还是生产性服务业，相对于大城市而言,小城市的发展水平都远远不及。但是,从比较优势的角度看,制造业在小城市地区具有比较优势,而生产性服务业在大城市地区具有比较优势(陈建军和陈菁菁,2011)。因此,在大小城市之间实现分工是必要的,但是,这种分工又不是任意的。生产性服务业和制造业之间存在联动效应。这种联动效应主要基于两部门之间高度的投入产出联系,由于这种联系,制造业要想充分利用生产性服务业的专业化投入,两者的空间距离就不能太远(Deismet and Fafchamps,2005;Anderson,2006)。因此,在专业化于制造业生产的城市和专业化于生产性服务业的城市之间,地理邻近性十分重要,从而在一定的空间距离内形成具有内在经济联系的城市群。

在城市群范围内,要真正使大城市成为创新中心,就必须在大小城市之间实现分工与合作。这是因为,当大城市中的经济活动集聚到一定程度之后,由于拥挤成本等外部不经济的存在,将使资源耗费在通勤等非生产领域,最终将不利于创新功能的发挥(Henderson, Shalizi and Venables, 2001;Henderson, 2003;Gill and Kharas,2007)。因此,从各国的经验看,当经济发展到一定阶段后,基本上都出现了制造业从大城市向小城市转移的现象(Mohan,1994;Ingram,1998;Fujita,Henderson,Kanemoto and Mori,2004;张涛和李波,2007)。实际上,基于部门和功能的专业化,使大、小城市在不同产业部门以及产业链不同环节上实现错位分布,是城市群实现自主创新和产业结构优化升级的重要途径,即大城市应该成为创新和服务的中心,而中小城市则充当制造基地的角色(Duranton and Puga,2001;World Bank,2009)。

从更为宏观的角度看,城市间互动最终会对城市体系的结构产生影响。城市形态调整最重要的特征就是集中,城市体系的规模结构影响了整个城市体系外部性作用的发挥,最终影响了地区整体的创新(Henderson,2003;蔡昉,2012)。一方面,当城市体系的规模结构过于集中时,这意味着其中的一些城市是规模过大的,而另外一些则规模过小,无论城市规模过大还是过小都会造成效率损失。在那些规模过大的城市中,过度的集聚带来了高昂的成本,部分资源不得不从知识的产生、积累和传播中转移出来,这将减少当期的知识积累,不利于创新;同时,在那些规模小的城市中,经济活动的密集程度不够,未能充分发挥知识外溢的作用,也不利于知识积累和技术进步(Richardson,

1987；Henderson，2002）。另一方面，当城市的规模分布过于均匀时，人口平均地分散到各个城市，这时，各个城市都普遍地集聚不足，经济集聚效应难以发挥，导致损失效率，不利于技术进步与创新。因此，经济的过度集中或集中不足都会阻碍创新，这意味着城市群整体应存在一个最优的城市规模分布结构（Henderson et al.，2001），而城市群规模分布结构的优化离不开不同规模城市间的良性互动与有效分工。但从实践上看，中国的城市体系存在着集聚不足、分工不够、功能层次不明显等问题，难以在城市圈形成合理的空间结构，抑制了大城市服务和创新功能的发挥，不利于城市体系产业结构优化升级，导致全国产业结构的国际竞争力低下（亨德森，2007；王小鲁，2010；袁志刚和邵挺，2010）。

综合以上分析，我们可以看出，现有文献在城市分工与城市群产业结构优化升级之间的关系上已达成了基本的理论共识，即大、小城市之间的有效分工有助于推动城市群产业结构的优化升级。我们将对这一理论判断进行实证检验。

（二）地价扭曲与城市群产业功能分工

在解释城市分工的逻辑方面，城市经济学经典文献强调外部性差异的重要作用。在现代社会中，最为常见和最为重要的产业集聚现象是城市的出现，经济活动在空间上的集中最终会带来城市化。外部性是城市存在的经济基础（Marshall，1920；Ohlin，1935；Hoover，1948；Henderson，1974；Lucas，1988；Duranton and Puga，2004），它源于企业或人之间的相互临近，地理上的邻近可以带来以下三方面好处：一是知识外溢，厂商和劳动力之间的近距离接触有利于新技术知识的传播，并由此提高了城市环境中的技术创新绩效；二是中间投入品关联，产业的地理集中意味着本地庞大的中间投入品市场需求，有利于培养专业化的供应商（Venables，1996）；三是劳动力市场共享，产业集聚会在当地形成一个劳动力蓄水池，有利于企业和异质性劳动力的匹配，企业更容易招募到所需的人力资源，专业化劳动力的失业风险也得以大大降低（Helsley and Strange，1990；Krugman，1991）。但是外部性是有差异的，不同类型的外部性对产业的空间布局会产生不同的影响，最终导致了城市间分工。具体来说，外部性可以区分为两种（Ohlin，1935；Abdel-Rahman，1990；Eberts and McMillien，1999）：一种是源于行业内部的马歇尔外部性（Marshall Externality），这种外部性只惠及行业内部的厂商,也就是说同行业的企业布局在一起能够得到好处,不同行业的企业布局在一起是没有额外收益的,只会带来高成本;另一种是源于行业间的雅各布斯外部性(Jacobs Externality),这时多样化的产业集聚会给企业带来益处,源自多样化产业之间的资源共享和知识溢出有助于厂商降低成本和提高生产效率。在马歇尔外部性起作用的情况下,由于外部性只发生在产业内部,将不存在相互溢出效应的多个产业布局在同一个城市是毫无意义的,这只会导致成本上升而没有带来额外收益。因此,每个城市都要专攻一个可以产生外部性的产业,这样城市间的分工就提高了城市群整体产业发展效率。经济集聚带来的外部性收益和拥挤成本两种相反力量之间的对比将决定城市的最优规模,当集聚带来的外部性恰好被集聚带来的成本上升抵消时,城市就达到了最优规模(Mills,1967),在给定总需求的情况下,专业化于不同产业的城市有着不同的最优规模和最优数量(Henderson,1974,1988)。在现实中,雅各布斯外部性也是存在的(Glaeser et al.,1992;Henderson et al.,1995),城市的规模越大,其产业结构的多样性就越强,这时雅各布斯外部性起着更为重要的作用,大城市的厂商会从多元产业的相互溢出中获益(Duranton and Puga,2000)。雅各布斯外部性和马歇尔外部性的同时存在导致了大小城市之间的分工。大城市多样化的环境对于孵化新产业、新技术以及服务业发展更为有利。新企业往往不清楚自己的优势在哪里,它们只能小规模地生产以进行试错,这时大城市多样化的环境是有利的。而当企业孵化成功后,他们将迁往专业化的小城市进行标准化的批量生产,在那里他们可以更好地利用马歇尔外部性。

产品和可流动要素的流动是实现城市分工的纽带。要实现城市间的分工,不同城市之间必须进行有效的经济互动,而城市间经济互动的基础是产品和可流动要素的流动(Abdel-Rahman and Anas,2004;Combes et al.,2005)。产品的流动性主要受运输成本的影响,当不存在运输成本时,产品流动不成问题;而当运输成本适中时,企业只能布局在贴近市场的区域进行生产。而随着基础设施网络的完善和技术进步,产品的运输成本呈现出降低的趋势,企业可以在更加远离销售市场的地方进行生产(Fujita et al.,1999)。要素的流动性则关系到空间结构的优化,主要受政策管制以及不可流动的土地、房产等非贸易品价格的影响。在发达国家成熟市场机制的作用下,政府的政策干预较少,基于完善的土地市场机制,不同规模的城市会自发地对其产业结构进行调整,在城市体系中形成错落有致的分工次序,最终使不同的城市都能实现其效率(Duranton,2007)。在这一过程中,地价或房价成为决定劳动力和资本要素流动的关键力量。当城市经济密度和人口密度达到较高水平时,厂商和劳动力在享受集聚所带来的外部性收益的同时,也面临着日益上涨的土地价格上涨的压力(Melo,et al.,2009;Pflüger,and Tabuchi,2010)。如果城市可以不受限制地扩张其边界,那么土地价格上涨的压力就可以在城市内部得以释放。这时,城市地价上涨只会引起不同产业部门在城市内部区位布局的调整,那些运输成本较大、单位土地产出率较高的现代服务和创新部门,承受地价上涨压力的能力较强,通常选择布局在城市中心区;而那些运输成本较低、单位土地产出率较低的传统制造业部门,就会倾向于布局在土地价格相对低廉的城市边缘地区。但是现实中城市不可能无限扩张其边界,由于土地的不可再生性与不可流动性,当大量厂商和劳动力为了追求外部性收益加速向城市集中时,需求的快速扩张将不可避免地导致整个城市的土地价格持续上升,这样就会迫使相对低效的传统加工制造部门从城市撤出,向外转移到土地价格低廉的中小城市。这表明随着城市经济密度上升,城市群内部会发生基于土地价格作用的要素双向流动,传统制造加工部门的资本和劳动力从大城市流向中小城市,而现代服务部门的资本和劳动力则进一步向大城市集中。由此,城市群内部不同城市之间就发生了功能性分工,引发城市群整体产业结构的调整,每一个城市的产业结构将与其土地价格水平相适应,并最终导致整个城市群产业发展效率的改进。①

　　作为一种重要的非贸易品,经济和人口集中所带来的地价上涨在推动城

---

　　① 目前,已有一些文献讨论了基于土地价格影响的城市产业结构调整过程。范剑勇和邵挺(2011)发现,大城市房价上升到一定水平后必然会推动一部分制造业和劳动力向中小城市转移,导致本地区制造业的分散化布局。高波等(2012)发现,区域房价差异不仅会导致劳动力流动,推动产业的空间转移,而且还会推动城市的部门升级。王珺等(2013)认为,城市所具有的外部性往往更有利于新兴产业和服务业部门的发展,并通过地价上升对传统工业部门形成挤出效应,从而推动城市产业结构从以第二产业为主向以第三产业为主转变。杨亚平、周泳宏(2013)的研究发现,土地成本的快速攀升拉大了区域间和行业间成本差距,推动了区域间产业转移和区域内结构升级。

市间要素流动的过程中扮演了极为重要的角色。但是，地价发挥这种作用的前提是城市中存在单一地价，并且这种单一地价是基于市场力量形成的，即城市土地价格的形成完全取决于土地市场上供给和需求之间的权衡。但是，在我国并不存在这样一个不受政府干预的城市建设用地市场，城市土地价格的形成也不完全取决于市场力量的影响。实际上，通过农村土地制度、城镇土地制度和国家征地制度三项制度安排，我国各级地方政府垄断了城镇建设用地一级市场，成为唯一的城镇建设用地供给方。这样，在土地财政利益和辖区政绩目标的驱使下，各地政府无不将土地作为政策工具，加大对土地市场的干预（赵祥、曹佳斌，2017）。各地政府对土地政策工具的运用主要包括以下两方面内容：一是针对不同的发展目标，对城镇建设用地市场进行分割，将城镇建设用地区分为商业、住宅和工业用地等不同用途类型，不同用途的土地对应不同的土地使用权出让年限，商业用地 40 年、住宅用地 70 年和工业用地 50 年。二是对不同用途的土地的价格进行干预。我国各地政府为了在获取高地价所带来的土地财政收益增加的同时，强化本地区对工业部门的吸引力，往往倾向于高价出让城市商住用地以扩大土地收益，低价出让城市工业用地以招商引资。这样的土地供给倾向在实践中就表现为政府对城市商住用地和工业用地采用不同的价格策略。对于商住用地价格，地方政府通常较少进行干预，基于市场机制的公开拍卖通常导致商住用地价格较高，而对于工业用地价格，地方政府的干预力度较大，较多在定向挂牌出让①的操作下，工业用地价格明显被人为地压低。这样，在我国城市环境中并不存在一个完全基于市场力量而形成的单一土地价格，城市商住地价由于政府干预较少，更多体现了土地市场供求关系的作用；而城市工业地价则由于政府干预较多，明显偏离了市场力量的影响。因此，我们可以观察到的事实是，随着城市经济密度上升，城市商住地价与工业地价的变化并不同步，二者之间往往存在巨大的差距，这种差距实际上是政府行为对城市土地要素价格的扭曲。这两种地价之间的差距越大，扭

---

① 这是近年来我国地方政府在招商引资过程中普遍采用的一种土地供应策略，虽然名义上也采用挂牌出让的方式，但实际取得土地的企业往往是地方政府事先"内定"的招商对象，土地价格一般比市场竞争出让价格要低。

曲程度就越高,城市工业地价就越偏离市场力量的作用。①　这种对土地价格的扭曲实际上已经成为一种隐性的市场分割手段,对城市间要素流动具有重要的影响。

　　现有文献在解释城市产业结构变动时隐含了一个重要假设,即城市边界是相对稳定的。正因为城市边界不能发生改变,地价上升才会一方面迫使低端制造业资本和劳动力外迁,城市制造业份额下降,服务业比重上升;另一方面促使留在城市的产业部门进行技术革新,提高生产效率,从而推动城市体系产业结构优化。但是在我国城市边界的确定不仅取决于城市外部性与拥挤成本之间的权衡,还在很大程度上受到政府行政力量的影响。在很多情况下,政府可以通过行政干预将城市周边的乡村地区划入城市地域来扩大城市边界,从而为低价出让更多的工业用地提供可能,这使得地价上升的压力在城市内部得以释放,从而为地价扭曲创造了条件。为了更清楚地揭示地价扭曲对城市间要素流动的影响,我们可以用图 7-1 进一步说明地价扭曲对城市间要素流动和功能分工的影响。假定城市 A 由两大类产业部门组成:一个是使用成熟的标准化技术进行生产的加工制造业 M,其生产效率的提升潜力较小;另一个是处在技术创新前沿、知识密集度比较高的新兴行业 S(具体包括新技术产业和现代服务业等子行业),其生产效率提升较快。行业 M 和 S 的资本和就业比重就反映了不同时期的城市产业结构。由于上述技术特征上的差异,我们假设 M 和 S 产业各自内部也存在着土地利用效率上的差异,并且两个部门的单位土地产出曲线服从边际报酬递减规律,都表现出向下倾斜的特征。在图 7-1 中,我们分别用 M 和 S 代表两个行业在初期阶段的单位土地产出水平,两者相交于 e 点。这个点就是在初期阶段均衡时城市 A 的产业结构,此时城市中的土地价格为 $P_0$,城市的产业结构为 $q_0$。即初始状态下城市 A 中,产业 M 所占的比重为 $Cq_0$,产业 S 所占的比重为 $Dq_0$。需要指出的是,$P_0$ 并非单一地价,而是城市商住和工业两大类地价的加权平均值。随着经济和人口

---

　　①　事实上,已经有文献注意到这种供地的"两手"策略(周飞舟,2006;王贤彬,2014;谭锐等,2015;赵祥、曹佳斌,2017),但这种"两手"供地策略对城市功能分工的影响还未得到很好的分析。

的集中,城市经济集聚水平上升产生了两种力量,这两种力量的权衡决定了城市 A 的产业结构和城市群的分工水平。

第一,城市的外部经济性增强。虽然城市环境总体的外部经济性增强了,但不同产业从城市集聚中所能获得的外部性收益存在较大差异。作为成熟的加工制造业,产业 M 在多样化的城市环境中从集聚中所获得的外部性收益增加相对较小,在图 7-1 中表现为行业的单位土地产出水平曲线从 M 向右上方移动到 $M_1$。而包含新技术产业和现代服务业在内的产业 S 在集聚水平日益提高的城市环境中所获得的外部性收益增加较大,本地市场规模扩大、更充分的信息流动和更充足的专业化中间投入进一步提高了产业 S 的生产效率,表现在图 7-1 中就是行业的单位土地产出水平从 S 上升到 $S_1$,比产业 M 上升的幅度更大。

第二,城市地价上升,对产业 M 和 S 都产生挤出效应。如果不存在政府干预,城市 A 的地价将从 $p_0$ 上升到 $p_1$。我们认为在我国目前城市建设用地市场上,这一变化近似地反映了城市商业和住宅用地价格上涨的态势。这时,曲线 $M_1$ 和 $S_1$ 相交于 f 点,城市 A 的产业结构在 $q_1$ 点形成新的均衡,即作为对土地价格上涨的反应,有 $q_1q_0$ 制造业厂商由于难以消化地价上涨所带来的冲击从城市 A 撤出转移到中小城市,城市 A 的制造业占比下降为 $Cq_1$,而新兴行业 S 占比则上升为 $Dq_1$,城市 A 则愈加转向多样化创新与服务功能,相应地随着越来越多的制造业转移,中小城市则成为标准化成熟的制造业基地,城市群内功能分工水平得到了进一步提高。但是,在我国现有的土地制度框架内,城市土地价格在很大程度上受到了政府干预的影响,特别是工业用地价格受到的干预更大。由于各级地方政府将压低土地价格作为招商引资的重要手段,城市工业用地价格普遍明显低于市场均衡价格,此时城市 A 实际的土地价格就不可能上升到 $p_1$ 的水平,其加权平均地价只上升到 $p_2$ 的水平。此时,城市 A 的产业结构在 $q_2$ 点形成均衡,只有 $q_2q_0$ 的制造业撤出转移到中小城市,城市 A 的制造业占比仅下降为 $Cq_2$,而新兴行业 S 占比也只上升为 $Dq_2$。相比于地价不受政府干预时的情况,更多的制造业留在了城市 A 中,在城市 A 产业结构中制造业下降的比重和新兴行业上升的份额均不明显,城市群内大中小城市之间的功能分工则受到了抑制。

　　此外,需要进一步说明的是,城市 A 中不同用途地价上升幅度的差异还会对这两大类产业部门造成不同的投资挤出效应。由于较少受到政府干预,城市商住用地价格上涨幅度较大,引发城市房屋销售价格和租金的快速上涨,这对产业 S 形成了较大的成本压力,降低了行业投资的预期回报水平,对产业 S 的投资形成了较大的挤出效应,不利于产业 S 的扩张。同时,工业地价上升幅度较小,对制造业形成的成本压力也较小,产业 M 所面临的投资挤出效应也不明显。上述挤出效应的差异也进一步导致城市 A 产业结构中产业 S 所占的比重上升不明显,城市群功能分工受到较大程度的抑制。

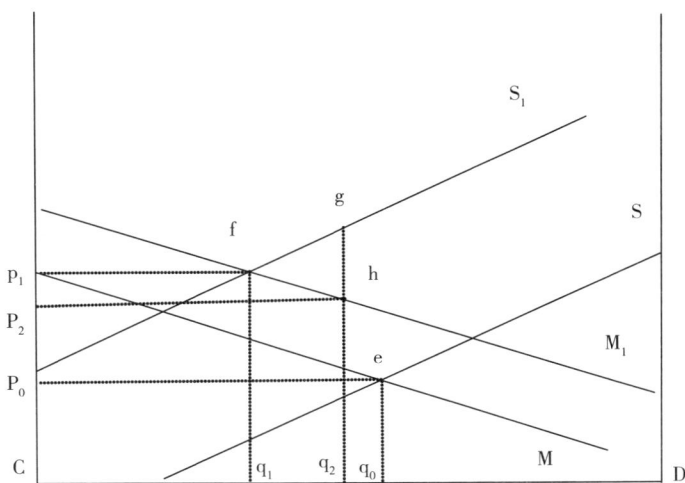

图 7-1　城市地价变动与产业结构调整的关系

## 二、计量分析模型与变量设定

### (一) 样本选择

　　我们选择 2009—2014 年 96 个中国地级及以上城市的原始数据构建 16 个城市群面板数据,进行两方面实证检验:一是检验城市分工对城市群产业结构优化升级的影响;二是检验地价扭曲对城市群产业结构优化升级的影响。我们选择城市群作为研究样本的原因在于:第一,城市群是考察制造业和服务业协同集聚基础上形成空间功能分工格局的适宜区域。由于产业和空间的关联和互动作用在不同空间层面是完全不一样的,空间范围过大或过小都很难有效地反映"中心—外围"空间结构以及空间功能分工特征(范剑勇、李方文,

2011）。从空间层面来看，城市群能够较为有效地反映制造业和服务业协同集聚基础上的空间功能分工特征。第二，城市群是考察地方政府干预对地区产业发展影响的适宜区域。城市间经济竞争主要发生在省内或一定距离内的城市之间，距离较近城市之间的竞争会对城市招商引资活动等产生影响，进而影响到城市间的城镇化和工业化差异（雷雨潇、龚六堂，2014），城市群能够较好地刻画地方政府竞争对各地区产业规划、产业布局和产业结构变迁等方面的影响。

（二）模型设定

由于城市群中的城市产业结构既受当前因素的影响也受过去因素的影响，从长期来看是一动态演变过程。同时，考虑到城市群地价扭曲与城市产业结构之间存在相互影响的关系。因此，在回归过程中，为了克服可能存在的内生性问题，我们使用动态面板方法来进行估计。考虑到系统广义矩方法相对于差分广义矩方法更有效（Blundell and Bond，1998），我们选择使用系统广义矩阵估计方法（SYS-GMM）来考察地价扭曲、城市功能分工对城市产业结构的影响，我们设定的计量模型如下：

$$tfp_{ct} = \alpha + \beta_1 tfp_{ct-1} + \beta_2 ldist_{ct} + \beta_3 X_{ct} + \mu_{ct} + \varepsilon_{ct} \tag{1}$$

其中，$tfp_{ct}$ 表示城市群中各城市的产业发展效率，$tfp_{ct-1}$ 表示滞后一期的城市产业发展效率；$ldist_{ct}$ 表示某城市群中的城市 $i$ 的地价扭曲的相对水平，$X_{ct}$ 为可能影响城市产业结构的一组控制变量，具体包括城市发展水平（pgdp）、城市规模（scale）、固定资产投资（invest）和人力资本（human），$\mu_{ct}$ 表示不可观察的地区效应，$\varepsilon_{ct}$ 为随机扰动项。

（三）变量选择

1. 被解释变量

我们设定的被解释变量为城市产业发展效率（tfp）：我们认为城市产业结构优化升级至少包含两方面含义：一是城市经济结构中高生产率产业的相对规模上升；二是技术水平提升。其含义为伴随着经济发展各产业部门取得的技术进步，具体表现为行业生产效率和产品附加值的提高，反映了一个地区产业的技术高度。产业在上述两方面调整升级的结果是整个产业体系的效率提升，这种结构优化升级具有内生增长效应，对维持地区长期增长意义重大。为此，我们用全要素生产率（TFP）来衡量城市产业结构优化升级水平。我们采用基于参数的面板随机前沿模型（SFA）对城市的全要素生产率进行测算，SFA 方法不但考虑了随机误差，而且更适合于动态研究，在模型设定合理且使用面板数据的情况下，SFA 方法一般优于 DEA 方法。对数形式的面板随机前沿生产函数表达式如下：

$$\ln Y_{it} = lnf(X_{it}, \beta) + v_{it} - u_{it}$$

我们选择柯布—道格拉斯生产函数形式的面板随机前沿模型，其对数形式为：

$$\ln y_{it} = \beta_0 + \beta_k lnk_{it} + \beta_l lnl\ it + v_{it} - u_{it}$$

其中，$y_{it}$、$k_{it}$ 和 $l_{it}$ 分别表示城市 i 在第 t 年的生产总值、资本投入量和劳动投入量，参数 $\beta_k$、$\beta_l$ 分别代表资本产出弹性和劳动产出弹性，$v_{it}$ 为城市 i 的随机扰动项，且 $v_{it} \sim iidN(0, \sigma_v^2)$。根据 Battese 和 Coelli（1992）对生产无效率项的设定，非效率项 $u_{it} = u_i exp[-\eta(t - T)]$，且假定 $u_i$ 服从非负断尾正态分布，即 $u_i \sim N^+(\mu, \sigma_u^2)$，参数 $\eta$ 表示技术效率指数 $u_{it}$ 的变化率。由于设定的随机前沿模型违反了最小二乘法（OLS）的经典假设，不宜采用 OLS 方法进行参数估计，我们采用 Battese 和 Coelli（1995）提出的参数替代法，用参数 $\gamma = \sigma_u^2/(\sigma_u^2 + \sigma_v^2)(0 \leq \gamma \leq 1)$，$\gamma$ 表示随机扰动项中技术无效所占的比重，利用非线性估计技术，可以得到所有参数最大似然估计量。

在计算城市全要素生产率过程中运用的数据如下：GDP 原始数据为《中国城市统计年鉴》各市的地区生产总值，通过省级 GDP 价格指数（上年 = 100），再由此得到 GDP 平减指数，并以 1995 年为基期转换为实际 GDP。① 劳动力原始数据为《中国城市统计年鉴》中的单位从业人员。固定资产投资数据同样根据固定资产价格指数以 1995 年为基期转换为实际投资，某一年实际

---

① 某一年 GDP = 基年 GDP * GDP 平减指数/100。关于城市基期资本存量的计算，采用 Hall 与 Jones（1999）的方法估计：$K_0 = \dfrac{I_0}{g_i + \delta}$。其中，$K_0$ 为基期资本存量，$I_0$ 为基期实际投资，$g_i$ 为一段时间内（1995—2013）的几何平均增长率，$\delta$ 为折旧率。各个城市折旧率采用吴延瑞省级折旧率，通过以上公式可得到基期资本存量，再进一步通过公式 $K_t = I_t + (1 - \delta)K_{t-1}$ 可以得到 1995—2013 年各个城市资本存量数据。

投资(I)= 基年固定资产投资 * 固定资产投资价格指数/100。

另外,我们还构建另一个变量——城市社会劳动生产率(lnpro),城市社会劳动生产率的计算方法为城市国内生产总值除以全部从业人员平均人数,单位为万元/人,我们将用它进行方程的稳健性检验。

2. 解释变量

我们所设定的解释变量具体如下:

(1)地价扭曲程度(住宅工业地价比 $ldist_{ct}$)。对于中心城市 $i$,该变量的计算方法为:

$$ldist_{it} = \frac{P_{iR}(t) / \sum_{j=1}^{N} P_{jR}(t)}{P_{iI}(t) / \sum_{j=1}^{N} P_{jI}(t)}$$

对于外围城市 $j$,该变量的计算方法为:

$$ldist_{jt} = \frac{\sum_{i=1}^{M} P_{iR}(t) / \sum_{i=1}^{M} P_{iI}(t)}{P_{jR}(t) / P_{jI}(t)}$$

其中,$P_{iR}(t)$ 表示在时期 t 某城市群中心城市 i 的住宅地价,$P_{iI}(t)$ 表示在时期 t 城市群中心城市 i 的工业地价,$P_{iR}(t)/P_{iI}(t)$ 表示在时期 t 城市群中心城市 i 的住宅地价与工业地价的比值。若该城市群出现两个核心城市,则取这两者的均值。$P_{jR}(t)$ 表示在 t 时期该城市群(以中心城市 i 为核心)外围城市 j 的住宅地价,$P_{jI}(t)$ 表示外围城市 j 的工业地价,N 表示该城市群外围城市的数量,$\sum_{j=1}^{N} P_{jR}(t)$ 表示城市群所有外围城市的平均住宅地价,$\sum_{j=1}^{N} P_{jI}(t)$ 表示城市群所有外围城市的平均工业地价。

我们还构建另一个衡量地价扭曲程度的变量——商业工业地价比($ldist2_{ct}$),用于稳健性检验,该变量的计算方法与住宅工业地价比($ldist_{ct}$)相同,区别在于这里使用的是各城市商业用地价格与工业用地价格的比值。

(2)城市群空间功能分工指数(fd):Duranton 和 Puga(2005)使用城市功能专业化(Functional Urban Specialization)指数来测度城市体系中城市功能专业化程度,从而反映城市等级体系中各城市的专业化特征。我们在上述方法的基础上,以中心城市"生产性服务业从业人员/制造业从业人员"与外围城

市"生产性服务业从业人员/制造业从业人员"的比来测度城市群空间功能分
工结构。具体计算公式如下：

对于核心城市 $i$，该变量的计算方法为：

$$fd_i(t) = \frac{\sum_{p=1}^{N} L_{ips}(t) / \sum_{p=1}^{N} L_{ipm}(t)}{\sum_{p=1}^{N} L_{ops}(t) / \sum_{p=1}^{N} L_{opm}(t)}$$

其中，$\sum_{p=1}^{N} L_{ips}(t)$ 表示城市群核心城市 i 生产性服务业的从业人数，
$\sum_{p=1}^{N} L_{ipm}(t)$ 表示在城市群核心城市 i 中制造业的从业人数，p 代表城市中的
产业，p＝1,2,…N，s 代表生产性服务业从业人员，m 代表制造业从业人员[1]；
$\sum_{p=1}^{N} L_{ops}(t)$ 表示以城市 i 为核心的城市群的所有外围城市的生产性服务业
从业人数，$\sum_{p=1}^{N} L_{opm}(t)$ 表示以城市 i 为核心的城市群的所有外围城市的制
造业从业人数。

同理，对于外围城市 j，该变量的计算方法为：

$$fd_j(t) = \frac{\sum_{p=1}^{N} L_{cps}(t) / \sum_{p=1}^{N} L_{cpm}(t)}{\sum_{p=1}^{N} L_{jps}(t) / \sum_{p=1}^{N} L_{jpm}(t)}$$

此时，$\sum_{p=1}^{N} L_{cps}(t)$ 表示城市群中核心城市生产性服务业的从业人数，
$\sum_{p=1}^{N} L_{cpm}(t)$ 表示城市群中核心城市制造业从业人数[2]，$\sum_{p=1}^{N} L_{jps}(t)$ 表示城
市群中外围城市 j 生产性服务业从业人数，$\sum_{p=1}^{N} L_{jpm}(t)$ 表示城市群中外围
城市 j 制造业从业人数。$fd(t)$ 越大，城市群中心城市与外围城市的空间功能
分工越高。

此外，为了揭示地价扭曲与城市分工对城市群产业结构优化升级的交互性
影响，我们还设置了地价扭曲程度（住宅工业地价比 $ldist_{ct}$）与城市群空间功能
分工指数（fd）的交互项，并检验该交互项对城市群产业结构优化升级的影响。

---

① 这里我们引用了赵勇、魏后凯（2015）的相关研究成果。
② 如果城市群中有两个核心城市，则为这两个核心城市生产性服务业和制造业的平均从
业人数。

（3）控制变量。我们设置的控制变量包括：城市发展程度（pgdp），用人均GDP来衡量。人均 GDP 水平代表了城市经济所处的发展阶段，通常来说人均 GDP 越高，城市产业发展效率也应该越高，我们预期该变量的系数显著为正。城市规模（scale），我们用城市年末总人口数来衡量。根据柯善咨和赵曜（2014）、Duranton 和 Puga（2014）等的研究，城市规模是城市经济产出与劳动生产率的重要决定因素，城市规模越大，其生产效率也越高，因此，我们预期该变量的系数显著为正。固定资产投资（invest），我们采用城市全社会固定资产投资总额来度量。投资是影响经济产出和经济效率的重要因素，特别是在当前中国仍然处于投资驱动发展的阶段，投资对城市经济产出和劳动生产率的影响更加重要。因此，我们预期该变量的系数显著为正。人力资本（human），人力资本水平与人口的受教育程度高度相关，我们用"城市普通高等学校在校学生数/城市年末总人口"来表示。一个城市的人力资本会影响到城市的经济增长，高水平的人力资本通常意味着更多的创新活动和更好的创新绩效（Lucas，1988；Morretii，2004），对产业结构的优化升级起到至关重要的作用。因此，我们预期它的系数显著为正。

（四）数据来源

我们选取的城市群样本时间跨度为 2009—2014 年，所选数据均为全市数据，对个别缺漏值通过插值法补足，除特别说明外，所有数据均来自于《中国城市统计年鉴》（2010—2015）和《中国区域经济统计年鉴》（2010—2015），表7-1 报告了样本变量描述性统计分析结果。

表 7-1　变量描述性统计分析结果

| | 变量名 | 观察值 | 均值 | 标准误 | 最小值 | 最大值 |
|---|---|---|---|---|---|---|
| 全要素生产率 | tfp | 576 | 0.8238 | 0.1250 | 0.0053 | 0.9474 |
| 地价扭曲程度 | ldist | 576 | 2.1163 | 1.5180 | 0.3250 | 13.3996 |
| 城市功能分工 | fd | 576 | 2.4772 | 1.8050 | 0.4865 | 12.1749 |
| 人均 GDP | PGDP | 576 | 55316 | 37406 | 10962 | 467749 |
| 城市规模 | scale | 576 | 567.14 | 404.40 | 102.65 | 3375.20 |
| 城市人力资本 | human | 576 | 3.0601 | 2.8870 | 0.0869 | 12.7042 |
| 城市固定资产投资 | invest | 576 | 2033.22 | 1794.05 | 86.00 | 13106.22 |

### 三、实证分析结果与分析

#### （一）基准回归结果

表 7-2 报告了方程的基准检验结果,表 7-3 显示了方程的稳健性检验结果,通过对比这两个结果,我们可以发现方程是稳健的。我们可以根据表 7-2 的检验结果报告的实证分析内容,进行相关必要的分析。在表 7-2 中,回归结果(1)只包含了滞后一期的城市产业发展效率(tfp)和地价扭曲变量(住宅工业地价比 $ldist_{ct}$ ),回归结果(2)添加了城市发展程度(pgdp)、城市规模(scale)、固定资产投资(invest)和人力资本(human)四个控制变量,回归结果(3)继续添加了城市群空间功能分工指数(fd)以及地价扭曲程度(住宅工业地价比 $ldist_{ct}$ )与城市群空间功能分工指数(fd)的交互项(ldist_fd)。下面我们就根据表 7-2 中的回归结果(3)报告实证分析的主要发现。

表 7-2　地价扭曲、城市分工与城市效率的影响

| 变量 | (1)<br>SYS-GMM | (2)<br>SYS-GMM | (3)<br>SYS-GMM |
|---|---|---|---|
| L.lntfp（滞后一期） | 0.8590***<br>（0.0105） | 0.8979***<br>（0.0119） | 0.9050***<br>0.0122 |
| lnldist | -.0050***<br>（0.0006） | -0.0068***<br>（0.0021） | -0.0056**<br>0.0025 |
| lnpgdp | | 7.030e-06<br>0.0022 | 0.0004<br>0.0022 |
| lnscale | | -0.0143***<br>0.0031 | -0.0154***<br>0.0038 |
| lnhum | | 0.0069***<br>0.0021 | 0.0058**<br>0.0025 |
| lninv | | -0.0021<br>0.0018 | -0.0015<br>0.0019 |
| lnfd | | | 0.0041**<br>0.0020 |
| lnldist_fd | | | -0.0031*<br>0.0019 |
| Constant | 0.0901***<br>0.0064 | 0.1664***<br>0.0231 | 0.1588***<br>0.0280 |

续表

| 变量 | （1） | （2） | （3） |
| --- | --- | --- | --- |
| | SYS-GMM | SYS-GMM | SYS-GMM |
| 观测数量 | 480 | 480 | 480 |
| P | 0.0000 | 0.0000 | 0.0000 |
| Art(1)检验 P 值 | 0.2922 | 0.2877 | 0.2943 |
| Art(2)检验 P 值 | 0.1952 | 0.1716 | 0.1716 |
| Sargan 检验 P 值 | 0.2122 | 0.0626 | 0.0549 |

注:(1)括号中的数字为标准误;(2)＊＊＊、＊＊、＊分别表示显著性水平为1%、5%和10%。

首先,核心解释变量地价扭曲( $ldist_{ct}$ )对因变量城市产业发展效率(tfp)的影响符合我们的理论预期,其回归结果的系数为负,并且均通过了5%以上的显著性水平检验。这表明城市群内部,地价扭曲程度越高,城市产业发展效率越低,地方政府的地价扭曲行为在一定程度上不利于城市群产业结构的优化升级。另一个核心解释变量城市群空间功能分工指数(fd)对因变量城市产业发展效率(tfp)的影响也符合我们的理论预期,其回归结果的系数为正,并且也通过了5%以上的显著性水平检验。这表明在城市群内部各成员城市间分工水平越高,城市产业发展效率也越高,城市分工促进了城市群产业结构的优化升级。此外,两个核心解释变量的交互项(ldist_fd)回归结果的系数为负,并且通过了10%以上的显著性水平检验。这表明在城市群内部,地方政府的地价扭曲行为削弱了城市功能分工对城市产业发展效率的正向促进效应,这进一步揭示了地价扭曲对城市群产业结构优化升级的不利影响。

其次,在控制变量方面,城市发展程度(pgdp)的系数为正,但未通过显著性检验,说明城市人均 GDP 水平与产业发展效率并不存在必然的联系。城市规模(scale)的系数为负,并且通过了1%以上的显著性水平检验,这个结果与现有文献普遍认为的"大城市通常具有较高生产效率"的结论不符。这可能是因为在我国大城市的地价扭曲程度通常更高,大城市商业用房、住宅价格上涨幅度较大,劳动力生活成本较高,导致服务业企业的用地、用房等固定费用支出以及人工成本较高,这削弱了企业的投资能力。同时,对于工业企业而言,压低工业地价意味着对低效生产企业的补贴,部分相对低效率企业不从大城市撤出，导致大城市产业结构中低效率产出的比重降不下来。这两方面原因一道降低了大城市的技术创新水平，产业的发展效率因此受到了负向的影响。人力资本（human）的系数为正，并且在5%水平上显著，与我们的理论预期一致，表明人力资本质量对城市产业发展效率具有非常明显的正向促进作用。固定资产投资（invest）的系数为负，并且未通过显著性检验。我国城市固定资产投资主要包括基础设施投资、房地产投资以及工业企业固定资产投资三部分内容，近年来我国城市固定资产投资的扩张主要是房地产投资和基础设施投资增加过快所致，真正来自于工业企业的固定投资增长速度有明显的回落，特别是来自于民营工业企业的固定投资更是如此。在房地产和基础设施投资缺乏技术创新外溢效应的情况下，这方面的投资增长对城市总体的技术创新水平影响不大，导致城市产业发展效率提升也不明显。

最后，城市产业发展也具有较强的路径依赖效应，当期的产业发展效率与上一期密切相关，滞后一期的 tfp 系数为正，且通过了1%的显著性水平检验，说明上一期产业发展效率较高的城市，当期的产业发展效率也较高。

（二）稳健性检验结果

我们还选择了城市社会劳动生产率（lnpro）作为被解释变量，商业工业地价比（$ldist_{ct}$）作为解释变量，使用系统广义矩阵估计方法（SYS-GMM）分别重新对以上模型进行估计，估计结果在表7-3中显示。方程（1）和（2）是替换了被解释变量后的回归结果，方程（3）和（4）是替换了核心解释变量后的回归结果。从中可以看出，核心解释变量的回归结果较为稳定，表明我们的计量分析具有较强的稳健性。根据回归结果（1）和（2），变量 ldist1 的系数均显著为负，表明地价扭曲对城市劳动生产率具有负向效应。变量 fd 的系数显著为正，表明城市间功能分工对城市劳动生产率具有正向促进效应。地价扭曲变量 ldist1 和功能分工变量 fd 的交互项的系数也显著为负，表明地价扭曲削弱了功能分工对城市产业发展效率的增进效应。在控制变量方面，城市发展程度（pgdp）的系数显著为负，与基准检验结果不符，也不符合我们的理论预期。城市规模（scale）的系数依然为负，并且通过1%以上的显著性水平检验，与基准检验结果相同，表明在我国地价扭曲所引发的环境改变，制约了大城市的技术创新水平，对其产业发展效率造成了一定程度的负面影响。人力资本（human)的系数为正,但不显著,与我们的理论预期和基准回归结果不一致。固定资产投资(invest)的系数为正,并且通过了1%的显著性水平检验,这表明固定资产投资增长虽然对企业的技术创新和全要素生产率影响不明显,但对城市全员劳动生产率的改进具有积极的影响。

表7-3　稳健性检验的结果

| | （1） | （2） | （3） | （4） |
|---|---|---|---|---|
| L.lntfp | | | 0.8904*** (0.0121) | 0.8866*** (0.0060) |
| L.lnpro | 0.3807*** (0.0591) | 0.3340*** (0.0935) | | |
| Lnldist | -0.2767*** (0.0488) | -0.3796*** (0.0720) | | |
| Lnldist2 | | | -0.0013 (0.0019) | -0.0017* (0.0028) |
| Lnfd | | 0.2241*** (0.0635) | | 0.0032* (0.0016) |
| lnldist_fd | | -0.0957* (0.0525) | | |
| lnldist2_fd | | | | -0.0041** (0.0021) |
| lnpgdp | -0.1874** (0.0801) | -0.2669*** (0.0990) | -0.0002 (0.0019) | 0.0008 (0.0022) |
| lnscale | -0.3697*** (0.0728) | -0.4320*** (0.0881) | -0.0080*** (0.0027) | -0.0060** (0.0030) |
| lnhum | 0.0323 (0.0436) | 0.0369 (0.0332) | 0.0020 (0.0015) | 0.0016 (0.0016) |
| Lninv | 0.2105*** (0.0424) | 0.2526*** (0.0419) | -0.0025 (0.0018) | -0.0032* (0.0019) |
| Constant | 5.1374*** 0.8128 | 6.4082*** 0.9483 | 0.1371*** (0.0209) | 0.1203*** (0.0254) |
| 观测数量 | 480 | 480 | 480 | 480 |
| P | 0.0000 | 0.0000 | 0.0000 | 0.0000 |
| Art(1)检验P值 | 0.0132 | 0.0171 | 0.2823 | 0.2911 |
| Art(2)检验P值 | 0.4530 | 0.5365 | 0.1951 | 0.1926 |
| Sargan检验P值 | 0.1993 | 0.0547 | 0.4627 | 0.6822 |

注:(1)括号中的数字为标准误;(2)＊＊＊、＊＊、＊分别表示显著性水平为1%、5%和10%。

从回归结果（4）可以看出，变量 ldist2 的系数均显著为负，表明用商业/工业地价比来计算的地价扭曲对城市产业发展效率（tfp）仍然具有负向的抑制作用。变量 fd 的系数显著为正，表明城市间功能分工对在城市全要素生产率具有正向促进效应。地价扭曲变量 ldist2 和功能分工变量 fd 的交互项的系数也显著为负，表明地价扭曲削弱了功能分工对城市产业发展效率的增进效应。在控制变量方面，城市发展程度（pgdp）的系数为正，但不显著。城市规模（scale）的系数依然为负，并且通过 5% 以上的显著性水平检验。人力资本（human）的系数为正，但不显著固定资产投资（invest）的系数为负，并且通过了 10% 的显著性水平检验，与基准回归的结果一致。

通过以上实证分析，我们可以看出城市分工对城市群产业发展效率提升有较大的正向促进作用，不同城市间产业和功能分工推动了我国城市群产业结构优化升级。但我国地方政府的地价扭曲行为在很大程度上改变了市场力量对要素流动的作用机制，恶化了城市服务业发展和技术创新环境，抑制了城市全要素生产率的提升，从而不利于城市群产业结构的优化升级。因此，城市群产业结构优化升级的关键路径在于消除包括地价扭曲在内的各种行政干预对区域市场一体化进程的影响，促进城市群内要素自由流动，深化不同城市间产业与功能分工。

# 第三节　城市经济互动与城市群产业结构

城市群是特定区域内众多城市发展到一定阶段后所形成的空间关联形态，城市群内广泛存在的双向或多向的人流、物流、资金流、技术流和信息流构成了城市之间的经济联系，即城市间的经济互动，这种经济互动对城市群产业结构具有重要的影响。城市群产业结构不是群内各城市产业部门的简单加总，而是各城市在经济互动的基础上所形成的区域专业化分工的结果，各城市专业化于自身具有综合比较优势的产业，使得城市群的产业协作和结构优化效应得到充分的发挥，从而提高城市群整体产业结构的效率。对此，城市经济学经典文献指出，外部经济差异是城市产业分工的原因。外部经济有两种：一是源于行业内部的专业化经济,二是源于行业间的多样化经济(Speciality E-conomics),不同类型外部经济对产业发展具有不同的影响,并导致了城市之间的专业化分工,大城市的多样化经济(Diversity Economics)对于新产业孵化和技术创新更有利,而当企业孵化成功后,中小城市专业化经济更有利于进行标准化的批量制造和生产(Abdel-Rahman,1990;Eberts and McMillien,1999;Duranton and Puga,2000)。上述城市之间的产业分工和互动对实现城市体系的总体效率具有十分重要的意义,一方面各个城市通过在某些产品和价值链环节上实现专业化,可以充分利用外部经济的好处,从而提高生产效率;另一方面,城市之间的产业分工也有助于维持城市体系的持续增长,这是因为无论是创新和标准化制造之间的分工,还是企业总部与生产基地之间的分工,都使得大小城市各自的综合比较优势得到了充分的发挥,从而提高了城市体系的整体效率(Abdel-Rahman and Anas,2004;Duranton and Puga,2005)。

改革开放以来,经过多年的快速发展,我国已形成了长三角、珠三角、环渤海地区、山东半岛、中原经济区和成渝经济区等多个具有较大经济规模的城市群,并且伴随着新型城镇化进程的加速推进,城市群在我国区域经济发展中正扮演着越来越重要的角色,城市群产业结构优化对区域增长的影响也越来越大,正越来越多地引起理论界的研究关注。现有文献从产业空间分布、产业分工、产业组织和产业结构演进等视角对此进行了研究,主要包括李学鑫和苗长虹(2006)、傅莹和卫平(2009)、方创琳和蔺雪芹(2008)、刘振灵(2009)、何天祥与朱翔和王月红(2012)、万庆和曾菊新(2013)等人的研究,而从城市经济互动视角研究城市群产业结构的文献还比较少。鉴于此,本节从城市经济互动的视角出发,对传统的空间偏离/份额模型进行适当的调整,将珠三角城市群作为研究对象,来分析城市群内部空间与经济因素对各成员城市产业发展的影响,探讨城市群产业结构优化的机制与路径。

## 一、实证分析方法、对象与数据来源

### (一)实证分析方法

偏离/份额分析法(Shift-share Analysis)是常用的研究区域经济增长和

产业结构评价的统计方法,其基本思想是,以一定时期内全国或大区域国内生产总值、工农业总产值或工业总产值的年增长率为基准,测算某一地区按照全国或大区域平均增长率可能形成的假定份额,并将这一假定份额同地区实际增长额进行比较,分析该地区经济增长相对于全国或大区域平均水平的偏离状态,进而在此基础上对地区产业结构进行分析与评价(Dunn,1960)。尽管偏离/份额分析方法提出的目的是要量化区域经济增长在地理上的变化,但它实际上并没有考虑区域之间的空间相互作用(Hewings,1976)。为此,纳扎拉和海文斯(Nazara and Hewings,2004)将空间相互作用因素纳入到偏离/份额分析中,首次提出了空间偏离/份额模型(Spatial Shift-share Model)。此后,扎克摩尔(Zaccomer,2006)、迈耶尔和洛佩兹(Mayor and LóPez,2005,2008)对该空间偏离/份额模型进行了拓展并用于实证研究。在迈耶尔和洛佩兹所构建的空间偏离/份额模型中,他们将一个地区的经济增长偏离分量划分为结构偏离分量、空间竞争力净偏离分量和空间区位偏离分量。借鉴他们的做法,我们还考虑城市间互动强度的动态变化,对他们的空间偏离/份额模型进一步拓展,构建本节的实证分析模型。具体表达公式为(1)—(5):

$$G_t^i = NF_t^i + SF_t^i + SCF_t^i + SLF_t^i \tag{1}$$

$$NF_t^i = \sum_{j=1}^{k} Q_{j,t_0}^i g_t \tag{2}$$

$$SF_t^i = \sum_{j=1}^{k} Q_{j,t_0}^i (g_{j,t} - g_t) \tag{3}$$

$$SCF_t^i = \sum_{j=1}^{k} Q_{j,t_0}^{i**} (g_{j,t}^i - g_{j,t}) \tag{4}$$

$$SLF_t^i = \sum_{j=1}^{k} (Q_{j,t_0}^i - Q_{j,t_0}^{i**})(g_{j,t}^i - g_{j,t}) \tag{5}$$

在式(1)中,$G_t^i$ 表示城市 i 在 t 时期内的经济增长量;$NF_t^i$ 表示份额分量,是指城市 i 的所有产业在 t 时期内均按照整个城市群的平均经济增长率 $g_t$ 计算所应增加的产值总和;$SF_t^i$ 表示产业结构偏离分量,是指城市 i 的所有产业在 t 时期内均按照整个城市群相同产业增长率 $g_{j,t}$ 与城市群平均经济增长率 $g_t$ 的差值发展所应增加的产值总和,若该值大于 0,则表明城市 i 的产业结构优于城市群整体产业结构,从而具有产业结构效应;$SCF_t^i$ 表示空间竞争力净偏离分量,用以表征城市群内其他城市对城市 i 所有产业发展的综合影响,若该值大于 0,则表明城市 i 能充分利用其他城市对其产生的积极影响,具有空间竞争力效应;$SLF_t^i$ 表示空间区位偏离分量,用以表征专业化分工给城市经济增长带来的实际效果,若该值大于 0,则表明城市群内专业化分工有利于城市 i 比较优势的发挥,城市 i 具有空间区位效应。在式(2)中,$Q_{j,t_0}^i$ 为城市 i 产业 j 在 $t_0$ 时期的产值,$g_t$ 为城市群在 t 时期内的平均经济增长率。在式(3)中,$g_{j,t}$ 为整个城市群在 t 时期内 j 产业增长率,$g_{j,t}^i$ 为城市 i 产业 j 在 t 时期内的增长率。在式(4)和(5)中,$Q_{j,t_0}^{i**}$ 为城市 i 产业 j 的位似空间影响产值,是为修正空间影响产值加总后不等于总产值的缺陷而衍生出的替代变量,其计算

公式为:$Q_{j,t_0}^{i**} = Q_{t_0}^i \dfrac{Q_{j,t_0}^*}{\sum\limits_{j=1}^{k} Q_{j,t_0}^*}$,$Q_{t_0}^i$ 表示城市 i 在 $t_0$ 时期的经济总量,$Q_{j,t_0}^*$ 为城市

群 j 产业的空间影响产值,是城市群所有城市 j 产业空间影响产值 $Q_{j,t_0}^{i*}$ 的加总,具体计算公式为:$Q_{j,t_0}^* = \sum\limits_{i=1}^{m} Q_{j,t_0}^{i*}$,其中,$Q_{j,t_0}^{i*}$ 由下式计算获得:$Q_{j,t_0}^{i*} = \sum\limits_{i \neq n} w_{i,n} Q_{j,t_0}^i$,其中,$w_{i,n}$ 为空间权重;$Q_{j,t_0}^i$ 为城市 i,产业 j 在 $t_0$ 时期的增加值。

空间权重 $w_{i,n}$ 通过以下计算方式获取:首先,计算城市群内城市间两两经济联系强度 $R_{i,n} = (\sqrt{P_i E_i} \times \sqrt{P_n E_n})/D_{i,n}^\alpha$,其中,$P_i$、$P_n$ 为城市 i、n 的总人口;$E_i$、$E_n$ 为城市 i、n 的 GDP;$D_{i,n}$ 为城市 i、n 的距离,$\alpha$ 为引力系数,取值一般在 0.5—3 之间。为便于操作,本节对 $\alpha$ 的取值作如下规定:若两城市相邻且有高速公路或铁路连接,则取为 1.5;若两城市相邻但无高速公路或铁路连接,则取为 2.0;若两城市不相邻,但有高速公路或铁路连接,则取为 2.5;若两城市不相邻,且无高速公路或铁路连接,则取为 3.0。其次,在获得城市 i、n 之间经济联系强度的基础上,我们进一步考虑城市 n 与城市 i 之间的经济联系量占城市 i 与所有城市之间经济联系量之和的比重,可以得到城市 n 对城市 i 的空间作用权重 $w_{i,n}$,具体计算公式为:$w_{i,n} = R_{i,n} / \sum\limits_{i=1}^{M-1} R_{i,n}$,其中,M 为城市群内城市数量。

（二）研究对象与数据来源

本部分研究的珠三角城市群是我国东部沿海发达地区最早崛起、较为成熟的城市群,包含广州、深圳、佛山、东莞、中山、珠海、惠州、江门和肇庆9个成员城市,土地面积约5.5万平方公里,是广东省最核心的经济和人口集聚区。经过多年的发展,珠三角城市群已发展成为以广州为中心,沿珠江东西两岸分布,以不类型和等级规模的城市为构成单元,由现代化的交通工具和综合运输网络连接,经济活动高度关联,商品和要素高速流动,相对完整的圈层式城市体系。2013年,珠三角城市群土地面积仅占广东省土地总面积的30.5%,却集聚了全省54%的总人口、79%的经济总量、79%的第二产业增加值、81%的规模以上工业增加值、84%的第三产业增加值、70%的全社会固定资产投资、73%的社会消费品零售总额、95%的出口总额和92%的外商直接投资,是广东省乃至中南地区最具规模和活力的区域增长极,在广东省和我国中南地区区域经济发展中发挥着举足轻重的作用。

在数据来源方面,各市间公路里程数据来源于我国城市间公路交通里程表,其他数据均取自2001—2013年《中国城市统计年鉴》与《广东统计年鉴》。为消除价格因素的影响,我们所采用的国民经济核算数据均为不变价格表示的指标值。

## 二、实证分析结果

（一）珠三角城市群经济互动分析

表7-4计算了2001年和2013年珠三角城市群两两城市之间的经济联系强度,从中可以看出珠三角城市群经济互动的基本特点,具体如下:（1）从静态的视角来看,广州在珠三角城市群中的中心地位十分明显。广州与珠三角城市群其他各市的经济联系强度值均相对较高,2013年广州与其余8个市的经济联系强度总值达到了30282.8个单位,相当于处于第二位的佛山的5.63倍。深圳与其他各市的经济联系强度值位列第三,达到3558.19个单位。

表 7-4　珠三角城市群城市经济联系强度

| 2001 | 广州 | 深圳 | 珠海 | 佛山 | 江门 | 肇庆 | 惠州 | 东莞 | 中山 | 合计 |
|---|---|---|---|---|---|---|---|---|---|---|
| 广州 | | 3.03 | 1.27 | 4085.58 | 7.79 | 5.56 | 300.09 | 784.34 | 384.16 | 5571.83 |
| 深圳 | | | 0.28 | 1.29 | 0.91 | 0.26 | 210.26 | 227.94 | 0.71 | 441.65 |
| 珠海 | | | | 0.64 | 96.17 | 0.14 | 0.12 | 0.29 | 103.70 | 201.06 |
| 佛山 | | | | | 545.85 | 304.71 | 0.60 | 2.22 | 190.26 | 1043.64 |
| 江门 | | | | | | 1.71 | 0.37 | 0.92 | 285.33 | 288.33 |
| 肇庆 | | | | | | | 0.16 | 0.39 | 0.33 | 0.89 |
| 惠州 | | | | | | | | 115.93 | 0.25 | 116.19 |
| 东莞 | | | | | | | | | 0.85 | 0.85 |
| 中山 | | | | | | | | | | 965.61 |
| 2013 | 广州 | 深圳 | 珠海 | 佛山 | 江门 | 肇庆 | 惠州 | 东莞 | 中山 | 合计 |
| 广州 | | 22.50 | 6.84 | 22131.60 | 35.05 | 28.00 | 1681.19 | 4269.21 | 2108.40 | 30282.80 |
| 深圳 | | | 2.23 | 10.18 | 5.96 | 1.95 | 1720.27 | 1811.90 | 5.71 | 3558.19 |
| 2013 | 广州 | 深圳 | 珠海 | 佛山 | 江门 | 肇庆 | 惠州 | 东莞 | 中山 | 合计 |
| 珠海 | | | | 3.70 | 458.28 | 0.74 | 0.71 | 1.64 | 603.21 | 1068.29 |
| 佛山 | | | | | 2614.61 | 1635.16 | 3.59 | 12.88 | 1112.38 | 5378.62 |
| 江门 | | | | | | 7.63 | 1.82 | 4.41 | 1384.73 | 1398.58 |
| 肇庆 | | | | | | | 0.91 | 2.12 | 1.80 | 4.83 |
| 惠州 | | | | | | | | 695.22 | 1.54 | 696.75 |
| 东莞 | | | | | | | | | 4.99 | 4.99 |
| 中山 | | | | | | | | | | 5222.76 |

　　此外,珠三角城市群各市之间的经济互动水平差异巨大。广州与佛山的经济互动水平最高,2013 年两市的经济联系强度达到 22131.6 个单位;广州与东莞的经济互动水平位列第二,2013 年两市的经济联系强度为 4269.21 个单位;佛山与江门的经济互动水平位列第三,2013 年两市的经济联系强度为 2614.61 个单位。珠海和惠州、珠海和肇庆以及肇庆与惠州之间的经济互动水平位列倒数前三位,2013 年珠海和惠州之间的经济联系强度为 0.71 个单位,珠海和肇庆之间为 0.74 个单位,肇庆与惠州之间为 0.91 个单位。(2)从动态的视角来看,2001—2013 年,珠三角城市群城市经济互动明显增强。从两两城市之间经济联系强度来看,每一个方向上的相互联系强度均有不同程

度的增加。其中,广州与佛山两市的相互联系强度增长量最大,13 年间增加
了 18046.02 个单位;深圳与佛山两市的相互联系强度增速最快,年均增长
17.22%。从单个城市对外作用的总强度来看,9 个城市与其他城市间的相互
作用总强度均有所增加。其中,广州、佛山和中山 3 市对外作用总强度的增长
量位列前三,2001—2013 年 3 市对外经济作用总强度分别增长了 24711、4335
和 4257 个单位;而东莞和肇庆两市对外作用总强度的增长量较小,2001—
2013 年两市对外经济作用总强度分别仅增长了 4.14 和 3.94 个单位。

　　表 7-5 为我们所计算的珠三角城市群城市空间作用矩阵,从中可以看出
珠三角城市群内城市间经济互动具有明显的空间指向性,城市经济作用通常
集中指向距离较近且通达性较好的空间单元,经济与人口规模、空间距离和交
通条件是影响城市经济互动空间格局的重要因素。根据 2013 年的指标值,我
们可以看出珠三角城市群城市经济互动的空间格局特征,具体如下:(1)在其
他城市对广州的经济作用总强度中有 73.08%来自佛山,14.10%来自东莞,来
自其余 6 市的仅占 12.82%,表明佛山和东莞两市对广州的经济影响较大,而
其余 6 市的影响相对较小。(2)在其他城市对深圳的经济作用总强度中,有
48.04%来自惠州,50.60%来自东莞,来自其余 6 市的仅占 1.36%,表明惠州
和东莞两市对深圳的经济影响非常显著,而其余 6 市的影响很弱。(3)在其
他城市对珠海的经济作用总强度中,有 42.54%来自江门,55.99%来自中山,
来自其余 6 市的仅占 1.47%,表明江门和中山两市对珠海的经济影响非常显
著,而其余 6 市的影响很弱。(4)在其他城市对佛山的经济作用总强度中,有
80.41%来自广州,9.50%来自江门,来自其余 6 市的仅占 10.09%,表明广州
和江门两市对佛山的经济影响较大,而其余 6 市的影响相对较小。(5)在其
他城市对江门的经济作用总强度中,有 57.94%来自佛山,30.69%来自中山,
来自其余 6 市的仅占 11.37%,表明佛山和中山两市对江门的经济影响较大,
而其余 6 市的影响相对较小。(6)在其他城市对肇庆的经济作用总强度中,
有 97.43%来自佛山,来自其余 7 市的仅占 2.57%,表明佛山对肇庆的经济影
响十分巨大,而其余 7 市的影响则很弱。(7)在其他城市对惠州的经济作用
总强度中,有 41.90%来自深圳,40.95%来自广州,16.93%来自东莞,来自其
余 5 市的仅占 0.22%,表明深圳、广州和东莞市对惠州的经济影响较大,而其

余 5 市的影响十分微弱。（8）在其他城市对东莞的经济作用总强度中，有 62.76%来自广州，26.64%来自深圳，来其余 6 市的仅占 10.6%，表明广州和深圳两市对东莞的经济影响较大，而其余 6 市的影响相对较小。（9）在其他城市对中山的经济作用总强度中，有 40.37%来自广州，26.51%来自江门，21.30%来自佛山，11.55%来自珠海，来自其余 4 市的仅占 0.27%，表明广州、江门、佛山和珠海对中山的经济影响较大，而其余 4 市的影响则很轻微。

表 7-5　珠三角城市群城市空间作用矩阵

| 2001 | 广州 | 深圳 | 珠海 | 佛山 | 江门 | 肇庆 | 惠州 | 东莞 | 中山 |
|---|---|---|---|---|---|---|---|---|---|
| 广州 |  | 0.0005 | 0.0002 | 0.7333 | 0.0014 | 0.0010 | 0.0539 | 0.1408 | 0.0689 |
| 深圳 | 0.0068 |  | 0.0006 | 0.0029 | 0.0020 | 0.0006 | 0.4728 | 0.5126 | 0.0016 |
| 珠海 | 0.0063 | 0.0014 |  | 0.0032 | 0.4746 | 0.0007 | 0.0006 | 0.0014 | 0.5118 |
| 佛山 | 0.7962 | 0.0003 | 0.0001 |  | 0.1064 | 0.0594 | 0.0001 | 0.0004 | 0.0371 |
| 江门 | 0.0083 | 0.0010 | 0.1024 | 0.5813 |  | 0.0018 | 0.0004 | 0.0010 | 0.3039 |
| 肇庆 | 0.0177 | 0.0008 | 0.0004 | 0.9727 | 0.0055 |  | 0.0005 | 0.0013 | 0.0011 |
| 惠州 | 0.4780 | 0.3349 | 0.0002 | 0.0010 | 0.0006 | 0.0003 |  | 0.1847 | 0.0004 |
| 东莞 | 0.6923 | 0.2012 | 0.0003 | 0.0020 | 0.0008 | 0.0003 | 0.1023 |  | 0.0007 |
| 中山 | 0.3978 | 0.0007 | 0.1074 | 0.1970 | 0.2955 | 0.0003 | 0.0003 | 0.0009 |  |
| 2013 | 广州 | 深圳 | 珠海 | 佛山 | 江门 | 肇庆 | 惠州 | 东莞 | 中山 |
| 广州 |  | 0.0007 | 0.0002 | 0.7308 | 0.0012 | 0.0009 | 0.0555 | 0.1410 | 0.0696 |
| 深圳 | 0.0063 |  | 0.0006 | 0.0028 | 0.0017 | 0.0005 | 0.4804 | 0.5060 | 0.0016 |
| 珠海 | 0.0064 | 0.0021 |  | 0.0034 | 0.4254 | 0.0007 | 0.0007 | 0.0015 | 0.5599 |
| 佛山 | 0.8041 | 0.0004 | 0.0001 |  | 0.0950 | 0.0594 | 0.0001 | 0.0005 | 0.0404 |
| 江门 | 0.0078 | 0.0013 | 0.1016 | 0.5794 |  | 0.0017 | 0.0004 | 0.0010 | 0.3069 |
| 肇庆 | 0.0167 | 0.0012 | 0.0004 | 0.9743 | 0.0045 |  | 0.0005 | 0.0013 | 0.0011 |
| 2013 | 广州 | 深圳 | 珠海 | 佛山 | 江门 | 肇庆 | 惠州 | 东莞 | 中山 |
| 惠州 | 0.4095 | 0.4190 | 0.0002 | 0.0009 | 0.0004 | 0.0002 |  | 0.1693 | 0.0004 |
| 东莞 | 0.6276 | 0.2664 | 0.0002 | 0.0019 | 0.0006 | 0.0003 | 0.1022 |  | 0.0007 |
| 中山 | 0.4037 | 0.0011 | 0.1155 | 0.2130 | 0.2651 | 0.0003 | 0.0003 | 0.0010 |  |

此外，需要指出的是，通过对比表 7-5 中 2001 年与 2013 年的指标值，我们可以发现，这两个时间截面的指标值只存在很小的差异，对两两城市之间的

经济联系格局影响不大,这表明自 2001 年以来,珠三角城市群城市间经济互动的上述空间格局特征基本上没有发生变化。

（二）空间份额/偏离分析

1. 空间偏离/份额的静态分析

表 7-6 是 2001—2013 年珠三角城市群产业结构空间偏离/份额的计算结果,下面我们就根据表 7-6 的结果,对珠三角城市群产业结构进行空间偏离/份额的静态分析,具体如下:(1)从总偏离量来看,在珠三角城市群中,广州、深圳、珠海和江门 4 市的总偏离量为负值,这 4 个城市的经济增长量低于按照群域 GDP 平均增长速度计算的份额分量,表明这 4 个城市在计算期内的经济增长速度低于整个城市群的平均水平。(2)从产业结构偏离分量(SF)来看,除了肇庆市以外,珠三角城市群内其余 8 个城市的产业结构偏离分量均为正,这表明珠三角城市群绝大部分城市都具有产业结构效应,产业结构基本处于合理水平。进一步分产业来分析,我们可以发现,珠三角城市群各市的第一和第三产业的产业结构偏离分量均为负值,表明各市在第一和第三产业发展上存在不足;但是各市第二产业的产业结构偏离分量不仅均为正值,且明显较大,表明这 8 个城市在第二产业发展上形成了较大的优势,弥补了在第一和第三产业上的结构劣势,从而保持了整体上的产业结构效应。这同时也说明,自 2001 年以来,珠三角城市群经济发展主要依赖高度工业化拉动,第二产业的高速发展推动了珠三角城市群经济的快速增长。但由于第一、三产业的增长长期滞后于群域 GDP 的增长,服务业对珠三角城市群经济增长的促进作用尚未显现,未来经济转型的任务较重。(3)从空间竞争力净偏离分量(SCF)来看,珠三角各市的指标值存在较大的差异。广州、深圳、珠海、江门和东莞 5 市的空间竞争力净偏离分量为负值,表明这 5 个城市尚不能充分利用其他城市发展带来的积极影响,不具备空间竞争力净效应。相反,佛山、肇庆、惠州和中山 4 市的空间竞争力净偏离分量为正值,表明这 4 个城市能够充分利用与其他城市的经济互动来促进自身的发展,形成了正向的空间竞争力净效应。(4)从空间区位偏离分量(SLF)来看,广州、佛山、江门 3 市的空间区位偏离分量为正值,其他 6 个城市均为负值,表明珠三角城市群大部分城市尚未能从群域专业化分工和空间结构转换中获取正向的影响,各市之间还未能形成高效

表 7-6 2001—2013 年珠三角城市群产业结构空间偏离/份额静态分析结果

| 地区 | SF | | | | SCF | | | | SLF | | | | 总偏离量 |
|---|---|---|---|---|---|---|---|---|---|---|---|---|---|
| | 第一产业 | 第二产业 | 第三产业 | 合计 | 第一产业 | 第二产业 | 第三产业 | 合计 | 第一产业 | 第二产业 | 第三产业 | 合计 | |
| 广州 | -324.1 | 1456.5 | -710.1 | 422.4 | 42.3 | -1977.1 | 499.0 | -1435.8 | -10.7 | 219.2 | 67.0 | 275.5 | -737.9 |
| 深圳 | -60.3 | 1366.7 | -427.4 | 879.0 | -102.2 | -709.1 | -148.8 | -960.0 | 82.6 | -104.0 | 9.2 | -12.2 | -93.2 |
| 珠海 | -50.5 | 262.5 | -72.1 | 139.9 | 7.3 | -258.4 | -71.3 | -322.4 | -1.1 | -45.0 | 11.1 | -35.0 | 217.5 |
| 佛山 | -228.4 | 733.1 | -210.4 | 294.4 | -2.1 | 312.2 | -154.9 | 155.2 | -0.6 | 27.7 | 28.3 | 55.4 | 505.0 |
| 江门 | -230.0 | 378.8 | -123.0 | 25.8 | 4.4 | -195.0 | -300.8 | -491.4 | 5.8 | -1.9 | 42.7 | 46.7 | -418.9 |
| 肇庆 | -391.5 | 190.5 | -71.0 | -272.0 | 11.0 | 885.4 | -86.9 | 809.5 | 53.9 | -212.5 | 22.5 | -136.1 | 401.4 |
| 惠州 | -230.4 | 359.0 | -65.0 | 63.6 | 7.8 | 19.2 | 177.9 | 204.8 | 15.3 | 4.3 | -74.6 | -55.0 | 213.4 |
| 东莞 | -105.1 | 408.2 | -112.6 | 190.5 | -23.5 | -269.8 | 214.3 | -78.9 | -2.9 | -42.1 | -35.5 | -80.5 | 31.1 |
| 中山 | -83.4 | 267.9 | -63.3 | 121.2 | 3.2 | 39.9 | 67.1 | 110.2 | 1.4 | 8.4 | -16.8 | -7.0 | 224.4 |

注：表中总偏离量为各偏离量之和。

的产业功能分工。同时,从绝对量来看,各市空间区位偏离分量要明显地低于产业结构偏离分量和空间竞争力净偏离分量,这也进一步说明了珠三角城市群的空间区位效应不明显,区域经济发展的空间结构有待优化,各市之间的专业化分工还有待深化。

2. 珠三角城市群空间偏离/份额的动态分析

为了进一步揭示珠三角城市群各城市结构演进、城市空间相互作用强度变化等因素对城市产业发展的实际影响,我们对各城市偏离分量的动态变化进行了分析。表7-7列举了珠三角城市群各城市偏离/份额的动态分析结果,从中我们可以看出珠三角城市群产业结构演进的动态特征,具体如下:

第一,从总偏离量(AS)的动态变化来看,深圳、佛山、东莞和中山4市均经历了明显的由正转负的变化轨迹,深圳最早在2005年就发生了转变,中山的转变大约在2006年,佛山和东莞的转折点则为国际金融危机爆发后的2009年和2010年。上述转变表明,这4个市的经济增长率曾在整个城市群中处于领先地位,但由于近年来第一、二、三产业增长率落后于群域平均水平,导致这4个城市丧失了在经济增长上的领先地位。与上述4市相反,肇庆、江门和惠州3市的总偏离量在2001—2013年间则经历了明显的由负转正的变化过程,肇庆发生变化的拐点为2006年,江门和惠州的变化拐点稍晚,分别为2010年和2009年,这表明虽然这3个城市的经济增长速度曾长期落后于整个城市群的平均水平,但近年来3市的经济增长开始加快,经济增速已明显快于群域的平均水平。广州和珠海两市总偏离量的正负变化则相对较为随机和稳定。广州市经济增长速度曾连续6年落后于群域平均水平,在2009年时扭转了这种落后局面,但随后两年其经济增长速度又处于落后水平;然而这种状况并未持续很长时间,自2011年以来,其经济增长速度又开始快于群域平均水平。珠海市在2008年以前经济增长速度与群域平均水平相比时高时低,但自2008年以后,经济增长速度开始稳定地落后于群域平均水平。

第二,从产业结构偏离分量(SF)的变化来看,深圳市的产业结构偏离分量在所有年份均为正值,表明深圳的产业结构要优于群域平均水平,具有较好的产业结构效应。珠海和东莞两市的产业结构偏离分量在近年出现明显的由正转负的趋势,表明虽然这两市的产业结构长期以来优于群域平均水平,但这种态势正在发生逆向变化,两市的产业结构效应减弱。中山的产业结构偏离分量发生逆转的态势虽不如珠海和东莞两市明显,但自 2009 年以来,其产业结构偏离分量的数值出现了较大的波动,改变了长期为正的局面,表明其产业结构优势不再稳定。肇庆市的产业结构偏离分量于 2010 年开始由负转正,表明肇庆的产业结构开始优于群域平均水平,产业结构效应正在逐步形成和积累。惠州的产业结构偏离分量由负转正的态势虽不如肇庆明显,但自 2010 年开始扭转长期为负的局面,表明其产业结构正在向优于群域平均水平的方向发展。广州、佛山和江门 3 市的产业结构偏离分量的变化则呈现出较大的随机性,表明 2001—2013 年间这 3 个市在经济发展过程中并不存在相对于群域平均水平的正向或负向的产业结构效应。

第三,从空间竞争力净偏离分量(SCF)的变化来看,深圳、珠海、佛山、东莞和中山 5 市的空间竞争力净偏离分量均经历了明显的由正转负的逆向变化,表明这 5 个市曾经通过与群内其他城市的经济互动促进了自身的发展,但后来由于其他城市的快速发展,导致它们在部分产业上积累的空间竞争力优势逐步丧失。相比之下,肇庆和惠州两市的空间竞争力净偏离分量则经历了明显的由负转正的正向变化,表明两市虽然在初期难以从与其他城市的经济互动中获取发展所需的积极影响,但由于近年来交通、产业园区等基础设施条件的改善,它们与其他城市的经济互动逐步加强,群内其他城市所形成的外部积极影响正在逐步显现,两市的空间竞争力净效应开始形成。广州和江门两市的空间竞争力净偏离分量曾经长期为负值,近年来有的年份为正值但不稳定,表明两市长期未能充分利用其他城市的积极作用,尚未形成空间竞争力净效应。

第四,从空间区位偏离分量(SLF)的变化来看,广州和肇庆两市的空间区位偏离分量在 2001—2013 年间基本上稳定地保持为正值,表明这两个城市与城市群内部其他城市之间形成了较好的产业分工,其综合比较优势也得到了较好发挥,从而形成了明显的空间区位效应。佛山的空间区位偏离分量在除了 2002 年、2010 年和 2011 年以外的其余年份均为正值,表明佛山与城市群内部其他城市之间也形成了相对稳定的专业化分工,自身发展的综合比较优势也得到了较好发挥。深圳和中山两市的空间区位偏离分量曾经为正,但在

2004年前后均经历了由正转负的逆向变化,表明近年来两市与群内其他城市之间的产业专业化分工水平有所下降,空间区位效应显著地衰减。惠州的空间区位偏离分量在2006年则经历了明显的由负转正的正向变化,此后仅在2011年为负值,其他年份均为正值,表明近年来惠州与群内其他城市之间的专业化分工水平有所提高,其产业发展的空间区位效应正在形成。与惠州类似,江门的空间区位偏离分量在2004年经历了明显的由负转正的正向变化,此后仅在2010年和2012年为负值,其他年份均为正值,表明近年来江门与群内其他城市之间的专业化分工逐步深化,其产业发展的空间区位效应正在加强。珠海和东莞的空间区位偏离分量取值的不确定性较大,表明两市与群内其他城市之间尚未形成稳定的专业分工关系,其空间区位效应也变化较大。

基于动态空间偏离/份额模型,我们对珠三角城市群产业结构进行了实证分析,得到了以下几点基本结论:(1)在2001—2013年间,珠三角城市群城市间经济互动显著增强,但其空间格局特征没有发生显著的变化。珠三角城市群城市经济互动具有明显的空间指向性,城市对外经济作用通常指向距离较近、通达性较好的城市。(2)珠三角城市群绝大部分城市都具有正向的产业结构效应,产业结构基本处于合理水平。各市在第二产业发展上具有较大的优势,弥补了在第一和第三产业上的结构劣势,导致整体上产业结构效应的形成。这表明自2001年以来,珠三角城市群经济发展主要依赖高度工业化拉动,农业和服务业的增长滞后,服务业对经济增长的促进作用尚未得到充分发挥。(3)大部分城市形成空间竞争力净效应和空间区位效应,珠三角城市群内多数城市尚不能充分利用其他城市发展带来的积极影响,还未能从群域专业化分工和经济空间结构调整中获取足够的收益。(4)深圳、佛山、东莞和中山4市总偏离量在计算期内均发生了明显的由正转负的变化,这4个市的经济增长率近年来开始慢于城市群的平均水平,而作为珠三角的后发地区,肇庆、江门和惠州3市的总偏离量则实现了明显的由负转正的转变,其经济增长近年来明显加快。

上述发现具有较强的政策含义,其核心在于推进珠三角城市群内部的专业化分工和产业空间结构调整,构建错位发展、高效互动的产业协同发展格

表7-7 2001—2013年珠三角城市群产业结构空间偏离/份额动态分析结果

| 年份 | 广州 | | | | 深圳 | | | | 珠海 | | | |
|---|---|---|---|---|---|---|---|---|---|---|---|---|
| | SF | SCF | SLF | AS | SF | SCF | SLF | AS | SF | SCF | SLF | AS |
| 2001—2002 | -2.51 | -2.67 | 5.45 | 0.27 | 7.85 | 22.53 | 3.11 | 33.49 | 0.85 | -2.87 | -1.20 | -3.23 |
| 2002—2003 | -13.59 | -2.06 | -5.24 | -20.90 | 20.90 | 21.58 | 24.48 | 66.96 | 2.22 | 5.10 | -0.79 | 6.53 |
| 2003—2004 | -6.33 | -19.57 | 2.84 | -23.06 | 25.43 | -18.16 | 25.43 | 32.69 | 2.06 | -10.56 | -1.11 | -9.61 |
| 2004—2005 | 6.03 | -150.51 | 10.94 | -133.54 | 34.88 | -87.39 | 20.51 | -32.00 | 3.30 | -18.49 | 0.71 | -14.48 |
| 2005—2006 | 2.25 | -96.46 | 14.96 | -79.25 | 55.52 | -67.80 | 4.04 | -8.24 | 5.33 | -4.85 | 1.09 | 1.57 |
| 2006—2007 | 31.48 | -134.88 | 20.24 | -83.16 | 52.54 | -120.36 | -6.01 | -73.83 | 6.75 | -2.61 | 0.50 | 4.63 |
| 2007—2008 | 23.39 | -38.71 | 14.24 | -1.08 | 26.87 | -46.79 | 12.26 | -7.66 | 3.70 | -29.81 | -1.32 | -27.43 |
| 2008—2009 | 29.21 | 17.33 | 10.56 | 57.10 | 8.41 | -35.40 | 14.95 | -12.04 | 0.58 | -36.89 | -3.82 | -40.13 |
| 2009—2010 | -33.85 | -100.34 | 62.71 | -71.48 | 57.83 | -155.60 | -3.27 | -101.04 | 8.52 | -16.60 | 1.91 | -6.17 |
| 2010—2011 | -3.37 | -72.84 | 14.93 | -61.28 | 30.52 | -148.86 | 14.16 | -104.17 | 4.84 | -9.61 | -2.00 | -6.77 |
| 2011—2012 | 2.54 | 46.54 | 37.68 | 86.76 | 13.93 | -5.93 | -24.93 | -16.93 | 1.78 | -29.33 | -9.09 | -36.65 |
| 2012—2013 | -50.05 | 29.27 | 75.30 | 54.52 | 3.65 | -72.62 | -2.41 | -71.38 | -0.45 | -1.33 | 0.36 | -1.42 |

| 年份 | 佛山 | | | | 江门 | | | | 肇庆 | | | |
|---|---|---|---|---|---|---|---|---|---|---|---|---|
| | SF | SCF | SLF | AS | SF | SCF | SLF | AS | SF | SCF | SLF | AS |
| 2001—2002 | -4.42 | -13.70 | -1.10 | -19.22 | -2.60 | -14.06 | -0.57 | -17.22 | -7.51 | -7.37 | 2.86 | -12.02 |
| 2002—2003 | -4.57 | -1.19 | 2.43 | -3.33 | -6.01 | -25.79 | -0.40 | -32.20 | -17.44 | -7.76 | 7.11 | -18.09 |
| 2003—2004 | -4.96 | 2.30 | 2.95 | 0.29 | -6.62 | -25.14 | 3.77 | -27.99 | -18.43 | 0.52 | 7.32 | -10.59 |
| 2004—2005 | -0.73 | 38.10 | 4.99 | 42.36 | -4.21 | -26.79 | 3.68 | -27.31 | -17.11 | 9.18 | 4.58 | -3.35 |

续表

| 年份 | 佛山 | | | | 江门 | | | | 肇庆 | | | |
|---|---|---|---|---|---|---|---|---|---|---|---|---|
| | SF | SCF | SLF | AS | SF | SCF | SLF | AS | SF | SCF | SLF | AS |
| 2005—2006 | 4.89 | 30.64 | 3.44 | 38.97 | -3.38 | -9.60 | 4.85 | -8.13 | -23.89 | 26.62 | 9.41 | 12.13 |
| 2006—2007 | 5.57 | 32.22 | 11.88 | 49.66 | 0.27 | -13.77 | 3.59 | -9.91 | -13.25 | 37.27 | 0.97 | 24.99 |
| 2007—2008 | -2.66 | 57.68 | 14.45 | 69.48 | -0.76 | -20.07 | 6.95 | -13.88 | -5.10 | 48.00 | 8.88 | 51.78 |
| 2008—2009 | -15.17 | 89.46 | 5.31 | 79.60 | -3.47 | -13.91 | 7.77 | -9.61 | -2.16 | 57.06 | 10.31 | 65.21 |
| 2009—2010 | 29.22 | -13.98 | -26.70 | -11.46 | 11.94 | 1.19 | -2.38 | 10.74 | 14.87 | 80.69 | 16.56 | 112.12 |
| 2010—2011 | 0.83 | -40.18 | -3.14 | -42.49 | 3.63 | 17.35 | 8.15 | 29.13 | 16.27 | 59.11 | 23.20 | 98.57 |
| 2011—2012 | -11.13 | -71.72 | 15.91 | -66.93 | 0.72 | -15.21 | -12.43 | -26.92 | 16.22 | 45.96 | 37.25 | 99.43 |
| 2012—2013 | -12.33 | -54.47 | 11.27 | -55.53 | -1.90 | -16.71 | 8.97 | -9.65 | 26.36 | 28.22 | 27.87 | 82.44 |

| 年份 | 惠州 | | | | 东莞 | | | | 中山 | | | |
|---|---|---|---|---|---|---|---|---|---|---|---|---|
| | SF | SCF | SLF | AS | SF | SCF | SLF | AS | SF | SCF | SLF | AS |
| 2001—2002 | -1.69 | -9.86 | 1.10 | -10.44 | 0.72 | 29.57 | -0.01 | 30.28 | 0.38 | 7.23 | 3.87 | 11.48 |
| 2002—2003 | -2.67 | -4.16 | -3.64 | -10.48 | 3.47 | 22.88 | -2.43 | 23.92 | 2.54 | 3.89 | 4.66 | 11.10 |
| 2003—2004 | -3.71 | 9.57 | -9.57 | -3.72 | 4.00 | 24.09 | 2.80 | 30.89 | 2.83 | 9.92 | 2.11 | 14.85 |
| 2004—2005 | -2.88 | -0.72 | -0.68 | -4.29 | 7.84 | 21.17 | -1.01 | 28.01 | 4.70 | 42.18 | -7.76 | 39.12 |
| 2005—2006 | -3.81 | -0.33 | 4.63 | 0.49 | 12.42 | 7.31 | 4.27 | 24.00 | 7.74 | -3.04 | -5.19 | -0.49 |
| 2006—2007 | -2.21 | 8.28 | 2.25 | 8.32 | 14.51 | 10.62 | -7.41 | 17.72 | 6.39 | -7.91 | -7.14 | -8.66 |
| 2007—2008 | -4.23 | -7.09 | 1.36 | -9.96 | 6.59 | 25.08 | -16.37 | 15.29 | 1.57 | -17.53 | -2.98 | -18.93 |
| 2008—2009 | -7.97 | 36.94 | 0.93 | 29.90 | 1.13 | -109.68 | -4.70 | -113.25 | -2.72 | -3.40 | -1.01 | -7.13 |

续表

| 年份 | 惠州 | | | | 东莞 | | | | 中山 | | | |
|---|---|---|---|---|---|---|---|---|---|---|---|---|
| | SF | SCF | SLF | AS | SF | SCF | SLF | AS | SF | SCF | SLF | AS |
| 2009—2010 | 9.24 | 42.86 | 8.01 | 60.11 | 4.54 | -72.85 | 1.88 | -66.43 | 11.49 | -7.95 | -5.08 | -1.54 |
| 2010—2011 | 0.84 | 47.97 | -8.99 | 39.82 | 3.72 | -97.28 | -1.63 | -95.19 | 3.50 | 13.26 | -2.22 | 14.54 |
| 2011—2012 | -3.51 | 62.34 | 5.73 | 64.56 | -0.89 | -81.39 | 0.95 | -81.33 | -0.35 | 21.17 | 11.31 | 32.13 |
| 2012—2013 | -3.66 | 53.15 | 11.95 | 61.43 | -5.61 | -22.76 | -0.51 | -28.88 | 2.49 | -12.38 | -0.92 | -10.80 |

注：表中 AS 列的数值为各城市总偏离量，为 SF、SCF 和 SLF 列的数值之和。

局。为此,要统筹跨行政区的产业发展规划,加强地方政府间经济合作,通过整合区域内产业资源,激发各地区的经济增长潜能,从而提高城市群产业发展的整体效率,具体政策建议有四个方面:第一,强调"经济区"发展的重要性,实现地方政府行为目标从促进行政区经济发展向促进经济区发展的转变。地方政府的政绩考核、经济部门的目标管理,都要统筹经济区的经济发展,整合区内各种资源,打破行政地域界限,清除行政辖区的体制障碍,构建区域内统一的共同市场。第二,在地区国企产权主体的确定、行政关系和地方权力结构等方面进行改革,建立区域性的金融体系、财税体系、资本市场、信用体系和法律体系,形成区域经济合作的利益协同系统,构建区域经济一体化的制度环境,通过资本、技术、劳动力等要素的流动来促进地区经济发展。第三,设立跨地区的协调治理机构。区域内地方政府合作的实现不但需要适宜的制度环境,也需要相应的组织载体。各地方政府必须将一部分公共权力让渡给这一区域协调治理机构,才能将地方政府经济合作落到实处。因此,可以在省级政府层面设立单一的跨地区机构,负责跨行政区的经济协调治理活动。第四,大力推进珠三角城市群内部城市之间的互联互通,为促进城市群内经济互动创造坚实的支撑。要加快建设珠三角城际快速轨道交通系统,推进高速公路电子联网收费,建立统一的综合交通运输体系,特别是要加强珠江东西两岸过江通道建设,提高城市之间的通达性水平,促进珠江两岸城市之间的经济互动。

### 三、新时代我国城市群协调发展的制度变革

城市间高效的产业分工和经济互动对城市群产业结构具有重要的影响,而城市间产业分工与经济互动水平又取决于城市群能否构建起协调发展的制度框架。

城市群协调发展需要各成员城市之间的高度合作,但在我国现有体制条件下,对辖区政绩目标的追求有可能限制了城市群各成员之间的合作潜力。传统计划经济体制下所形成的"路径依赖"依然影响着新时代我国经济的发展方式,"辖区经济"成为制约我国城市群协调发展的制度障碍,导致城市群内部依然存在强大的行政壁垒,阻碍了城市群内外协调机制的建立。事实上,各地政府为了扩大辖区政绩目标,有可能过度关注任期内经济发展情况,努力

扩大本地投资规模,保护本地企业发展,这会引发地方政府之间的市场分割和招商引资竞争,从而限制了城市间产业分工与经济互动。地方政府的市场分割主要是通过限制商品和要素市场竞争,来达到保护本地企业和维持本地经济优势的目的。同时,为了在招商引资竞争中胜出,各地方政府还会积极采取措施扩大经济资源流入本地的规模,包括提供各种直接和变相的税费优惠,压低地价、放松环境监管等,努力吸引更多企业进入本地投资。显然,无论是市场分割还是招商引资竞争,都不利于地方政府之间的合作行动。此外,在缺乏适当的激励约束机制的前提下,城市群跨区公共产品供给存在收益和成本的不对称性,这会诱使更多的搭便车行为,从而各成员均缺乏投资跨区公共产品的激励,这限制了城市群公共产品整体供给水平和供给质量的提升。因此,要想使城市群各成员在经济协调发展和公共产品协调供给上获得成功,就必须改变博弈规则,从更加广泛的层面进行城市群管理体制的改革,改变地方政府行为的激励与约束机制,减轻辖区政绩目标对政府行为的扭曲。我们认为,城市群协调发展至少需要四方面体制机制创新,具体包括城市群规划协调机制、土地要素协调配置机制、行政管理协调机制和政府绩效联合考核机制。

第一,规划协调机制是指从城市群整体进行城市群以及各成员城市发展规划的统一编制,明确各城市功能分工和产业发展定位,促使各成员城市各类专项规划相互衔接、相互协调。按照党的十八届四中全会通过的《中共中央关于全面推进依法治国若干重大问题的决定》,规划工作也要提升法治化水平。这既是推进依法行政,规范政府行为的需要,也是各项规划能否得到有效实施的重要保障。目前我国编制和实施的各级各类规划是各级政府行政工作的重要内容,近年来为推进城市群发展,各级政府在空间规划管理上普遍采取两种方式:一是国家层面编制区域规划并由国务院出台相关规范性管理文件引导协调区域内部各地区的发展;二是区域规划以改革试验区的形式出现,由国家出台相关实验方案,以统筹城市群内各成员的发展。通过这两种方式出台的各类城市群发展规划数量不可谓不多,但各地区普遍存在"重规划、轻实施"的现象,不少规划缺乏必要的刚性保障机制,政策不配套,甚至出现政策相互抵触的情况,难以得到一以贯之的实施,其主要原因在于法治化的区域规划协调机制尚未建立。为此,我国亟须在立法上对城市群发展规划加以规范,强化规划协调机制的刚性约束。可探索在国家层面进行全国性的区域规划立法，一方面为各地区的区域规划立法提供上位法依据，另一方面也可对范围较大、需要跨省协调的重点城市群规划进行直接立法，提高规划的总体协调效果。同时，鼓励各省级人大及其常委会可根据本地区城市群发展的实际需要，制定地方性法规，强化对省内城市群发展的规划协调，用法治化手段保障城市群各成员各类专项规划相互衔接、相互协调，提高规划编制与实施的科学性和严肃性。

第二，土地要素协调配置机制。在通过规划协调确定了各成员城市的功能定位和分工以后，就要通过土地要素协调配置机制确定各成员城市的土地利用水平，做到人口和产业跟着功能走，土地指标配置跟着产业和人口走，从而提升城市群土地开发的总体效率。要着力引导建设用地有序扩展，在确定城市群各成员新增建设用地供给数量时，应以需求引导和供给调节相结合，避免建设用地的盲目扩张，土地供给指标要与各城市经济和人口密度相匹配，努力实现城市群区域开发与保护相统一。在新增建设用地空间布局安排上，发挥土地要素对产业的引导作用，引导产业集中布局，集聚发展，优化城市群土地利用结构与空间布局，提高土地利用效益，避免"摊大饼"式蔓延发展的老路。此外，要大力推进国家征地、农村宅基地和城镇存量集体建设用地三项制度改革，盘活城乡闲置土地资源，提高城乡土地要素的节约集约利用水平。

第三，行政管理协调机制。首先，要加大上级政府对城市群产业分工、市场发育、基础设施、公共服务等方面的垂直协调力度，中央政府负责对跨省区的城市群发展进行垂直协调，省级政府负责对辖区内城市群发展进行垂直协调，以充分发挥我国现有管理体制的优势，通过上级政府的行政干预促进城市群各成员之间的合作行动。其次，城市群协调发展必然要求各成员城市要让渡部分行政管理权力交由城市群公共组织加以实施，以打破目前"行政区经济"的边界效应，这需要建立专门的区域管理职能部门。我国目前的区域管理机构设置基本采用分立的职能部门模式。在这种管理模式中，区域政策的实施分散于中央或省级政府的许多部门，各部门不仅有权管理本部门范围内的区域发展事务，而且还单独实施区域政策项目。这种模式虽然能够在一定程度上提高有关部门参与区域发展的积极性，但也存在以下两点明显的不足：

一是由于各部门都有自己独特的利益,因此,各部门的区域政策目标不尽相同,有时甚至会出现相互冲突和矛盾的现象,各部门对区域政策资源的竞争,可能会导致重复建设和资源浪费。二是下级地区要面对众多区域政策决策和实施主体,各部门在区域政策的制定和执行过程中采取不同的标准和程序,导致政策实施过程中要付出巨大的交易成本。在某些情况下,这种交易成本还因为部门的寻租动机而具有较强的刚性,治理成本较高。因此,今后有必要改革现有的区域管理机构设置模式。考虑到我国省级行政区的人口规模和地域面积,我们可以参考欧洲单一制国家的区域管理机构设置模式,在中央或省级政府层面设立专门的城市群区域管理协调机构,将目前分散于各职能部门的区域管理事务集中起来统一管理,提高城市群区域政策制定和实施的效果。

第四,政府绩效联合考核机制。政绩联合考核机制也是实现城市群协调发展的重要制度保障,通过联合考核破解制约城市群协调发展的"辖区"政绩观和"任期"政绩观。为了减小地方政府官员过于追求任期内本地政绩目标的负面影响,促进城市群整体发展效率的提高,有必要在以下三方面进一步深化现行政府绩效考评体系改革:一是进一步完善考评指标设计。今后应适当减少对单个成员经济发展指标的考核,适当增加对城市群宏观经济、产业发展、技术创新、产业效率等整体指标的考核,将上述城市群整体指标纳入到对各成员的考核中去,并根据各成员的功能分工差别化地设置指标权重。二是引进外部考核主体。现行考核过程通常包括被考核对象自评和上级部门测评,属于内部考核,上级部门成为最主要的考核主体,这就使得政绩考核缺乏外部评估主体的参与。在许多情况下,外部评估主体缺位可能导致绩效考评对地方官员行为的约束力不足。因此,今后有必要引入政府之外的独立第三方主体,如大学和研究机构等,加强对城市群各成员政绩的外部评估。三是加大基于考评结果的奖惩力度。进一步完善干部人事制度,将政绩联合考评结果与干部的任用和升迁更有效地结合起来,以增强联合绩效考评的激励和约束作用。

# 参 考 文 献

1. Abdel-Rahman, H.M. Agglomeration Economies, Types, and Sizes of Cities. *Journal of Urban Economics*, 1990, 27(1):25-45.

2. Abdel-Rahman, H.M. and Anas, A. Theories of Systems of Urban. In Henderson, J.V. and Thisse, J.F. (eds.) *Handbook of Regional and Urban Economics*. Vol.4. Amsterdam: Elsevier. 2004:2293-2339.

3. Acemoglu, D. and V. Guerrieri. Capital Deepening and Nonbalanced Economic Growth. *Journal of Political Economy*, 2008, 116(3):467-498.

4. Alonso W. Location and Land Use. *Harvard University Press*, 1964.

5. Anderson, G. and Ying Ge. The Size Distribution of Chinese Cities. *Regional Science and Urban Economics*, 2005, 35:756-776.

6. Arellano, M., and Bond, S., Some Tests of Specification for Panel Data: Monte Carlo Evidence and an Application to Employment Equations. *The Review of Economic Studies*, 1991, 58(2):277-297.

7. Arellano M., and Bover, O., Another Look at the Instrumental Variables Estimation of Error-Component Models. *Journal of Econometrics*, 1995, 68:29-51.

8. Baumol, W.J. Macroeconomics of Unbalanced Growth: The Anatomy of Urban Crisis. *The American Economic Review*. 1967, 57(3):415-426.

9. Baumol, William J., Sue Anne Batey Blackman, and Edward N. Wolff. Unbalanced Growth Revisited: Asymptotic Stagnancy and New Evidence. *American Economic Review*, 1985, 75(4).

10. Behrens, Kristian, Gilles Duranton, and Frederic Robert-Nicoud.

Productive Cities: Sorting, Selection, and Agglomeration. *Journal of Political Economy*, 2014, 122(3):507–553.

11. Behrens, Kristian, Frederic Robert – Nicoud. Agglomeration Theory with Herogeneous Agents. In Gilles Duranton, J. V. Henderson , William C. Strange (eds.). *Handbook of Regional and urban Economics 5A*. Amsterdan: North – Holland, 2015, 171–245.

12. Bischoff, O. Explaining Regional Variation in Equilibrium Real Estate Prices and Income. *Journal of Housing Economics*, 2012, 21(1):1–15.

13. Blanchard, O. and A. Shleifer. Federalism with and without Political Centralization: China versus Russia. *IMF Staff Papers*, 2001, 171–179.

14. Bosker, M., Brakman, S., Garretaen H., and Schramm, M. Relaxing Hukou: Increased Labor Mobility and China's Economic Geography. *Journal of Urban Economics*, 2012, 72(2):252–266.

15. Cai, H., and D. Treisman. Does Competition for Capital Discipline Governments. *American Economic Review*, 2005, 95(3):817–830.

16. Cao, G., C. Feng, and Tao, R. Local "Land Finance" in China's Urban Expansion: Challenges and Solutions. *China&World Economy*, 2008, 16(2):19–30.

17. Chang, G. H. and J. C. Brada. The Paradox of China's Growing Under–Urbanization. *Econo–mic Systems*, 2006, 30:24–40.

18. Chaney, T., D. Sraer, and D. Thesmar, The Collateral Channel: How Real Estate Shocks Affect Corporate Investment. *NBER Working Paper*, 2010.

19. Chenery, Hollis. The Structural Approach to Development Policy. *American Economic Review*, 1975, 5:310–315.

20. Chun–Chung Au, J. Vernon Henderson, How Migration Restrictions Limit Agglomeration and Productivity in China. *Journal of Development Economics*, 2006, 80(2):350–388.

21. Cleary, S. The Relationship between Firm Investment and Financial Status. *Journal of Finance*, 1999, 54(2):673–692.

22. Colwell, P. F., and Munneke. H. J. Directional Land Value Gradients. *Real*

*Estate Finanancial Economics*, 2009, 39(1):1−23.

23. Combes, P., Duranton, G. and Overman, H. G. Agglomeration and the Adjustment of the Spatial Economy. *Discussion paper No* 689. Centre for Economic Policy Research. 2005.

24. Cooper, W. Urban Productivity Analysis. *Journal of Urban Science*, 1988, 17:252−284.

25. Dapeng, Hu. Trade, Rural − Urban Migration, and Regional Income Disparity in Developing Countries: A Spatial General Equilibrium Model Inspired by the Case of China. *Regional Science and Urban Economics*, 2002, 32:311−338.

26. Dong, Y. Chinese Labour Law Development and Hukou Discrimination. *Springer International Publishing*, 2016.

27. Desmet, K., Rossi−Hansbwe. Innovation in space. *American Economic Review*, 2012, 102(3):447−452.

28. Dunn, E. S. A Statistical and Analytical Technique for Regional Analysis. *Papers of Regional Science Association*, 1960(6):97−112.

29. Du J., and Peiser R B. Land Supply, Pricing and Local Governments' Land Hoarding in China. *Regional Science and Urban Economics*, 2014, 48(7):180−189.

30. Duranton, G. and Puga, D. Diversity and Specialization in Cities: Why, Where and When Does It Matter? *Urban Studies*, 2000, 37(3):533−555.

31. Duranton, G. and Puga, D. Microfoundations of urban agglomeration economies. In Henderson, J. V. and Thisse, J. F. (eds.) *Handbook of Regional and Urban Economics*. Vol. 4. Amsterdam: Elsevier. 2004: 2063−2117.

32. Duranton, G., and Puga, D. Nursery cities: urban diversity, process innovation, and the life−cycle of products. *American Economic Review*, 2001, 91:1454−63.

33. Duranton, G. From Cities to Productivities and Growth in Developing countries. *Working paper* 306. *Depatment of Economics*, University of Toronto. 2007.

34. Eberts, R. W. and McMillen D. P. Agglomeration Economies and Urban Public Infrastructure. In Cheshire, P. and Mills, E. S. (eds.) *Handbook of Regional and Urban Economics*. Vol. 3. Amsterdam: Elsevier. 1999:1455−1495.

35. Ellison,G.and Glaeser,E.Geographic Concentration in U.S. Manufacturing Industries:A Dartboard Approach. *Journal of Political Economy*,1997,105(5):889-927.

36. Feng Wang and Xuejin Zuo. Inside China's Cities:Institutional Barriers and Opportunities for Urban Migrants. *The American Economic Review*,1999,89(2):276-280.

37. Foellmi,R.&J.Zweimuller.Structural Change,Engel's Consumption Cycles and Kaldor's Facts of Economic Growth. *Journal of Monetary Economics*.2008,55(7):1317-1328.

38. Friedmann, J. Four Theses in the Study of China's Urbanization. *International Journal of Urban and Regional Research*,2006,30(2):440-451.

39. Fujita,M.,Krugman,P.and Venables,A.J.The Spatial Economy:Cities, Regions,and International Trade.*Massachusetts:MIT Press*.1999.

40. Fujita,M.,Mori,T.,Henderson,J.V.and Kanemoto,Y.Spatial Distribution of Economic Activities in Japan and China. In Henderson,J. V. and Thisse,J. F.(eds.) *Handbook of Regional and Urban Economics*.Vol.4.Amsterdam:Elsevier.2004:2911-2977.

41. Ge,Ying.Regional Inequality,Industry Agglomeration and Foreign Trade: the Case of China.*Working Papers*,2003,*University of International Business and Economics*,China.

42. Gereffi,Gary.International Trade and Industrial Upgrading in the Apparel Commodity Chain.*Journal of International Economics*,1999,48(1):37-70.

43. Gereffi G. A.commodity chains framework for analyzing global industries. *Working psper for IDS*.1999.

44. Gereffi Gary, Humphrey J, Sturgeon T. The Governance of Global Value Chains:An Analytic Framework. *Paper presented in the Bellagio Conference on Global Value Chains*,2003.

45. Gereffi Gary, Memedovic.The global apparel value chain:what prospects for upgrading by developing countries? *NUIDO working paper*,2003.

46. Glaeser,E.L.The Economics Approach to Cities.*NBER working paper No.* 13696.2007.

47. Glaeser, E. L. , Kallal, H. D, Scheinkman, J. A. and Shleifer, A. Growth in Cities.*The Journal of Political Economy*,1992,100(6):1126−1152.

48. George,C.S.Lin,and Samuel,P.S.Ho.The State,Land System,and Land Development Processes in Contemporary China .*Annals of the Association of American Geographers*,2005,95(2):411−436.

49. George Lin. Peri − urbanism in Globalizing China: A Study of New Urbanism in Dongguan.*Eurasian Geography and Economics*,2006,47(1):28−53.

50. George Lin.Chinese Urbanism in Question:State,Society,and the Reproduction of Urban Spaces.*Urban Geography*,2007,28:7−29.

51. Hall,B.H.The Financing of Research and Development.*Oxford Review of Economic Policy*,2002,18(1):35−51.

52. Hanson G. ,Market Potential,Increasing Returns and Geographic Concentration.*Journal of International Economics*,2005,67(1):1−24.

53. Helsley,R.W.and Strange,W.C.Matching and Agglomeration Economies in a System of Cities. *Regional Science and Urban Economics*, 1990, 20 (2): 189−212.

54. Henderson,J.V.The Sizes and Types of Cities.*American Economic Review*, 1974,64(4):640−656.

55. Henderson,J.V.Urban Development:Theory,Fact and Illusion.*Oxford University Press*.1988.

56. Henderson,J.V.,Shalizi,Z.and Venables,A.Geography and Development. *Journal of Economic Geography*,2001,1(1):81−105.

57. Henderson, J. V. The Urbanization Process and Economic Growth: the So−what Question.*Journal of Economic Growth*,2003,8(1):47−71.

58. Henderson, J. V. , Kuncoro, A. and Turner, M. Industrial Development in Cities.*The Journal of Political Economy*,1995,103(5):1067−1090.

59. Hoover,E.M.Location Theory and the Shoe and Leather Industries.*Cam-*

*bridge*：*Harvard University Press*.1937.

60. Hoover，E. M. The Location of Economic Activity. *New York*：*McGraw-Hill*.1948.

61. Humphrey J，and Schmitz H.Developing Country Firms in the World Economy：Governance and Upgrading in Global Value Chains. *INEF Report* 61. *Duisburg*：*INEF-University of Duisburg*，2002.

62. Humphrey J, and Schmitz H. Governance and Upgrading：Linking Industrial Cluster and Global Value Chain Research.*IDS Working Paper*，No.120，Institute of Development Studies.Brighton：University of Sussex，2000.

63. Humphrey J，and Schmitz H.How Does Insertion in Global Value Chains Affect Upgrading? *Regional Studics*，2002，36（9）：1017-1027.

64. Hirschman，Allbert O.The Strategy of Economic Development.*New Haven*，*CT*：*Yale University Press*，1958.

65. Hewings，G J D.On the Accuracy of Alternative Models for Stepping-Down Multi-County Employment Projections to Counties.*Economic Geography*，1976，52（3）：206-217.

66. Illeris，S.The Service Economy：A Geographical Approach.*Chichester*，*England*：*J. Wiley*，1996.

67. Jacobs，J.Cities and the Wealth of Nations：Principles of Economic Life. *New York*：*Vintage*.1984.

68. Jacobs，J.The Economy of Cities.*New York*：*Vintage*.1969.

69. Johnson，D.G.Provincial Migration in China in the 1990s.*China Economic Review*，2003，14（1）：22-31.

70. Kaplinsky，R.Spreading the Gains of Globalization：What Can Be Learned from Value Chain Analysis. *Problems of Economic Transition*，2000，47（2）：74-115.

71. Kravis，Irving B.，Alan W.Heston，and Robert Summers.The Share of Services in Economic Growth.*In Global Econometrics*：*Essays in Honor of Lawrence R. Klein*，edited by F. Gerard Adams and Bert G. Hickman. Cambridge，MA，and

London：MIT press，1983.

72. Krugman，P. R. Geography and Trade. Cambridge，*Massachusetts*： *MIT Press*.1991.

73. Krugman，P. Increasing returns and economic geography. *Journal of Political Economy* ，1991，99：483-99.

74. Lewis W.A，Economic Development with Unlimited Supply of Labor.*Manchester School of Economic and Social Studies*，1954 47(4)：139-191.

75. Lucas，L.E.On the Mechanics of Economic Development.*Journal of Monetary Economics*，1988，22(1)：3-42.

76. Marshall，A.Principles of Economics.*London*：*Macmillan*.1920.

77. Mayor，M.，LóPez，A.J.Spatial Shift-share Analysis：New Developments and Some Findings for the Spanish Case.*45th Congress of the European Regional Science Association*，*Amsterdam*，2005.

78. Mayor，M.，LóPez，A. J. Spatial Shift - share Analysis Versus Spatial Filtering：An Application to Spanish Employment Data.*Empirical Economics*，2008 (34)：123-142.

79. McMillen D P.One Hundred Fifty Years of Land Values in Chicago：A Nonparametric Approach.*Journal of Urban Economies*，1996，40(1)：100-124.

80. Melitz，Mare J.The impact of trade on intra-industry reallocation and aggregate industry productivity.*Econometrica*，2003，71：1695-1725.

81. Melitz，Mare J.，and Giancarlo I.P.Ottaviano.Market Size ，Trade，and Productivity.*The Review of Economic Studies*，2008，75：295-316.

82. Melo，P.C.，D.J.Graham，and R.B.Noland.A Meta-Analysis of Estimates of Urban Agglomeration Economies.*Regional Science and Urban Economics*，2009，39(3)，332-342.[2543].

83. Miao，J.，and P.Wang，Sectoral Bubbles and Endogenous Growth.*Working paper*，*Available at SSRN*：*http*：//*ssrn.com*/*abstract* = 2036597，2012.

84. Murata，Y.，and Thisse，J.-F.A Simple Model of Economic Geography à la Helpman-Tabuchi.*Journal of Urban Economics*，2005，58：137-55.

85. Mills, E.S. An Aggregative Model of Resource Allocation in a Metropolitan Area. *American Economic Review Papers and Proceedings*, 1967, 57(2): 197–210.

86. Moretti, E. Human Capital Externalities in Cities. In Henderson, J. V. and Thisse, J.F. (eds.) *Handbook of Regional and Urban Economics*. Vol.4. Amsterdam: Elsevier. 2004: 2243–2293.

87. Nazara, S, Hewings, G. J. D. Spatial Structure and Taxonomy of Decomposition in Shift-share Analysis. *Growth and Change*, 2004(35): 476–490.

88. Ngai, L. R. &C. A. Pissarides. Structural Change in a Multisector Model of Growth. *The American Economic Review*, 2007, 97(1): 429–443.

89. Ohlin, B. Interregional and International Trade. *Cambridge: Harvard University Press*. 1935.

90. P. Aragonés-Beltrána, J. Aznarb, J. Ferrís-Oñatea, and M. García-Melóna. Valuation of Urban Industrial Land: An Analytic Network Process Approach. *European Journal of Operational Research*, 2008, 185(1): 322–339.

91. Pierre-Philippe Combes, Gilles Duranton, Laurent Gobillon, Diego Puga, Sébastien Rouxthe Productive Advantages of Large Cities: Distinguishing Agglomefration from Firm Selection. *Econometrica*, 2012, 80(6): 2543–2594.

92. Pflüger, M., and Tabuchi, T. The size of regions with land use for production. *Regional Science and Urban Economics*, 2010, 42: 961–74.

93. Richardson, H. The Costs of Urbanization: A Four-country Coparison. *Economic Development and Cultural Change*, 1987, 35(3): 561–580.

94. Renaud, B. National Urbanization Policy in Development Countries, *Oxford University Press*, 1981.

95. Rosenthal, S.S., and W. Strange. Evidence on the Nature and Sources of Agglomeration Economies, *in Handbook of Regional and Urban Economics*, Vol.4, ed. by V. Henderson and J. -F. Thisse. Amsterdam: North-Holland, 2004, 2119–2171. [2543, 2547, 2566].

96. Summers, G. F. and Noland, T. R. An Introduction to US. Municipal Bond Market. *International Journal on Governmental Financial Managements*, 20088(2):

145-161.

97. Segal, D. Are There Returns to Scale in City Size. *Review of Economics and Statistics*, 1976, 58:339-350.

98. Starrett, D. A. Market Allocations of Location Choice in a Model with Free Mobility. *Journal of Economic Theory*, 1978, 17(1):21-37.

99. Starrett, D. A. Principles of Optimal Location in a Large Homogeneous Area. *Journal of Economic Theory*, 1974, 9(4):418-448.

100. Tabuchi, T., and Thisse, J. F. Regional Specialization, Urban Hierarchy, and Commuting Costs. *International Economic Review*, 2006, 47:1295-317.

101. Tabuchi, T., and Thisse, J. F., A New economic Geography Model of Central Places. *Journal of Urban Economics*, 2011, 69:240-52.

102. Tiebout, C. M. A Pure Theory of Local Expenditures. *The Journal of Political Economy*, 1956, 64(5):416-424.

103. Todaro. M. P. Model of Labor Migration and Urban Unemployment in Less Developed Countries. *The American Economic Review*. 1969, 59(1)138-148.

104. Venables, A. Lecture Notes on International Trade and Imperfect Competition. *Research Institute of Industrial Economics Working Papers* 463, *Research Institute of Industrial Economics(IFN)*, 1996.

105. World Bank. Reshaping Economic Geography. *Oxford: Oxford University Press*. 2009.

106. WangX, and Weaver, N. Surplus Labour and Urbanization in China. *Eurasian Economic Review*, 2013, 3(1):84-97.

107. William L. Atteberry, Ronald C. Rutherford. Industrial Real Estate Price and Market Efficiency. *Journal of Real Estate Research*. 1993, 8(3):377-386.

108. Xu, C. The Fundamental Institutions of China's Reforms and Development. *Journal of Economic Literature*, 2011, 49(4):1076-1151.

109. Yang, D. T., China's Land Arrangements and Rural Labor Mobility. *China Economic Review*, 1997, 8(2):101-116.

110. Zaccomer GP. Shift Share Analysis with Spatial Structure: anApplication

to Italian Industrial Districts. *Transition StudiesReview*, 2006, 13(1):213-227.

111. Zhao, yaohui, Leaving the Countryside: Rural-to-Urban Migration Decisions in China. *American Economic Review*, 1999, 89(2):281-286.

112. 蔡昉、白南生:《中国转轨时期劳动力流动》,社会科学文献出版社2006年版。

113. 蔡昉、王德文、曲玥:《中国产业升级的大国雁阵模型分析》,《经济研究》2009年第9期。

114. 曹广忠、袁飞、陶然:《土地财政、产业结构演变与税收超常规增长——中国"税收增长之谜"的一个分析视角》,《中国工业经济》2007年第12期。

115. 陈良文、杨开忠、吴姣:《中国城市体系演化的实证研究》,《江苏社会科学》2007年第1期。

116. 陈涛涛、狄瑞鹏:《我国FDI行业内溢出效应阶段性特征的实证研究》,《金融研究》2008年第6期。

117. 陈钊、陆铭:《在集聚中走向平衡——中国城乡与区域经济协调发展的实证研究》,北京大学出版社2009年版。

118. 陈志勇、陈莉莉:《财税体制变迁、"土地财政"与经济增长》,《财贸经济》2011年第12期。

119. 陈志勇、陈莉莉:《财政体制变迁、"土地财政"与产业结构调整》,《财政研究》2011年第11期。

120. 陈钊、陆铭:《首位城市该多大?》,《学术月刊》2014年第5期。

121. 陈硕:《分税制改革、地方财政自主权与公共品供给》,《经济学(季刊)》2010年第9期。

122. 陈硕、高琳:《央地关系:财政分权度量及作用机制再评估》,《管理世界》2012年第6期。

123. 陈明星等:《中国城市化与经济发展水平关系的国际比较》,《地理研究》2009年第2期。

124. 程必定:《中国新型城市化道路的选择》,《青岛科技大学学报(社会科学版)》2011年第3期。

125. [美]德怀特·H.波金斯、斯蒂芬·拉德勒、唐纳德·R.斯诺德格拉斯、马尔科姆·吉利斯、迈克尔·罗默:《发展经济学》,黄卫平、彭刚、刘春生、韩燕、李煜伟译,中国人民大学出版社 2005 年版。

126. 丁成日:《中国征地补偿制度的经济分析及征地改革建议》,《中国土地科学》2007 年第 10 期。

127. 杜雪君、黄忠华、吴次芳:《中国土地财政与经济增长——基于省际面板数据的分析》,《财贸经济》2009 年第 1 期。

128. 方创琳、蔺雪芹:《武汉城市群的空间整合与产业合理化组织》,《地理研究》2008 年第 2 期。

129. 范剑勇、邵挺:《房价水平、差异化产品区位分布与城市体系》,《经济研究》2011 年第 2 期。

130. 范剑勇、莫家伟:《地方债务、土地市场与城市工业增长》,《经济研究》2014 年第 1 期。

131. 傅勇、张晏:《中国式分权与财政支出结构偏向:为增长而竞争的代价》,《管理世界》2011 年第 3 期。

132. 高波、陈健、邹琳华:《区域房价差异、劳动力流动与产业升级》,《经济研究》2012 年第 1 期。

133. 郭克莎:《外商直接投资对我国产业的结构的影响研究》,《管理世界》2000 年第 2 期。

134. 樊继达:《治理土地财政:一个公共经济分析框架》,《国家行政学院学报》2011 年第 4 期。

135. 郭志勇、顾乃华:《制度变迁、土地财政与外延式城市扩张》,《社会科学研究》2013 年第 1 期。

136. [美]H.钱纳里、S.鲁宾逊、M.赛尔奎因:《工业化和经济增长的比较研究》,吴奇、王松宝等译,上海三联出版社、上海人民出版社 1995 年版。

137. 韩刚、袁家冬、韩宗白:《中国城市化建设投融资模式研究》,《经济地理》2013 年第 7 期。

138. 贺雪峰、董磊明:《农民外出务工的逻辑与中国的城市化道路》,《中国农村观察》2009 年第 2 期。

139. 贺灿飞:《中国制造业地理集中与集聚》,科学出版社 2009 年版。

140. 何天祥、朱翔、王月红:《中部城市群产业结构高度化的比较》,《经济地理》2012 年第 5 期。

141. 亨德森(Henderson,J.V.):《中国城市化面临的政策问题与选择》,《比较》2007 年第 31 辑。

142. 黄少安、陈斌开、刘姿彤:《租税替代、财政收入与政府的房地产政策》,《经济研究》2012 年第 8 期。

143. 黄玖立、李坤望:《对外贸易、地方保护和中国的产业布局》,《经济学(季刊)》2006 年第 5 期。

144. 黄健柏、徐震、徐珊:《土地价格扭曲、企业属性与过度投资》,《中国工业经济》2015 年第 3 期。

145. 黄亮雄、安苑、刘淑琳:《中国的产业结构调整:基于三个维度的测算》,《中国工业经济》2013 年第 10 期。

146. 胡海峰、陈世金:《创新融资模式 化解新型城镇化融资困境》,《经济学动态》2014 年第 7 期。

147. 金煜、陈钊、陆铭:《中国的地区工业集聚:经济地理、新经济地理与经济政策》,《经济研究》2006 年第 4 期。

148. 江飞涛、耿强、吕大国、李晓萍:《地区竞争、体制扭曲与产能过剩的形成机理》,《中国工业经济》2012 年第 6 期。

149. 孔善广:《分税制后地方政府财事权非对称性及约束激励机制变化研究》,《经济社会体制比较》2007 年第 1 期。

150. 柯善咨、赵曜:《产业结构、城市规模与中国城市生产率》,《经济研究》2014 年第 4 期。

151. 李学鑫、苗长虹:《关中、中原、山东半岛三城市群产业结构与分工的比较研究》,《人文地理》2006 年第 5 期。

152. 李强:《影响中国城乡流动人口的推力与拉力因素分析》,《中国社会科学》2003 年第 1 期。

153. 李学文、卢新海:《经济增长背景下的土地财政与土地出让行为分析》,《中国土地科学》2012 年第 8 期。

154. 李勇刚、王猛:《土地财政与产业结构服务化》,《财经研究》2015 年第 9 期。

155. 李若愚:《新型城镇化路在何方?》,《财经界》2013 年第 2 期。

156. 梁琦:《产业集聚论》,商务印书馆 2004 年版。

157. 林理升、王晔倩:《运输成本、劳动力流动与制造业区域分布》,《经济研究》2006 年第 3 期。

158. 林毅夫:《新结构经济学——重构发展经济学的框架》,《经济学(季刊)》2010 年第 10 期。

159. 林毅夫、孙希芳:《经济发展的比较优势战略理论——兼评〈对中国外贸战略与贸易政策的评论〉》,《国际经济评论》2003 年第 6 期。

160. 梁若冰:《财政分权下的晋升激励、部门利益与土地违法》,《经济学(季刊)》2009 年第 1 期。

161. 梁琦、陈强远、王如玉:《户籍改革、劳动力流动与城市层级体系优化》,《中国社会科学》2013 年第 12 期。

162. 刘传江、徐建玲:《中国农民工市民化进程研究》,人民出版社 2008 年版。

163. 刘振灵:《偏离—份额模型的改进及对辽宁中部城市群产业结构演进的分析》,《软科学》2009 年第 10 期。

164. 刘玉萍、郭郡郡、李馨鸾:《经济增长中的土地财政依赖:度量、变化及后果》,《云南财经大学学报》2012 年第 1 期。

165. 刘伟、蔡志洲:《我国工业化进程中产业结构升级与新常态下的经济增长》,《北京大学学报(哲学社会科学版)》2015 年第 3 期。

166. 刘志彪等编著:《产业经济学》,机械工业出版社 2015 年版。

167. 刘志彪、张杰:《全球代工体系下发展中国家俘获型网络的形成、突破与对策》,《中国工业经济》2007 年第 5 期。

168. 陆大道等:《基于我国国情的城镇化过程综合分析》,《经济地理》2007 年第 6 期。

169. 陆铭、陈钊:《分割市场的经济增长》,《经济研究》2009 年第 3 期。

170. 陆铭、高虹、佐藤宏:《城市规模与包容性就业》,《中国社会科学》2012 年第 10 期。

171. 陆益龙:《户口还起作用吗？——户籍制度与社会分层和流动》,《中国社会科学》2008 年第 1 期。

172. 卢洪友、袁光平、陈思霞、卢盛峰:《土地财政根源:"竞争冲动"还是"无奈之举"——来自中国地市的经验证据》,《经济社会体制比较》2011 年第 1 期。

173. 罗时空、周亚虹:《房价影响企业投资吗:理论与实证》,《财经研究》2013 年第 8 期。

174. 吕炜、许宏伟:《土地财政的经济影响及其后续风险应对》,《经济社会体制比较》2012 年第 6 期。

175. [美]迈克尔·波特:《国家竞争优势》,李明轩、邱如美译,华夏出版社 2002 年版。

176. 牛文元主编:《中国新型城市化报告 2011》,科学出版社 2011 年版。

177. 薛翠翠、冯广京、张冰松:《城镇化建设资金规模及土地财政改革》,《中国土地科学》2013 年第 11 期。

178. 彭昱:《城市化过程中的土地资本化与产业结构转型》,《财经问题研究》2014 年第 8 期。

179. 钱忠好、马凯:《我国城乡非农建设用地市场:垄断、分割与整合》,《管理世界》2007 年第 6 期。

180. 钱忠好、牟燕:《中国土地市场化水平:测度及分析》,《管理世界》2012 年第 7 期。

181. 丘海雄、付光伟、张宇翔:《土地财政的差异性研究——兼论土地财政对产业转型升级的启示》,《学术研究》2012 年第 4 期。

182. 单卓然、黄亚平:《新型城镇化:概念内涵、目标内容、规划策略及认知误区解析》,《城市规划学刊》2013 年第 2 期。

183. 沈坤荣、耿强:《外国直接投资、技术外溢与内生增长——中国数据的计量检验与实证分析》,《中国社会科学》2001 年第 5 期。

184. 孙永正、勾丽:《工业地价与居住地价"剪刀差"的弊端及其治理》,《社会科学战线》2014 年第 8 期。

185. 孙久文、原倩:《我国区域政策的"泛化"、困境摆脱及其新方位找寻》,《改革》2014 年第 4 期。

186. 孙建飞、袁奕:《财政分权、土地融资与中国的城市扩张》,《上海经济研究》2014 年第 12 期。

187. 陶然、袁飞、曹广忠:《区域竞争、土地出让与地方财政效应——基于1999—2003 年中国地级城市面板数据的分析》,《世界经济》2007 年第 10 期。

188. 陶然、陆曦、苏福兵等:《地区竞争格局演变下的中国转轨:财政激励和发展模式反思》,《经济研究》2009 年第 7 期。

189. 陶然、徐志刚:《城市化、农地制度与迁移人口社会保障——一个转轨中发展的大国视角与政策选择》,《经济研究》2005 年第 12 期。

190. [美]W.W.罗斯托:《从起飞进入持续增长的经济学》,贺力平等译,四川人民出版社 1981 年版。

191. 万庆、曾菊新:《基于空间相互作用视角的城市群产业结构优化》,《经济地理》2013 年第 3 期。

192. 王小鲁:《中国城市化路径与规模的经济学分析》,《经济研究》2010年第 10 期。

193. 王国辉:《基于农户净收益最大化的宏观乡城迁移模型》,《中国人口科学》2006 年第 2 期。

194. 王西玉、崔传义、赵阳、马忠东:《中国二元结构下的农村劳动力流动及其政策选择》,《管理世界》2000 年第 5 期。

195. 王德起:《城市群发展中产业用地结构优化研究——一个机制框架》,《城市发展研究》2013 年第 5 期。

196. 王业强、魏后凯:《产业特征、空间竞争与制造业地理集中——来自中国的经验证据》,《管理世界》2007 年第 4 期。

197. 王珺、万陆、杨本建:《城市地价与产业结构的适应性调整》,《学术研究》2013 年第 10 期。

198. [英]威廉·配第:《政治算术》,商务印书馆 1978 年版。

199. 王文春、荣昭:《房价上涨对工业企业创新的抑制影响研究》,《经济学(季刊)》2014 年第 1 期。

200. 吴群、李永乐:《财政分权、地方政府竞争与土地财政》,《财贸经济》

2010 年第 7 期。

201. [美]西蒙·库兹涅茨：《各国的经济增长》，商务印书馆 1999 年版。

202. 夏方舟、严金明：《土地储备、入市影响与集体建设用地未来路径》，《改革》2015 年第 3 期。

203. 冼国明、文东伟：《FDI、地区专业化与产业集聚》，《管理世界》2006 年第 12 期。

204. 辛宝海：《新型城镇化推进中制度变迁理论研究》，《上海财经大学学报》2013 年第 6 期。

205. 徐林、曹红华：《城市品质：中国城市化模式的一种匡正》，《经济社会体制比较》2014 年第 1 期。

206. 杨重光：《新型城市化是必由之路》，《理论参考》2010 年第 2 期。

207. 杨遴杰、饶富杰：《政府在工业用地配置中角色失效原因分析》，《中国土地科学》2012 年第 8 期。

208. 杨永华：《民工荒、半城市化模式和城市化模式》，《经济学家》2010 年第 9 期。

209. 姚士谋、陈振光、朱英明：《中国城市群》，中国科学技术大学出版社 2006 年版。

210. 姚士谋等：《我国新型城镇化的几个关键问题——对李克强总理新思路的解读》，《城市观察》2013 年第 5 期。

211. 杨红丽、陈钊：《外商直接投资水平溢出的间接机制：基于上游供应商的研究》，《世界经济》2015 年第 3 期。

212. 殷宁宇：《国际分工对产业结构的影响——以若干发达国家、中国和印度为例》，2009 年中山大学博士论文。

213. 余静文、王媛、谭静：《房价高增长与企业"低技术锁定"——基于中国工业企业数据库的微观证据》，《上海财经大学学报》2015 年第 10 期。

214. 袁志刚、邵挺：《土地制度与中国城市结构、产业结构选择》，《经济学动态》2010 年第 12 期。

215. 张成思、张步昙：《中国实业投资率下降之谜：经济金融化视角》，《经济研究》2016 年第 12 期。

216. 张国胜:《中国农民工市民化:社会成本视角的研究》,人民出版社2008 年版。

217. 张莉、王贤彬、徐现祥:《财政激励、晋升激励与地方官员的土地出让行为》,《中国工业经济》2011 年第 4 期。

218. 张其仔:《比较优势的演化和中国产业升级的路径选择》,《中国工业经济》2008 年第 9 期。

219. 张青、胡凯:《中国土地财政的起因与改革》,《财贸经济》2009 年第9 期。

220. 张颖、王群、王万茂:《中国产业结构与用地结构相互关系的实证研究》,《中国土地科学》2007 年第 4 期。

221. 张英洪:《走新型城市化道路的几点思考》,《农业工程》2012 年第2 期。

222. 张晓玲、詹运洲、蔡玉梅等:《土地制度与政策:城市发展的重要助推器——对中国城市化发展实践的观察与思考》,《城市规划学刊》2011 年第1 期。

223. 张占斌:《走中国特色的新型城镇化道路》,《经济研究参考》2014 年第 8 期。

224. 赵祥:《集聚还是分散?——兼论中国区域协调发展的策略》,《产业经济评论》2010 年第 9 期。

225. 赵祥:《产业集聚、扩散与区域经济协调发展研究》,广东人民出版社2013 年版。

226. 赵勇、魏后凯:《政府干预、城市群空间功能分工与地区差距》,《管理世界》2015 年第 8 期。

227. 赵农、刘小鲁:《区位性因素与公共品的最优供给》,《经济研究》2008年第 10 期。

228. 臧旭恒、杨蕙馨、徐向艺主编:《产业经济学》,经济科学出版 2015年版。

229. 周彬、杜两省:《"土地财政"与房地产价格上涨:理论分析和实证研究》,《财贸经济》2010 年第 8 期。

230. 周飞舟:《分税制十年:制度及其影响》,《中国社会科学》2006 年第 6 期。

231. 周飞舟:《生财有道:土地开发和转让中的政府和农民》,《社会学研究》2007 年第 1 期。

232. 朱明芬:《农民工家庭人口迁移模式及影响因素分析》,《中国农村经济》2009 年第 2 期。

233. 朱道林、强真、毕继业:《中国农地征转用的价格增值分析》,《中国土地科学》2006 年第 8 期。

234. 朱孔来、李俊杰:《"半城镇化"现象及解决对策》,《宏观经济管理》2012 年第 9 期。

235. 左翔、殷醒民:《"土地财政"模式与地方公共品供给》,《世界经济文汇》2014 年第 4 期。

236. 藏波、吕萍、赵松:《中国园区建设中的工业地价、产业升级及其地区差异:城市层面的产业发展雁行模型》,《中国土地科学》2015 年第 8 期。

237. 中国经济增长前沿课题组:《城市化、财政扩张与经济增长》,《经济研究》2011 年第 11 期。

238. 中国经济增长与宏观稳定课题组:《城市化、产业效率与经济增长》,《经济研究》2009 年第 10 期。

责任编辑：方国根　郭彦辰

**图书在版编目（CIP）数据**

城市化制度与产业结构优化升级研究/赵祥,殷宁宇 著. —北京:人民出版社,
　2020.10
ISBN 978－7－01－022103－8

Ⅰ.①城… Ⅱ.①赵… ②殷… Ⅲ.①城市化-关系-产业结构优化-研究-中国
　Ⅳ.①F299.21 ②F269.24

中国版本图书馆 CIP 数据核字（2020）第 080059 号

城市化制度与产业结构优化升级研究
CHENGSHIHUA ZHIDU YU CHANYE JIEGOU YOUHUA SHENGJI YANJIU

赵　祥　殷宁宇　著

人民出版社 出版发行
（100706　北京市东城区隆福寺街 99 号）

环球东方（北京）印务有限公司印刷　新华书店经销

2020 年 10 月第 1 版　2020 年 10 月北京第 1 次印刷
开本:710 毫米×1000 毫米 1/16　印张:18.25
字数:280 千字

ISBN 978－7－01－022103－8　定价:58.00 元

邮购地址 100706　北京市东城区隆福寺街 99 号
人民东方图书销售中心　电话 (010)65250042　65289539